本书获得闽南师范大学学术著作出版专项经费资助

2021年度福建省社科项目"乡村振兴视域下行政村机构养老发展"（FJ2021B070）资助

2015年度福建省社科研究基地重大项目"全面依法治国背景下的农村治理实证研究"（FJ2015JDZ006）资助

福建省教育厅2016年"福建省高等学校新世纪优秀人才支持计划"（NCETFJ）资助

行政村机构养老何以发展

闽J区慈善幸福院个案研究

郭细卿 著

中国社会科学出版社

图书在版编目（CIP）数据

行政村机构养老何以发展：闽 J 区慈善幸福院个案研究 / 郭细卿著.
—北京：中国社会科学出版社，2021.11
ISBN 978 - 7 - 5203 - 9078 - 1

Ⅰ.①行⋯　Ⅱ.①郭⋯　Ⅲ.①农村—养老—社会服务—研究—福建　Ⅳ.①D669.6

中国版本图书馆 CIP 数据核字（2021）第 184146 号

出 版 人	赵剑英
责任编辑	许　琳
责任校对	鲁　明
责任印制	郝美娜

出　　版	中国社会科学出版社
社　　址	北京鼓楼西大街甲 158 号
邮　　编	100720
网　　址	http://www.csspw.cn
发 行 部	010 - 84083685
门 市 部	010 - 84029450
经　　销	新华书店及其他书店
印刷装订	环球东方(北京)印务有限公司
版　　次	2021 年 11 月第 1 版
印　　次	2021 年 11 月第 1 次印刷
开　　本	710×1000　1/16
印　　张	14
字　　数	209 千字
定　　价	88.00 元

凡购买中国社会科学出版社图书，如有质量问题请与本社营销中心联系调换
电话：010 - 84083683
版权所有　侵权必究

前　言

　　行政村机构养老事业发展起步晚、底子薄。近年，中国人口老龄化形势加剧，农村老龄化率高于城镇，机构养老成为农村老年人养老的迫切需求。国家采用"项目制"方式下沉资源、振兴乡村。在探索行政村机构养老发展实践中，普遍面临人力资源、经费不足，养老观念陈旧等发展困境。当前学界对农村机构养老的研究，具有关注居家社区、乡镇机构养老的传统及特点，从不同侧面揭示了农村养老模式实践形态，但较少关注中国行政村机构养老实践。因此，行政村机构养老研究，既是当前中国农村社会发展的重大民生议题，也是学术界研究的重点与热点问题。

　　研究以福建省 N 市 J 区慈善幸福院为个案，采用座谈会、参与观察和访谈等多种资料收集方法，获得 J 区慈善幸福院设施建设、运营发展情况以及该市养老服务业发展概况资料。行政村机构养老未纳入我国政府专项财政经费预算、人员不具编制等现实，决定了其发展职责具有动态性。本研究基于福利"多元主义"理论视角，分析 J 区慈善幸福院设施建设阶段静态主体结构，以及发展阶段动态职责履行情况，揭示行政村机构养老何以发展这一"事实"。

　　J 区慈善幸福院在建设阶段，静态主体结构主要为民政局、扶贫办等各层级纵横向政府部门，慈善总会、残联等非营利准政府组织，村集体经济组织社区，老年人及子女市场等主体。慈善幸福院发展是项系统工程，需要更新农村社会家庭养老传统观念、动员老年人接受机构养老服务、团结专业化社会力量、供给人力资源、整合多元渠道来源资金、实现持续注资、提供管理服务及实施监督。动员老年人接受机构养老新观念，实现"观念更新"由社区负责；供给专业化人力资源，实现"有机团结"，主要由社区以及准政府组织负责；整合多元化渠道资金，管理与监督服务发展质量，主要由政府、准政府组织、社区和市场等分工合作共同承担。

研究通过分析慈善幸福院建设阶段静态主体结构，以及运营发展阶段动态职责履行情况，发现个案构建了一个休戚与共、同甘共苦，是持久的和真正的共同生活的老年友好行政村机构养老"共同体"，探索出由"政府、准政府组织、社区和市场"主体参与，以及分工合作更新养老观念，供给人力、资金资源，实施监管服务等的行政村机构养老模式，整合了政府、社会、社区和市场等多方资源，提升了农村老年人幸福感，实现了行政村机构养老何以发展的创新。

个案研究的发现与德国学者 Evers.A 对西方福利政策研究的发现相类似，即两者都发现，国家、社区和市场是福利重要主体。其中，前者认为，"国家、市场、社区和民间社会"是社会福利发展主体，尽管不同西方国家福利供给总量大致相同，但各主体所承担的福利供给份额有所差别。本书研究也发现，"国家、社区和市场"是农村养老服务供给的重要主体，但两者也存在差异。

个案模式目前虽仅在个别省份场域内试点，但却是中国行政村机构养老何以发展的一个"缩影"，对中国行政村机构养老发展具有借鉴价值：一是行政村按需优先推广个案模式。二是依照行政村区域不同的文化实施不同的机构养老发展路径。唯有如此，个案模式才能超越地方性局限，逐步实现全国层面普及推广。三是社会力量发展行政村机构养老是个案的特性。其依托专业优势，提供专业性服务，参与发展目的在于培育与孵化。发展中应同步探索其退出后相关主体补位及职责有序衔接的问题。个案模式能否实现可持续发展，需要下列系统保障：一是国家推进"法治"；二是社会提供"社会资本"支持；三是市场加大参与。个案模式中，国家、社会和市场等多元主体参与发展乡村共同体养老公益事业，以及实施"自治""德治"和"法治"等综合性治理方式等，对随迁进城老年人回流乡村，乡村共同体意识培育，新时代调动各主体参与乡村振兴、重构乡村多元共治方式及秩序等，都具有独特的理论价值与实践意义。

目 录

第一章　研究背景与文献回顾 ··· 1
　第一节　研究背景 ··· 1
　第二节　理论综述与文献回顾 ··· 14
　第三节　小结与讨论 ·· 34

第二章　研究设计 ·· 38
　第一节　研究方法 ··· 38
　第二节　个案概况 ··· 53
　第三节　本书篇章结构 ·· 62
　第四节　小结与讨论 ·· 66

第三章　政府发展行政村机构养老 ·· 69
　第一节　各级政府发展养老服务业 ·· 69
　第二节　J区政府发展行政村机构养老 ······································ 82
　第三节　小结与讨论 ·· 97

第四章　村委会发展行政村机构养老 ··· 101
　第一节　村委会建设慈善幸福院设施 ······································ 101
　第二节　村委会供给慈善幸福院资金及人力 ······························ 108

· 1 ·

第三节　村委会动员老年人接受服务 ………………… 121
　　第四节　小结与讨论 …………………………………… 128

第五章　慈善总会发展行政村机构养老 …………………… 132
　　第一节　慈善总会建设慈善幸福院设施 ……………… 132
　　第二节　慈善总会供给慈善幸福院人力 ……………… 139
　　第三节　慈善总会供给慈善幸福院资金 ……………… 146
　　第四节　小结与讨论 …………………………………… 154

第六章　家庭发展行政村机构养老 ………………………… 157
　　第一节　家庭建设发展慈善幸福院 …………………… 157
　　第二节　老年人获得慈善幸福院服务 ………………… 164
　　第三节　小结与讨论 …………………………………… 177

第七章　结论 ………………………………………………… 180
　　第一节　行政村机构养老模式 ………………………… 180
　　第二节　行政村机构养老模式价值与特点 …………… 187
　　第三节　行政村机构养老模式路径优化 ……………… 194

附录　访问提纲 ……………………………………………… 204

参考文献 ……………………………………………………… 209

第一章　研究背景与文献回顾

第一节　研究背景

一　研究缘起
（一）人口老龄化
1. 西方国家人口老龄化

人口老龄化是人口再生产规律作用的结果，西方国家较早进入人口老龄化社会。19世纪中叶，人口老龄化现象在一些国家悄然出现，并迅速波及整个西方发达国家。按照1956年联合国在《人口老龄化及其社会经济后果》中确定的标准，当一个国家或地区65岁及以上老年人口数量占总人口数量比例超过7%，即意味着该国家或地区进入人口老龄化社会。同时，依据1982年维也纳"老龄问题世界大会"确定的标准，60岁及以上老年人口占总人口数量比例超过10%，即意味着该国家或地区进入人口老龄化社会。1850年，法国成为世界上第一个迈入人口老龄化社会的国家。随后，瑞典、挪威、英国、德国和美国等一大批西方国家人口老龄化率不断提升，相继迈入人口老龄化社会。人口老龄化社会具有深浅程度差异性，国际上公认的标准为65岁以上人口占总人口数量比例为7%至14%之间为轻度老龄化，占比为14%至20%为中度老龄化，占比为20%至40%为重度老龄化，依据该标准，至2000年，大部分西方发达国家都已进入重度老龄化社会。

人口老龄化的迅速发展，引起联合国及世界各国政府的高度重视。1980年代以来，联合国曾先后两次召开老龄化问题世界大会，并将老龄化问题列入历届联大的重要议题，先后通过了《老龄问题国际行动计划》《十一国际老年人节》《联合国老年人原则》《1992至2001年解决人口老龄化问题全球目标》《世界老龄问题宣言》和《1999国际老年人年》等系列重要决议和文件，提醒会员国"铭记着二十一世纪的社会老龄化是人类历史上前所未有的，对任何社会都是一项重大的挑战"，吁请各会员国"加强或设立老龄化问题国家级协调机构"，"在国家、区域和地方各级制定综合战略，把老龄问题纳入国家的发展计划中"，"为老龄化社会的来临做好各项准备工作"，提出"建立不分年龄人人共享的社会"口号，以期增强世界各国对人口老龄化问题的重视。

进入人口老龄化社会意味国家养老财政负担加重，老年人抚养系数大，国民经济快速发展受制约。因此，发达国家在经济快速发展阶段进入人口老龄化社会中，都结合本国国情，探索适合本国养老保险制度及养老方式的制度，破解人口老龄化社会养老保障需求及经济发展受制约问题，也取得了良好成效。如美国在迈入老龄化社会后，形成了"以房养老"的观念、建设商业养老保险制度，促进"以房养老"产业经济发展[1]；英国进入老龄化社会后，发展居家社区养老服务模式，建设完善的社区养老服务体系[2]；瑞士则建立健全养老保障制度，发展养老产业规模经济[3]；日本建设养老护理保险等社会保障制度，实现"银发经济"增

---

[1] Serres A and F. Pelgrin, "The Decline in Private Saving Rates in the 1990s in OECD Countries: How Much Can Be Explained by Non-wealth Determinants?", *OECD Economics Departmeng Workingk Papers*, No. 1 (2002), pp. 30—32.

[2] 陈成文、孙秀兰：《社区老年服务：英、美、日三国的实践及其启示》，《社会主义研究》2010年第1期。

[3] Massimo Filippini, Jorg Wild and Michael Kuenzle, "Scale and cost effilienicy in the Swiss electricity distribution industry: evidence from a frintier cost approach", *CEPE working papers series 01-08, ETH Zurich: CEPE center for Energy policy and Economics*, No. 5 (2001), p. 40.

长点①，推动国家经济发展；韩国建设完善国民养老保障制度②。当然，上述国家在面对人口老龄化社会发展养老保险等相关保障制度中，也暴露出一些问题，如日本显现出存在劳动力比率下降、医疗从业人员短缺的问题③，韩国存在中、青年劳动力不足、需要实施延迟退休制度等问题④。

2. 中国人口老龄化

1999年，我国60岁以上老年人口占全国总人口数量比例为10%，开始进入人口老龄化社会。随后，人口老龄化呈加速发展之势，至2020年，65周岁及以上人口17603万人，人口老龄化率为12.6%。按照联合国人口展望的中等出生率估计，到2035年，我国65岁及以上老年人口将达到2.67亿，占全国总人口的20.7%；依据世界卫生组织预测，到2050年，我国将有35%的人口超过60岁，届时我国将成为世界上人口老龄化最严重的国家。与西方国家不同，我国人口老龄化具有独特性⑤，我国在经济发展水平还比较低的阶段就进入人口老龄化社会，且老年人口增长速度快于经济发展速度，可以称之为"未富先老""未备先老"。我国老年人养老保险制度建设刚起步，医疗、服务等养老社会保障制度还有待完善，养老服务业发展不成熟，老年人对养老金、医疗卫生、精神慰藉、心理支持以及紧急救援等养老服务存在较大需求。

我国人口老龄化呈现"地区差异性大"以及农村人口老龄化率高于

---

① Browning Martin and Annamaria Lusardi, "Household Saving: Micro Theories and Micro Fscts", *Journal of Economic Literature*, No. 4 (1996), pp. 1797—1855.

② 姜向群：《韩国养老保险制度的发展、特定问题及与中国的比较分析》，《东北亚论坛》2003年第5期。

③ Minoruyamada, Hidenori Arai, Koutatsunagai, "Development of a New Fail Risk Assessment Index for Older Adults", *International Toural of Gerotology*, No. 6 (2012), pp. 160—162.

④ Jungyeon Hong, Kangsook Lee, "The Aging Work Force in Korea", *International Archives of Occupational and Environmental Health*, No. 3 (2012), p. 85.

⑤ 邬沧萍、孙鹃娟：《未富先老——我国人口的新课题》，《群言》2002年第9期。

城镇的"城乡倒置"等特征①②。未来，随着城镇化战略的继续推进，农村大量年轻劳动力将继续迁往城市务工或求学，农村"留守""空巢"老年人数量将不断攀升，农村人口老龄化趋势不断加剧，与此同时，城市人口老龄化趋势将得到缓解，尽管乡村振兴战略实施也在一定程度上带动部分中、青年劳动力及老年人回归乡村，但人口老龄化"城乡倒置"特征将依然明显存在。

农村中"空巢""留守""失能半失能"以及特困等老年人群体对机构养老存在需求。但目前农村养老机构敬老院较多设置于乡镇层面且数量有限，有的乡镇开设，有的乡镇则尚未开设。敬老院以"五保户""鳏寡"等特定对象老年人为服务对象，接收老年人数量有限，服务质量不高。城市社区机构养老收费标准普遍偏高，农村老年人经济能力有限、多受不愿离开村庄及家庭的传统文化影响，家庭代际分离养老功能弱化，若雇用保姆在家庭中照顾老年人，费用较高，子女负担沉重，以及政府购买农村居家社区养老服务项目的缺乏等都使得农村老年人日间照料以及入住等机构养老服务需求问题一直存在。农村老年人养老问题未得到有效解决，也在一定程度上导致农村社会频繁出现老年人自杀、"留守"老年人在家中离世无人知晓等问题，不仅对农村老年人生命质量以及农村社会治理提出严峻挑战，更对我国社会文明的发展及共同富裕目标的实现产生严重影响。

（二）中国农村养老保障制度

1. 小农经济下中国农村家庭养老保障

新中国成立至1950年，在百废待兴的基础上，我国城镇和农村都实施了家庭养老保障制度。我国于1950年初步确立建立社会主义计划经济体制，大力开展工业化、城市化建设，养老生产关系与之相适应。政务院于1951年发布了《劳动保险条例》，条例要求"国家和城镇国

---

① 蔡昉、王美艳：《"未富先老"对经济增长可持续性的挑战》，《宏观经济研究》2006年第6期。

② 杜鹏、王武林：《论人口老龄化程度城乡差异的转变》，《人口研究》2010年第2期。

有、集体单位为职工缴纳社会保险，退休后发放养老金；农村公社建立集体和家庭相结合的养老保障，以家庭养老为主的保障制度"，初步确立了我国城乡分割的养老保障体系。我国农村在1950年实行《土地改革法》，启动大规模的土地改革运动，农民分到了土地，农业生产力得到恢复和发展，农民生活水平有了较大提高，但因农业还停留在小农生产水平，农村村组互助队规模小，农村合作社处于初级阶段，发展水平低、合作社无法有效发挥作用，难以承担农村社会的老年人养老职责，老年人只能依靠传统的家庭养老模式，土地成为了老年人养老的主要经济来源。

此阶段农村养老保障模式主要为小农经济下的家庭养老保障模式，具有以下特点：一是小农个体经济为农村养老保障提供了低水平的物质基础。在"分田到户"政策实施后，小农经济下的土地收入成为了农民养老的主要经济来源。农村养老主要依靠农民家庭自给自足进行土地生产，实行自我养老保障，由于生产水平有限，老年人只能勉强维持生计。二是政府通过财政政策支持农村家庭养老发展。新中国成立后，党和政府采取休养生息的方式，减免部分农业税，减轻农民负担，增加农村土地供给，进而支持农村养老保障事业发展。三是开展农业生产集体合作试点，探索农村集体养老保障方式。新中国成立初期，国家逐步采取互助队、初级合作社等方式，开展集体合作社试点探索，扩大农村集体组织规模，提高农村集体经济水平，因此，主要采取集体互助方式协助解决老年人，特别是"鳏寡"老年人的养老保障问题。该家庭养老保障模式适应了建国初期的小农经济发展水平，尽管保障水平低，但是覆盖面较广，能够维持农村老年人最基本的生存，有利于尽快恢复生产、集聚人口。

2. 集体经济下农村集体养老保障

1956年，党中央颁布实施《1956年到1967年全国农业发展纲要》，在农村建立高级互助农业生产合作社，正式建立农村集体经济发展组织形式和生产方式。政府通过农村公社组织形式，将农村居民养老保障职责交给农村集体，农村集体担负农民养老费用筹集责任，负责提供农民养老主要经济来源，此同时，老年人家庭在农村集体领取物质生活资料，具体负责照顾自家老年人，承担经济以外的其他赡养责任。1962年，党中央颁布的《农业六十条》及1964年的修改稿，正式建立农村"五保"制度，开设农村敬老院，由农村集体对无依无靠的老年人实施集中供养或分散供养。1979年，中共中央通过《关于加快农业发展若干问题的决定》，提出发展集体经济，办好集体福利事业，确保农村老年人生活得到更好保障，标志着将逐步恢复发展农村集体养老保障制度。十一届三中全会后，实行家庭联产承包经营责任制，农村经济逐步得到恢复，老年人生活保障得以完善和提高。

  此阶段，农村养老制度模式为集体经济下的农村集体养老保障模式，具有如下三个特点：一是集体经济为社会主义初级阶段的农村提供维持型的养老保障基础。社会主义改造初期，农村集体经济体现出一定的制度优越性，"大锅饭"带来的公平性发挥出激励效应，人民公社剩余产品略有结余，能够维持农村老年人养老生活。二是政府主导的农村集体养老模式是城乡养老分离的产物。1958年国务院颁布《户口登记条例》，首次明确将城乡居民区分为"农业户口"和"非农业户口"两种不同类型的户籍，将农村养老责任转移到农村集体，政府不再承担财政支持职责，标志着建立了完全分割的城乡二元养老保障体系。三是农村集体养老是一种短暂性的自我封闭型养老保障模式。在计划经济特殊物质基础上，农村集体养老覆盖面窄，保障功能弱，仅限于村集体内部，无法实现社会统筹和自由流动，体现为农村集体内部农民的自我扶助养老，难以实现社会化运行。农村集体养老模式在当时农业支持工业，农村辅助城市的大背景下，由于得不到坚实的农村集体经济保障，难以发挥出应有的农村养老保障效应，从而进一步拉大了农村养老保障与城市职工退休福利的差距。

  3. 统分结合下农村家庭和集体养老保障

  1982年之后，随着改革开放步伐加快，我国农村实行集体统一经营与农户分散经营并存的经营模式和经营体制，即统分结合双层经营体制。1982年1月，党中央颁布的《全国农村工作会议纪要》提出，支持包产到户，完善公共提留，保障"五保户"生活，指出要在"包产到户"下继续完善农村"五保户"养老工作。1987年，民政部发布《关于探索建立农村基层社会保障制度的报告》，探索建立农村养老保险制度试点，首次明确要建立以乡镇企业农民工为主的农村社会养老保险制度。民政部于1991年6月实施《县级农村社会养老保险基本方案（草案）》，在山东省五县市试点农村社会养老保险，正式推进县级农村社会养老保险试点。1992年又正式出台《县级农村社会养老保险基本方案》，在全国推进农村社会养老保险制度，坚持资金个人缴纳为主，集体补助为辅，国家予以政策扶持。人社部于2007年出台《关于做好农村社会养老保险和被征地农民社会保障工作问题的通知》要求，着力加强被征地农民的养老保险知识普及和养老等社会保障管理，切实保障被征地农民社会养老保险的合法权益。

该阶段的农村养老保障模式为"统分"结合下农村家庭和集体养老保障制度模式，基本特征如下：一是农村家庭和集体养老保障以"统分"结合为经济基础。家庭联产承包经营责任制调动了农民的生产积极性，农村家庭经济逐步富足，能够提供中级阶段、较高水平的农村农民养老生活保障。针对新型农业生产特点，开展了农民工、被征地农民和种地农民群体的社会养老保险试点，在少数地区推进了农村居民社会养老制度探索。二是农村社会养老保险试点为完善农村社会养老保险制度打下坚实基础。农村家庭和集体养老保障顺应了"统分"结合的发展要求，为农村养老和经济发展注入了强劲动力。农村社会养老保险顺应了改革开放后农业产业发展和家庭结构、土地养老新变化发展要求，迎合了农民工、被征地农民等新兴群体的养老需求，促进了城乡产业发展。总之，在农村社会养老保险试点中积累的经验和反映出的问题，如包括健全组织机构，强化养老金管理，完善信息管理系统等经验，为政府科学决策提供有益参考，推动和完善了农村社会养老保险制度。

4. 社会化大生产时期农村社会养老保险

2009年，国务院正式建立农村社会养老保险制度，提出"建立个人缴费、集体补助、政府补贴相结合的农村社会养老保险制度试点，实行社会统筹与个人账户相结合"①，标志着我国正式在全国范围内建立农村社会养老保险制度。2013 年后，党和政府加快农村社会养老保险制度建设步伐，2014 年，国务院下发《关于建立统一的城乡居民基本养老保险制度的意见》，提出合并 2009 年试点的农村社会养老保险和 2011 年试点的城镇居民养老保险制度，在 2012 年全国推行的基础上正式构建全国统一的城乡居民基本养老保险制度。在政策标准方面，将农村社会养老保险以及城镇居民社会养老保险各不同的均等档次，统一提升为城乡居民社会养老保险的每年 100~1000 元 10 个均等档次，再加 1500 元、2000 元两个档次，并增加 500 元档次以上的地方政府补贴标准，鼓励有缴费意愿和缴费能力的居民提高缴费水平，形成"多缴多补、长缴多补"的激励机制。2014 年人社部、财政部联合发布《城乡养老保险制度衔接暂行办法》，将职工养老保险、农村社会养老保险以及城镇居民养老保险衔接转换，打通 3 类社会养老保险衔接的政策通道，走出城乡统筹社会养老保险的关键一步。

该时期养老保障制度模式为社会化大生产时期农村社会养老保险制度模式。基本特征包括：一是农村社会养老保险适应了社会化大生产的发展要求。农村社会养老保险，弥补了农村家庭养老功能的缺失，保障了农村老年人的养老需求，促进了种地农民、农民工和被征地农民的自由流动，推动了农村产业化和新型城镇化发展。二是农村社会养老保险从制度层面改变了几千年来的传统养老模式。农村社会养老保险制度确立了国家财政的资金扶持责任，实现了"保基本、广覆盖"的基本功效，建立了政府、集体和个人的缴费职责，最大限度弥补了农村家庭养老功能的不足。三是建立统一的居民社会养老保险是农村居民养老的制度目标。农村社会养老保险制度建立并逐步完善，与其他社会养老保险衔接，实现了大统一局面、实现了社会养老保险的大融合，达到了"社会化"的基本目的。

---

① 《国务院关于开展新型农村社会养老保险试点的指导意见》，http://www.gov.cn/zwgk/2009-09/04/content_ 1409216.htm。

5. 当前中国农村养老服务制度

习近平总书记在中共中央政治局第三十二次集体学习时强调，要着力完善老龄政策制度，加强老龄科学研究，借鉴国际有益经验，搞好顶层设计，不断完善老年人家庭赡养和扶养、社会救助、社会福利、社会优待、宜居环境、社会参与等政策，增强政策制度的针对性、协调性、系统性。我国十分注重发展养老服务，先后修改或制定了系列法律、法规以及相关规范性文件，有力保障了上述施政方针的贯彻实施。如2018年，全国人大常委会第七次会议全面修改了《中华人民共和国老年人权益保障法》，国务院在2014年、2019年先后印发《关于加快养老服务业发展的若干意见》《国务院办公厅关于推进养老服务发展的意见》等政策文件，为促进我国养老服务业顺利发展提供规范依据。然而迄今为止，我国仍未制订专门的养老服务法律规范，无法通过法律手段及时、有效破解实践中出现的纷繁复杂的矛盾和纠纷。

我国自2013年开始大力发展养老服务业，制定系列养老服务发展制度，如在国家"十二五"等规划系列文件以及党的重要会议论述中，对养老模式发展规定各有侧重，但居家始终是基础，社区作为依托。"十三五"期间机构养老从支撑地位变为补充。如2013年国务院出台的《国务院关于加快发展养老服务业的若干意见》指出，"到2020年，全面建成以居家为基础、社区为依托、机构为支撑、覆盖城乡、规模适度、功能完善的养老服务体系"①。国家老龄事业"十二五"规划提出，建立"居家为基础、社区为依托、机构为支撑"的社会养老服务体系②；党的十八大强调，为实现2020年全面建成小康社会的宏伟目标，必须加强社会建设，着力改善民生，创新社会管理，积极应对人口老龄化，大力发展老龄服务事业。

国家老龄事业"十三五"规划进而提出，建立"居家为基础，社区

---

① 《国务院关于加快发展养老服务业的若干意见》，http://www.gov.cn/zhengce/content/2013-09/13/content_ 7213.htm.

② 《国务院关于印发中国老龄事业发展"十二五"规划的通知》，http://www.gov.cn/zwgk/2011-09/23/content_ 1954782.htm.

为依托，机构为补充、医养相结合"的养老服务体系（中央人民政府网，2017）。十九大报告提出，积极应对人口老龄化，构建养老、孝老、敬老政策体系和社会环境，推进医养结合，加快老龄事业和产业发展的决策部署。十九届四中全会提出，加快建设居家社区机构相协调、医养康养相结合的养老服务体系要求，以及《国家积极应对人口老龄化中长期规划》提出，到2035年中国特色养老服务体系成熟定型，全体老年人享有基本养老服务等政策、措施，这些都为我国各地农村养老服务业发展、养老服务体系构建等实践提供方向指导。

二 研究问题

（一）中国农村养老实践

社会养老保障制度是社会保障体系的重要内容，关系到老年人养老方式的选择、晚年生活水平和生活质量。养老是人类社会的一种自觉行为，是人伦关系的重要体现，是人类社会区别于其他动物的重要特征。不同时代，经济发展水平、文化观念和制度价值取向不同，养老方式也各不相同。

一直以来，我国农村老年人的养老方式，按照养老服务提供主体进行划分，可划分为家庭养老、机构养老、自我养老/储蓄养老、居家社区养老等类型。为应对人口老龄化问题，现阶段我国大部分省、市级积极推崇"9073"养老格局，所谓"9073"，即90%的老年人采取家庭自我照顾的居家养老模式，7%的老年人享受社区养老服务，3%的老年人享受机构养老服务。"9073"养老格局适应我国老年人生活习惯和心理特征，符合我国国情与养老文化传统，具有成本较低、覆盖面广、服务方式灵活等特点，能够切实减轻社会和家庭的养老负担，是应对"未富先老""未备先老"人口老龄化社会的有效路径。该养老格局核心要义在于养老服务社会化，即养老服务业发展将从传统的家庭养老逐步转变为以专业化、人性化、产业化为特点的社会化养老。

1. 家庭养老

家庭养老是当前我国农村社会老年人最普遍的养老方式，主要由子女等家庭成员为老年人提供经济支持、生活照料和情感慰藉等支持①。家庭养老，是一种家庭内部的代际行为，国家仅在价值观念上进行社会倡导。家庭养老充分发挥了家庭成员之间在经济收入上的共济、生产生活上的互助、情感上的守望，具有养老成本较低、但功能极强的优势，至今依然是老年人理想的养老模式之一。对于老年人而言，能够在和谐美满的家庭生活中安度晚年、享受天伦之乐，是一种极大的满足，因此家庭养老所具有的优越性是其他任何养老模式所无法取代的。基于长期以来我国法律规范的强制、道义责任的约束以及社会保障层次和社会福利水平较低等客观现实，家庭养老方式在农村社会中一直处于主导地位。但至现代社会，随着市场经济发展以及城镇化战略实施，老年人子女等家庭成员养老意识淡化、家庭规模日益小型化、家庭结构变化，家庭养老功能弱化，家庭养老模式已然无法满足农村社会老年人养老需求，家庭养老正面临极大的挑战，需要新的方式加以补充发展。

中华人民共和国建立以后，以制度安排的形式建构全新的国家—单位制养老模式，实际上形成了多责任主体的复合养老方式，即国家供给制度和财政、单位负责养老金的管理和发放、家庭则依然是具体的养老场所，同时也形成了农村、企业、事业单位多轨并存的养老保障制度。但在实际运行中，事业单位工作人员获得了比较完备的保障，企业受经济收益影响，养老保障水平不一，而农村养老保障制度覆盖面狭窄，农民更多主要依靠家庭内部互济，实施的依然是典型的传统家庭养老方式。

改革开放打破了传统的二元对立城乡经济结构、社会结构模式，在全社会实现了人力、资源、文化和信息的交流和融合。但与工业相比较，农业收益低、且无法保障家庭的生存和发展，农村人口剩余严重，开始向城市和工业转移。这直接导致农村传统多代共居的家庭结构发生变迁，"核心家庭"成为主要的家庭模式，家庭生育和养老功能弱化，老年人养老问题成为社会问题。养老问题成为社会问题，也在一定程度上说明原

---

① 穆光宗：《中国传统养老方式的变革和展望》，《中国人民大学学报》2000年第5期。

有制度体系的结构缺失，制度功能不健全。在中华人民共和国成立初期，有限的物力、财力更多服务于现代化的"一揽子"解决，集中于经济的追赶和国防的安全建设。这一制度体系在改革开放后被延续和加强，因此，无法应对目前日益增强的老年人养老需求。解决该问题，需要重新设计制度，需要完善制度结构，需要强化制度的养老功能，即需要进行社会体制改革，创新社会治理，推动传统的家庭养老、国家—单位养老向社会养老变迁。但社会养老无法一蹴而就，需要漫长的制度、体制、机制改革过程，需要财政、资金的保障和积累，需要社会组织的发育。

2. 机构养老

所谓机构养老是由国家以及村集体经济组织对年老多病、无依无靠的老年人进行赡养的制度，主要包括农村"五保"供养的社会福利制度。一直以来，我国公办养老机构从区域分布而言，主要分布于县市以及乡镇区域中，较少分布在行政村区域。如县、市级区域开办有公办社会福利中心养老院；乡、镇、街道设立有公办的敬老院以及公建民营日间照料中心，行政村则长期以来缺乏建设养老机构。目前，全国各地积极探索建设发展农村幸福院，但就工作人员编制及经费来源等角度而言，此类养老服务设施提供的服务方式并不属于严格意义上的机构养老，更类似于居家社区养老方式。

机构养老方式优点在于供养经费和设施主要由国家和集体供给，养老资金来源较为稳定、风险系数小。但机构养老也存在明显的缺陷，即服务对象特定，仅限于保障"五保对象""鳏寡"等部分老年人，无法顾及行政村其他类型如"空巢"、失能半失能和特困等老年人的"养老难"问题，因此，养老保障的覆盖面较小。乡镇敬老院工作人员数量有限，经费较不充裕，也导致了其服务质量低下，管理不规范等问题产生。同时，敬老院数量较少、距离老年人生活村落较远，在实践中存在部分特定对象老年人不愿意离开原有村庄到敬老院养老，也导致了乡镇敬老院实际入住率偏低，养老机构床位空置。

3. 自我养老

当前我国经济发展处于较低水平阶段，社会养老保险制度统筹层次不高、待遇水平较低，依靠农民个人储蓄实现养老成为了一种不可或缺的补充形式，甚至有时还发挥着主导作用。同时，我国农村社会老年农民并未有退休概念，只要身体健康状况许可，即便高龄依旧在田间从事劳作，从而为自身及子女家庭获取物质与经济资源，实现自我养老。因此，自我养老又被称为储蓄养老。农村老年人具有依靠一生的积蓄防老善事，并尽可能省吃俭用、节约储蓄，以备老年不时之需的养老观念、行为，该类观念及行为在许多农村地区依旧具有根深蒂固的影响力。但是，低利率、高膨胀的经济运行环境，使得自我养老或者储蓄养老的价值和效用不断缩水，无形中造成了农村老年人利益的损失，也降低了农村老年人实际养老生活质量，使得自我养老或储蓄养老方式并非为农村老年人最佳养老方式选择。尤其是在贫困农村地区，脱贫攻坚刚实现，乡村振兴战略正实施，实现自我养老/储蓄养老几乎不具有现实性。

4. 居家社区养老（互助养老）

居家社区养老是一种"将居家养老和社区照顾相结合的社会养老体系"①，源于英国社区照顾和西方福利多元主义思潮②。20 世纪 50 年代后期，英国政府对老年人推行普及社区照顾模式。20 世纪 80 年代，联合国基于世界各国老龄化问题提出"社区居家养老"概念，《1982 年维也纳老龄问题国际行动计划》强调，建议社会福利服务应该以社区为基础向老年人尽可能长期在家中居住提供条件。近年来，我国积极推行居家社区养老方式，具体为由社区工作人员或由政府购买服务项目承接机构的服务人员向老年人提供生活照料、精神慰藉、医疗康复以及家政等服务，或者政府在社区中建设日间照料等养老设施，为老年人提供心理支持、文娱等日间照料服务。总之，居家社区养老为近年农村新兴的一种养老方式以及新观念。

行政村机构养老何以发展问题，实质为养老资源的整合问题、利益分配以及社会福利公平、公正问题，对行政村机构养老何以发展的研究

---

① 钱宁：《中国社区居家养老的政策分析》，《学海》2015 年第 1 期。
② 金雁、王建莲：《完善南京社区居家养老服务的路径研究》，《中共南京市委党校学报》2016 年第 5 期。

实质上是对养老福利的研究，即是对福利分配的研究。研究的主要内容为福利主体的构成形态、各个福利主体在养老服务发展中的职责与功能。行政村机构养老未纳入政府专项经费预算且人员不具有编制等，决定了其发展职责具有动态性，需要各主体分工合作承担履行。本研究基于上述核心研究问题，通过对 J 区慈善幸福院开展研究，深入剖析我国行政村机构养老的静态主体构成要件，以及各主体分工合作承担动态履行职责情况，揭示行政村机构养老何以发展这一"事实"，从而透视在当前"未富先老""未备先老"形势下，我国农村地区养老公共服务事业发展现状。

本研究将重点研究政府主体为行政村机构养老发展提供哪些政策支持、实施怎样的支持方式，以及履行什么职责、如何履行相关职责等问题；准政府组织如何参与行政村机构养老发展，相关职责其如何参与承担？村集体组织社区主体为行政村机构养老服务提供何种支持，以及发挥怎样的职责作用；市场主体老年人及子女为行政村机构养老发展提供什么支持，如何承担履行相关职责。

本研究还试图解答国家政府公共部门、准政府组织、村集体组织社区、市场等多元福利主体在发展行政村机构养老中，对农村社会养老服务发展、农村老龄化社会治理，乡村振兴战略实施，以及农村社会治理体系及治理能力现代化构建等具有怎样的意义，以及需要提供怎样的支撑保障等。至关重要的是，本研究必须通过对当前行政村机构养老福利主体的构成情况，以及相应职责各主体分工合作承担履行情况的研究，进一步反映我国农村社会公共服务福利主体构成及相应职责履行现状，为我国农村社会公共服务发展提供借鉴经验。

第二节　理论综述与文献回顾

一　福利多元主义理论

福利多元主义理论，早期有时也被称作为混合福利经济，是继古典自由主义、凯恩斯—贝弗里奇模式之后为解决福利国家危机于 20 世纪 80 年代提出的新兴理论。自西方福利国家出现财政危机后，为强化个人、家庭及社会的责任而提出福利多元主义。福利多元主义是福利国家演进中的危机及理论界对福利国家的批判,以及对未来福利国家福利模式的转型而做出的指导性理论,主张通过将社会福利来源多元化,福利供给不完全依赖国家、市场等某单一主体。目前,国外对于福利多元主义研究成果颇为丰富,已经从国家、市场、社会的"福利二角范式"[1],发展到罗斯提出的"福利三分法",以及约翰逊[2]提出的"福利四分法",再发展到纽伯格提出的"福利五边形范式"[3] 等福利多元主义理论基本范式。

(一)"福利三分法"

罗斯认为,福利国家是一个容易引起歧义的概念,很容易被误认为福利完全是政府的行为。罗斯承认并肯定,国家应该在提供福利上扮演重要角色,但他同时也认为,国家绝对不是福利的唯一供给者。其次,罗斯主张福利是全社会的产物,市场、雇员、家庭和国家都需要提供福利,放弃市场、家庭主体提供福利,而让国家承担完全的福利责任是错误的[4],即市场、国家和家庭在社会中提供的福利总和即社会总福利。

欧尔森也放弃传统的非国家即市场的"福利二分法"福利研究分析范式,改而采用国家、市场和包括家庭、邻里、志愿组织等的社会福利供给主体"福利三分法"研究范式分析研究福利国家的各种问题。欧尔森采用民间社会的概念,讨论福利的分散化和私有化,认为福利提供组织向民间社会发展是可预见的。

---

[1] Evers A., "Shifts in the Welfare Mix: Introducing a New Approach for the Study of Transformations in Welfare and Social Policy", *Vienna Euro-pean Centre for Social Welfare Training and Research*, No.6 (1988), pp.72—79.

[2] Johnson N., "The Privatization of Welfare", *Social Policy and Administration*, No.1 (1989), pp.17—30.

[3] 克雷斯·德·纽伯格:《福利五边形和风险的社会化管理》,韩永江译,《社会保险研究》2003年第12期。

[4] Rose R., *Common Gods But Different Roles: The State's Contribution to the Welfare Mix*, New York: Oxyork Uuniversity Press, 1986, p.5.

(二)"福利四分法"

"福利三分法"三角范式提出后受到众多批评,伊瓦斯[1]注意到了民间社会中的社会资本对社会福利的整合具有重要意义。伊瓦斯在研究中对"福利三角"范式进行修正,加入"社会"这一重要的非正式福利供给来源,并强调因为基于不同的理念,民间社会可为政府、市场、社区之间建立联系纽带,可使私人利益与公共利益的一致性得到加强。伊瓦斯提出经典的"福利四角"研究范式,成为20世纪90年代西方福利政策研究的核心方法之一。该范式的经典性,不仅表现在提出了福利的多种来源可能,更重要的是,发现了不同西方国家的福利供给总量大致相同,但各个主体间所承担的福利供给份额有所差别。

约翰逊[2]对福利提出的理论范式与伊瓦斯对福利三角范式改进后的情况较为相似,约翰逊更加强调志愿组织的作用。埃斯平—安德森利用"福利四分法"研究范式对美国、瑞典的福利状况进行研究,并指出该两国的福利开支总额基本相同,但支出的侧重点有所不同,其中,美国更偏重于家庭、市场,瑞典则偏重于国家部门[3],即从"福利四分法"的视角来看,社会政策建立的国家、家庭、市场的三角关系是有所不同的,原因在于各部门在不同国家对个人的责任有所不同。

(三)"福利五分法"

福利"五分法"是福利多元主义中较为新颖的一种分类方法。勒格兰特[4]从制度角度对福利制度问题展开研究,认为福利制度本身就是福利提供的一项重要机制,福利国家较为根本的改变之一就是法律福利或规制福利对收入再分配式福利的补充,即规制也是福利传递的方法。这些

---

[1] Evers A., "Shifts in the Welfare Mix: Introducing a New Approach for the Study of Transformations in Welfare and Social Policy", *Vienna European Centre for Social Welfare Training and Research*, No. 6 (1988), pp. 72—79.

[2] Tohnson N., *Mixed Economies of Welfare: A Comparative Perspective*, London: Prentice Hall Enrope, 1999, p. 12.

[3] Robert Walker, "UK Activation Politics Under New Labor", *Internation Social Sevurity Revier*, No. 1 (2003), p. 56.

[4] LE Grand J., "Knights, Knaves or Pawns? Human Behavior and Social Policy", *Jounal of Social Policy*, No. 2 (1997), pp. 149—169.

福利与其他福利的不同在于，它们不像现在通过财税措施如税收和社会保障等实现再分配，或等到市场将收入分配到家庭或个人，而是通过法律措施直接干预收入的分配过程。

纽伯格首先在国际社会保障协会2000年召开的国际社会保障研讨会中，提出"福利五边形"理论，将市场、家庭、政府、会员组织与社会网络一起称为个人福利的5个可能性来源，并将该5个来源比作为五边形的五个角，称之为"福利五边形"。与福利"三分法""四分法"等基本研究范式有所不同，纽伯格将"福利五边形"作为划分为福利多元主义方法，其"福利五边形"并不是基于个人福利的供给或者获得的现实情况，而是将其视为个人获得福利可能来源的可能性。两者不同的产生是因为，纽伯格并没有从"福利五分法"的福利获得情况或是"福利四分法"的供给作用出发，他是将个人生命中遇到的风险作为考虑公共政策制定的出发点来进行分析。其基本观点是个人应该在对于风险的规避和损失的减小方面拥有足够的选择权，即使利用五边形一角就可能处理风险，但是每个人都应该具有从五个角中获得风险的应对权利。

从世界范围内来看，福利多元主义已经有了多年的发展，其理论经历了从对市场、政府绝对权威的批判，对传统社会组织包括家庭、社区、工会等的再重视，到对个人权力强调的转型。该种转型本质上是从政府对市场、个人干预度的问题，到对传统非正式组织对市场、政府功能的替代作用，到目前对个人在市场、政府、传统非正式组织中的权利和机会获得的转变。福利多元主义研究模式已经对西方社会从新公共管理到新公共服务的转变，以及对西方特别是欧洲国家社会福利制度的转型等都产生了重要的影响。

二 行政村机构养老相关文献回顾

（一）国外行政村机构养老相关研究

西方国家较早进入人口化社会，且社会发展未出现城乡二元分化，因此，机构养老不做城乡区分。

西方国家已形成以老年人、政府、社会组织等为主体的多种类型互助养老模式。如美国互助养老"村庄"模式，于2007年成立，是实施老年人会员制、互助性的非营利机构；类型多样①，有"原始型""外部资金支持型""会费支持老年服务型""老年服务型"等；资金主要来自会费、募资活动及捐赠，极少来自政府，面临资金和会员招募的可持续性问题。日本邻里互助养老模式，以社会组织、老年人为主体，如由日本吴市共同募金委员会推行的为社区内"独居"老人提供除草、聊天、家具搬运等帮助的近邻互助，社区内学生提供志愿帮扶，但面临护理人手不足。英国社区老人院互助养老模式，以老年人、社会组织为主体，住房协会参与发展，社区邻里中50岁及以上老年人参与共同居住，从邻里互助中获益；通过共同居住保持积极生活状态，降低对社会服务的需求②，因缺乏公共政策保障支持、难以可持续发展。德国非血缘多代居互助养老模式，主体是老年人、社会组织和政府，如政府和福利机构合资建设的"老年之家"，建立在传统邻里互助基础上、由年纪较轻的老年人组成互帮小组，轮流帮助有需要的老年人，当老年人年迈需帮助时，其他较年轻老人接力帮助③，该模式也面临资金不足等发展问题。

（二）中国与行政村机构养老相关研究

1. 农村家庭养老研究

子女对父母的赡养义务由法律规定，也是我国的"责任伦理"要求。这与西方福利多元主义理论中将家庭视为"非制度性福利来源"的情况

---

① Lehning A J, Scharlach A E, Davitt J K., "Variations on the Village Model: An Emerging Typology of a Consumer-Driven Community-Based Initiative for Older Adults", *Journal of Applied Gerontology the Official Journal of the Southern Gerontological Society*, No. 5 (2015), pp. 16—26.

② Brenton M., "The Cohousing Approach to 'Lifetime Neighborhoods'", *Housing LiN, Factsheet*, No. 12 (2008), p. 29.

③ 王玉龙：《德国的互助式养老》，《社区》2012年第34期。

有所不同①。除法律规定外,众多学者②③④⑤等都认为,在我国,社会的基本经济单位由家庭组成,家庭保障在我国农村沿袭已久,家庭血缘关系和经济关系紧密地结合在一起,家庭成员的生、老、病、死问题主要由家庭解决,我国家庭关系比西方国家亲密、稳定。家庭保障这种传统的保障形式,一直是解决"老有所养"的主要途径,也是我国特有的反哺模式。子女对于父母的赡养是由与文化传统与伦理相联系的观念沉积形成的,是一种具有道德的成分的普适性责任伦理⑥。特别是在我国农村地区,责任伦理仍然对个人具有较强的约束性。在现代农村社会,在强调建立社会保障制度的过程中,利用与发挥家庭养老的功能,也是我国历史文化下的一种特有选项⑦。

当前,我国农村家庭的福利供给具有不稳定性,贺海波⑧认为,经济理性对我国农村传统的养老文化不断侵蚀,造成传统农村较少出现的一个社会现象,即家庭养老功利主义倾向在农村普遍存在,具体表现为,在家庭中,年轻子代对老年父代的养老福利供给往往是有偿,子女赡养父母时,对于储存一定养老资源、具备一定经济能力的老年人,往往表现出积极的赡养态度。相反,对于资源和能力缺少的老年人则显得较为消极。现实中,后者不得不一再妥协与忍让。另一方面,因我国农村社会结构变化,老年人子女数量下降、青年人口流动性增强,妇女普遍参

---

① 左停、巨源远、徐小言:《福利多元主义与我国农民的养老福利转换——重思"土地是农民最大的社会保障"》,《人文杂志》2015年第8期。
② 姚远:《血亲价值论:对中国家庭养老机制的理论探讨》,《中国人口科学》2000年第6期。
③ 王世斌、申群喜、余风:《农村养老中的代际关系分析——基于广东省25个村的调查》,《社会主义研究》2009年第3期。
④ 钟建华:《论传统文化与当代农村养老》,《山西财经大学学报》2011年第3期。
⑤ 杨清哲:《解决农村养老问题的文化视角——以孝文化破解农村养老困境》,《科学社会主义》2013年第1期。
⑥ 费孝通:《家庭结构变动中的老年赡养问题——再论中国家庭结构的变动》,《北京大学学报》(哲学社会科学版)1983年第3期。
⑦ 刘养卉、龚大鑫:《甘肃省农村养老保障典型模式调查研究》,《开发研究》2011年第5期。
⑧ 贺海波:《城镇化背景下农村老年人养老需求的层次差异——以湖北、江苏的实证调查为例》,《湖北工程学院学报》2016年第2期。

与劳动与外出打工，使得老年人获得养老福利逐步弱化。

石人炳、宋涛①认为，传统文化中与养老相关的"责任伦理"在直接将子女定义为承担老年人养老责任第一责任人的同时，要求父母对下一代做出贡献也是重要原因。已有研究已证明，农村老年父母从子女或其他家庭成员中获得的养老福利与其对房屋及土地等资源的控制及分配情况有关。就本质而言，即使被道德约束，子女对父母的责任也可能是从功利主义角度出发的一种交换，只不过在该种交换中，子女一方应该付出较多一些。但是，不同个体对"责任伦理"的解释存在差异性，可能使得老年人为子女做出更多贡献，而获得较少的养老福利②。杨善华、贺常梅③认为，获得子女的养老福利时，父母经常出现与"责任伦理"标准不一样的解释，即只强调自身对后代的责任和义务，而在自己的养老福利获取方面中只强调自我养老、以及与配偶之间的互养，尽量通过自己与配偶的协作获取经济、照料和心理层面的养老福利，减少对主干家庭中子代的负担。

田奇恒、孟传慧④在对我国农村家庭结构变迁现状和调查数据分析后认为，农村养老福利目前面临家庭养老不力、公共养老不足、社会养老乏力、市场养老无力等问题，从历史角度对我国农村传统家庭养老模式演变详细分析，认为演变路径可分为大家庭、分居家庭、共财家庭、现代家庭等养老时期，各个时期体现出了家庭结构，显著影响着不同阶段的家庭养老特征。因此，在目前我国农村社会变迁的背景下，需要从服务政策再完善，服务队伍再加强，老年人观念再引导，服务投入再加大，组织体系再健全，社会参与再发展，权益保障再细化等方面推动农村养

---

① 石人炳、宋涛：《应对农村老年照料危机——从"家庭支持"到"支持家庭"》，《湖北大学学报》（哲学社会科学版）2016年第2期。

② 俞江：《继承领域内冲突格局的形成——近代中国的分家习惯与继承法移植》，《中国社会科学》2005年第5期。

③ 杨善华、贺常梅：《责任伦理与城市居民的家庭养老——以"北京市老年人需求调查"为例》，《北京大学学报》（哲学社会科学版）2004年第1期。

④ 田奇恒、孟传慧：《现代农村家庭结构变迁与农村养老困境分析》，《安徽农业科学》2016年第31期。

老福利发展。李俏、徐健[1]在对既有文献进行系统梳理的基础上，认为农村家庭养老弱化和社会养老缺失导致老年人自我养老日渐趋于主流，土地自养、互助自养、储蓄自养和再就业自养是主要的实践类型。

2. 土地养老

作为世界范围内独一无二的集体所有制承载主体，我国农村集体经济组织在一定程度上发挥着社会福利的供给作用，提高了我国农民的养老福利水平。现有研究认为，主要体现为集体通过土地、集体经济为个人提供养老福利。在2009年建立"新农保"之前，学术界经历过关于是否应该为农村建立社会福利体系的讨论，部分学者认为，土地就是为农民设计的福利保障。经过漫长讨论，目前，学界得出土地具有社会保障功能的共识[2][3][4]，且部分学者还通过估算得出，土地在农民养老福利方面的贡献是其直接经济效用的4倍[5]。但是，学术界仍未完全破解土地和社会保障之间的关系。部分学者认为，"土地换保障"是一种制度创新，土地和社会保障制度存在替代关系可进行置换[6][7][8]。

也有学者提出，农村社会保障体系建设长时间被忽视，土地养老是农民在社会保障缺位状态下被迫进行自我保障，但这并不能将土地与社会保障制度画上等号[9][10]。从理论上讲，土地与农民的养老保障制度并不

---

[1] 李俏、徐健：《农村自我养老的研究进路与类型诠释：一个文献综述》，《华中农业大学学报》（社会科学版）2017年第1期。

[2] 常进雄：《土地能否换回失地农民的保障》，《中国农村经济》2004年第5期。

[3] 温铁军：《农民社会保障与土地制度改革》，《学习月刊》2006年第19期。

[4] 郑雄飞：《完善土地流转制度研究：国内"土地换保障"的研究述评》，《中国土地科学》2010年第2期。

[5] 王克强：《土地对农民基本生活保障效用的实证研究——以江苏省为例》，《四川大学学报》（哲学社会科学版）2005年第3期。

[6] 马小勇、薛新娅：《中国农村社会保障制度改革：一种"土地换保障"的方案》，《宁夏社会科学》2004年第3期。

[7] 闫岩、李放、唐焱：《土地承包经营权置换城镇社会保障模式的比较研究》，《经济体制改革》2016年第6期。

[8] 程佳、孔祥斌、李靖等：《农地社会保障功能替代程度与农地流转关系研究——基于京冀平原区330个农户调查》，《资源科学》2014年第1期。

[9] 王东进：《怎样完善社会保障体系》，《领导决策信息》2001年第13期。

[10] 亓昕：《农民养老方式与可行能力研究》，《人口研究》2010年第1期。

构成一种并列的选择关系①。土地本质上是一种自然资源，虽然具有社会属性，但自然资源属性为物质基础，社会保障则是以互助精神、合作行为为基础的制度安排②。无论讨论结果如何，大部分研究者都同意，在土地转移过程中应根据农民需要，充分尊重和遵循自愿、合意原则，通过市场手段实施③。

全国农经统计调查显示，2009年建立村级集体经济组织达到25万个④。王晓毅⑤经过文献研读和实际调研，以批判性的态度对农村集体经济组织的资源独享进行分析，认为一个不能否认的现象是，集体经济发展比较好的村庄为村民提供全面的就业机会和社会福利。村庄集体经济通过福利制度和就业制度解决了包括养老福利在内的社会福利问题，在村庄内基本上消除了最贫困的阶层。就农村集体经济组织改善成员养老福利状况而言，虽然各个农村集体经济组织可负担的福利水平可能出现较大的差异，在农村集体经济组织发展较好的地区，集体经济组织可能大幅度改善成员养老福利，如广东佛山地区，2008年村级村政建设、公益福利费用就达101.25亿元，平均每个行政村为457万元，每个社为44万元；集体经济组织发展较差的地区，对于成员养老福利的提升作用有限，但至少也可能改善福利水平较低组织成员的生存状态⑥。

左停、巨源远、徐小言⑦认为，家庭、政府、市场、集体经济组织和社会网络均可能成为农民养老福利的来源，土地作为农民重要的资源，在福利多元主义理念下，可通过正式、非正式的制度安排转化为养老福利，为农民

---

① 秦晖：《中国农村土地制度与农民权利保障》，《探索与争鸣》2002年第7期。
② 贺书霞：《土地保障与农民社会保障：冲突与协调》，《中州学刊》2013年第2期。
③ 闫岩、李放、唐焱：《土地承包经营权置换城镇社会保障模式的比较研究》，《经济体制改革》2016年第6期。
④ 关锐捷、黎阳、郑有贵：《新时期发展壮大农村集体经济组织的实践与探索》，《毛泽东邓小平理论研究》2011年第5期。
⑤ 王晓毅：《资源独享的村庄集体经济》，《北京行政学院学报》1999年第3期。
⑥ 吴晨：《基于广东农村集体经济组织变迁的制度逻辑分析》，《南方农村》2010年第2期。
⑦ 左停、巨源远、徐小言：《福利多元主义与我国农民的养老福利转换——重思"土地是农民最大的社会保障"》，《人文杂志》2015年第8期。

养老福利的增加提供可能。彭金玉、柴家达[①]通过对失地农民群体的养老福利进行研究后认为，规范的具体规定，转化征地为养老福利的一个重要方式是引导社会力量参与，采取多元化养老的方式。

3. 居家社区养老（互助养老）

近年，我国积极探索农村幸福院养老服务模式。河北省肥乡县于2008年成功探索农村幸福院互助养老模式，得到民政部肯定并在全国推广。2013年，民政部正式启动"农村幸福院"工作计划，2013年财政部、民政部联合颁发《中央专项彩票公益金支持农村幸福院项目管理办法》，明确农村幸福院建设任务。农村幸福院成为我国农村老年人获得养老服务的重要载体。《城乡社区服务体系建设规划（2016—2020年）》和《"十三五"国家老龄事业发展和养老体系建设规划（2016—2020年）》也提出，通过农村互助幸福院等方式大力发展农村互助养老服务。2008年起，全国各地兴起多种互助养老创新实践，形成了一系列典型的农村养老服务模式，相关研究如下：

（1）以河北肥乡为代表的互助养老服务模式

河北"肥乡模式"是由河北省肥乡县前屯村党支部书记蔡清扬于2008年创立。2007年初，作为村支书的他看到近些年村里年轻人大多外出打工，年轻人不再与老年人居住在一起的现象越来越普遍，村庄"空巢"老年人数量增加。其中，还出现"独居"老年人突发疾病在家死亡而无人知晓的问题。恰巧，当时村庄中小学校舍因合并而处于闲置状态，因此，他萌发了利用闲置小学校舍建立互助幸福院的想法。在互助幸福院成立之初，当地镇政府提供了一些集体生活用品。2008年的下半年，政府开始给予相关的政策、资金支持，规定每建成一所互助幸福院，配套措施都由政府承担；住满20人及以上的互助幸福院，每年可获得5000元政府支持的运行经费，从而形成了以"村级主办、互助服务、群众参与、政府支持"为原则，"集中建院、集中居住、自我保障、互助服务"的互助幸福院养老模式。

---

① 彭金玉、柴永达：《城镇化进程中老年失地农民养老服务问题研究——以诸暨市为例》，《中国民政》2015年第16期。

"集体建院",即由村集体出资或利用集体闲置房屋建设互助幸福院,并承担水、电等日常开支,县财政对农村互助幸福院的建设、运行和生活配套设施给予适当补贴;"集中居住",即本着子女申请、老年人自愿的原则,凡年满60周岁、生活能够自理的"空巢"老年人,由子女与村委会签订协议后免费入住;"自我保障",即入院老年人的衣食、医疗费用由其子女承担,"五保"老年人生活费用由相应供养人负担;"互助服务",即不设专职的服务人员,老年人在互助幸福院内互相帮助、共同生活①。

现有研究大多肯定该养老模式的特点和优势,认为该模式是一种具有"居住在中心+供养在家庭+生活在社区+照顾在彼此"特征的部分社会化家庭养老模式。其中,家庭供养是核心,互助服务是关键,中心居住是平台,社区生活是基础②。一些研究从理论角度对该模式进行探讨,例如,赵志刚、王凤芝③分析了该模式的社会文化基础,认为该模式的形成是农村文化和社会结构冲突下,农村社区互助文化传统发挥作用的结果;陈静、江海霞④从老年社会工作的角度分析认为,该模式使老年人完成了由"被赡养者"到"自助养老者"的转换,践行了"积极老龄化"这一核心观念。部分研究认为该模式最大优势在于,以最小的投入满足老年人对养老资源的全面需求⑤,但也有研究指出该模式的一些不足及问题,如认为由于存在相关法律法规缺失、后备资金不足、互助形式模糊化等问题,该模式缺乏长效性、稳定性与可持续性⑥。

---

① 赵志强:《农村互助养老模式的发展困境与策略》,《河北大学学报》(哲学社会科学版)2015年第1期。
② 金华宝:《社区互助养老:解决我国城乡养老问题的理性选择》,《东岳论丛》2014年第11期。
③ 赵志刚、王凤芝:《文化社会学视角下的农村互助养老模式》,《农业经济》2013年第10期。
④ 陈静、江海霞:《"互助"与"自助"老年社会工作视角下互助养老模式探析》,《北京青年政治学院学报》2013年第4期。
⑤ 马昕:《农村互助养老模式研究——以河北肥乡互助幸福院为例》,硕士学位论文,河北大学,2014年,第58页。
⑥ 中共崇州市委党校课题组:《四川崇州市农村"互助养老"模式实践与探索》,《中共成都市委党校学报》2014年第1期。

现有研究也关注对策，如针对农村幸福院运营过程中的供给困境，从供需视角出发提出对策建议，即政府应加大支持和引导力度，村集体应增强自身建设和管理能力，社会应积极帮扶农村幸福院①；针对实际运行农村幸福院村庄居住生活设施普遍闲置，社区和村委会作为主办主体不易运作，高灵芝②提出农村、社区养老服务设施应以居家养老服务为基础，不宜普遍建设具有生活居住功能的农村幸福院；村庄应建设老年人休闲娱乐设施，有条件的村庄可办老年人食堂，财政给予必要的支持；应推动农村社区居家养老综合服务中心建设，实行城乡统筹、专业机构主办，通过公建民营、民办公助、政府购买公共服务等方式予以扶持。赵志强、杨青③提出，应提供适宜的制度环境支撑，班娟④以社区老年人群体互助养老与老年人增权的关联为切入点，对互助养老中的权力障碍进行分析，提出应实施"由内而外"和"由外而内"相结合的老年人增权模式等对策。

(2) 陕西省榆林市邻里相助养老模式

该模式是在乡镇老龄机构和村党支部、村委会领导下，由村级老年人协会组织实施的邻里相助养老服务工作。服务提供的志愿者与接受服务的老年人之间为乡邻关系，志愿者主要负责提供上门打扫卫生、代购生活用品等服务，报酬主要来源于市、县（区）养老服务业发展专项资金⑤。现有一些研究主要肯定该养老模式的优势，如周娟、张玲玲⑥基于对该模式实施地域陕西省榆林市R区的实地调查，发现该模式在实际运

---

① 袁书华：《供需视角下农村幸福院可持续发展对策探究——以山东省LY县幸福院调研为例》，《山东师范大学学报》（人文社会科学版）2019年第1期。

② 高灵芝：《农村社区养老服务设施定位和运营问题及对策》，《东岳论丛》2015年第2期。

③ 赵志强、杨青：《制度嵌入性视角下的农村互助养老模式》，《农村经济》2013年第1期。

④ 班娟：《社区老年群体互助养老中增权模式探究》，《社会科学战线》2014年第8期。

⑤ 王德泽：《探索农村养老服务的新途径——关于榆林市开展邻里互助养老服务工作的调查报告》，《决策咨询》2014年第5期。

⑥ 周娟、张玲玲：《幸福院是中国农村养老模式好的选择吗？——基于陕西省榆林市R区实地调查的分析》，《中国农村观察》2016年第5期。

行中存在多种具体形态，具有养老福利化、服务专职化和管理专职化等特点，认为该模式在性质上属于强政府支撑型专职化模式，能够明显提高接受服务的农村老年人的幸福感，减轻他们的养老忧虑。但是，较高质量的养老服务是以较高的运行成本为前提，且服务覆盖范围有限，更适用于县乡政府和村集体能够提供较强资金支持的地区。因此，他们认为运行成本较高这一约束条件，在相当程度上可以通过充分利用土地资源、开发低成本人力资源与发展适老性农业等途径来克服。还有一些研究指出该模式的不足之处，如王璐、刘博[1]指出，该模式存在缺乏政府补助以外的其他可靠资金来源等问题，资金来源渠道单一、难以实现可持续发展。

（3）其他互助养老模式

除了上述两种农村主要的居家社区互助养老模式外，全国各地还出现了吉林省农村居家养老服务大院模式、湖北恩施养老模式等。吉林省农村居家养老服务大院模式中，老年人以居住在家庭为主，由村内志愿者上门开展服务或在服务大院内提供日间照料，服务大院运营资金主要来自于村集体"老年田"经营收入[2]。湖北恩施养老模式是以老年协会为核心的互助养老模式，由村内声望较高的老年人发起，老年协会针对当地的养老现状，开展多形式的养老活动，具体包括组织精英老年人与困难老年人结对帮扶、划片开展群体性互助养老、组织老年人学习政策法律更新观念、调解家庭养老纠纷、协助老年人维权、组织老年人编排歌舞等。陕西米脂养老服务模式是建立在邻里互助基础上的互助养老模式，由政府出资选聘当地妇女在村内组成邻里互助小组，定期上门对邻居"空巢"老年人开展家政服务，为老年人提供卫生安全、家务料理、生活陪护、精神慰藉等多项服务。河北省唐山市医养结合养老发展模式是依托村民中心的日托式养老、新建社区配备养老设施的养生社区模式。

---

[1] 王璐、刘博：《农村"邻里互助"养老模式的思考与建议》，《教育理论与实践》2012年第7期。

[2] 许晓晖、孙瑛彤、佟鑫：《农村居家养老服务：老人走出门、服务送上门》，《中国社会工作》2013年第31期。

保定市探索将县光荣院、中心敬老院、社会福利院、军政服务中心、优抚医院等合并整合的"五院合一"养老模式。

4. 中国农村机构养老相关研究

我国农村养老机构从地域分布上较多集中在乡镇层面，较少分布于行政村。相关研究较少，公建民营养老服务发展模式的研究，以2014年开始试点养老机构公建民营实践为主，该模式目前正在福建、浙江等省份大力发展，现有研究主要围绕该模式存在的问题开展，如认为该模式存在机构功能性质不明、风险预判及防范不足、权益保护措施欠缺等问题[1]。学界也关注罗源养老模式，该模式是由当地慈善总会发起的互助养老模式，是由福建省福州市慈善总会发起，旨在帮助农村地区孤寡老年人解决养老问题，由慈善总会出资在村内建立慈善安居楼，将村内经济困难、无房或者居住在危房里的老年人组织到一起生活，实施集中供养、互助养老。

总体上，当前对我国农村养老相关研究主要聚焦家庭养老、土地养老、居家社区养老等，较少对行政村机构养老开展研究。

三 福利多元主义视角老年人养老相关文献

（一）国外福利多元主义视角养老研究

国外主要采用福利多元主义理论视角研究政府在养老福利中的角色定位，社会组织在养老福利中的作用，以及家庭在养老福利中的作用，较少采用福利多元主义研究机构养老。具体如下：

对于政府在养老福利中的作用的研究，聚焦政府在养老中的角色和定位等，如Robert对比分析了德国、美国、加拿大和澳大利亚四国的老年人政策，发现政府承担协调者角色[2]。Walmsley、Rolph[3]提出，政府要逐步构建起以社区为依托的社会养老服务体系，实现家庭养老与社区

---

[1] 董红亚：《养老机构公建民营：发展、问题及规制》，《中州学刊》2016年第5期。

[2] Robert Holzman, "An International Perspective on Pension System and Reform", *World Bank Publications*, No. 2 (2005), p. 7336.

[3] J. Wslmsly and S. Rolph, "The Development of Community Care for People with Learning Difficulties 1913 to 1946", *Critical Social Policy*, No. 1 (2001), pp. 59—80.

养老相辅相成，进一步发挥养老服务作用。国外对市场参与养老福利也展开了相应研究，主要研究市场对老年人个性化养老需求的掌握以及精准化供给。如美国杜克大学开发了"美国老年人资源与服务量表"，从社会、经济和健康等维度将老年人服务需求划分为24项内容[①]。

社会组织发展养老福利也是国外应用多元主义理论视角研究养老的一个重要内容。但相关研究较多聚焦于非营利社会组织发展养老福利：如在非营利社会组织发展养老福利的优势方面，Schmid H[②]对比以色列非营利组织和营利组织为社区弱势老年人提供的家庭护理服务，发现非营利组织在提供服务方面不仅成本更低、而且具有较高的操作优势；Levitenreid C[③]对比魁北克省获得非营利组织与营利组织提供服务的社区老年人，发现非营利组织提供的服务比营利组织提供的服务更让老年人满意；Hansmann[④]通过实证研究发现，非营利社会组织相较于营利组织具有更高的服务成本或效率比。在非营利组织发展养老福利的作用研究中，Young[⑤]发现非营利组织发展社区养老引导、整合了社会资本，实现了资金、资源的最优化配置。

国外基于福利多元主义视角的家庭在养老福利中作用的研究。主要认为家庭依然是养老服务的主要供给主体。如 Milligan、Conradson[⑥]认为，应当引导家庭、政府、社区、志愿者部门等多方参与养老服务体系。

---

① Linda K. George, Gerda G. Fillenbaum, "OARS Methodology. A Decade of Experience in Geriatric Assessment", *Journal of the American Geriatrics Society*, No. 9 (1985), pp. 607—615.

② Schmid H., "Non-profit and for-profit or Ganizations in Home Care Services: a Comparative Analysis", *Home Health Care Services Quarterly*, No. 1 (1933), pp. 93.

③ Levitenreid C, Hoyt A, "Community-based Home Support Agencies: Comparing the Quality of Care of Cooperative and non-profit Arganizations", *Can Jaging*, No. 2 (2009), pp. 107—120.

④ Hansmann H, "Economic Theories of Nonprofit Organizations", *The nonprofit Sector: Research Handbook*, No. 2 (1987) pp. 27—42.

⑤ Young D R, "Alternative models of government-nonprofit sector relations: Theoretical and international perspectives", *Nonprofit and Voluntary sector quarterly*, No. 1 (2000), pp. 147—172.

⑥ Milligan Christine, Conradson David, *Landscapes of Voluntarism: New Spaces of Health, Welfare and Governance Policy Press*, 2006, pp. 6—14.

Berkman、Syme①认为,现代化社会家庭等初级社会群体在健康、养老、照料等方面具有明显优势,应充分发挥优势功能。Kirwin②认为,近年来西方社会努力推行的社区照料服务尝试,是基于政府提供的正式照料系统与家庭等提供的非正式照料系统相结合而实行。

进入2000年后,国外对养老福利方面的研究主要侧重于从讨论养老福利分配发展转变为讨论养老福利提供合作③。正如杨立雄④所言,从世界范围内养老福利研究实践情况来看,各国并没有形成一个统一的模式,而都是基于本国的文化传统、政治体制、经济发展程度以及社会结构等因素,探索确立适合本国的养老福利模式。

(二)国内福利多元主义视角农村养老相关研究

当前,我国主要采用福利多元主义理论分析农村社会养老福利供给主体如政府、市场和家庭等的现状及对策,具体如下:

宋洋⑤对农村社会福利供给情况分析认为,目前存在着供给主体过于单一、供给总量不足和结构失衡、供给决策机制不完善、监督机制缺失等问题,提出采取协同供给的方式解决以上问题的对策,即认为坚持政府的重要供给地位和引导作用,是一个实现农村养老福利多元化的必须过程;引入有序竞争,促进政府与市场的良性合作;树立开放的系统观念,积极引入第三部门力量;建立有效的表达渠道与监督、评估机制。

---

① Berkman, L. F. and Syme S. L, "Social Networks, Host Resistance and Mortality: a Nine-year Follow-up Study of Alameda County Residents", *Am JEpidemiol*, No. 109 (1979), pp. 186—204.

② Kirwin P M, "Intergenerational Continuity and Reciprocity through the Use of Community-based Services", *Theory and Practic. Home Health Care Services Quarterly*, No. 2 (1991), pp. 12.

③ Ronald K, "Mitchell. Stakeholder Agency and Social Welfare: Pluralism and Decision Making in the Multi-Objective Corporation", *Academy of Management Review*, No. 41 (2016), pp. 252—275.

④ 杨立雄:《老年福利制度研究》,人民出版社2013年版,第12页。

⑤ 宋洋:《农村社会福利的多元主体协同供给研究》,《中国特色社会主义研究》2014年第2期。

秦永超[1]利用2012年我国适度普惠型老年人社会福利状况调查数据，运用回归分析模型探讨现有养老福利对老年人福祉的影响，发现家庭养老福利功能在弱化、社区养老福利虽然具有积极影响，但是养老设施和服务水平仍然有待提高；政府对福利的作用明显，社会的作用仍然较为有限。因此，应构建多元化养老福利制度。

鄢圣文[2]认为，养老服务产业发展，要兼顾产业化和福利化，关键点在于福利多元化，政府、企业、社区、非营利组织和志愿者等需要共同承担起提供养老服务的责任，以产业化为基础，促进全社会养老福利最大化。要确立养老服务的产业地位和产业化发展方针，以居家养老社区照顾为主，实施分类管理机构养老服务，提高从业人员的职业地位和专业化水平，有效调动社会资源养老服务，探索行业风险化解的多元渠道。

田奇恒、孟佳慧[3]通过对农村"留守"老年人的相关研究认为，农村"留守"老年人福利服务支持首要的是经济，其次是医疗、精神和照料。第三方社会组织协同政府共同供给农村养老福利是社会治理和社会发展的新动向。

孟荣芳[4]认为，我国基本的养老社会保障从宏观视角来看，呈现福利科层制结构特征，纵向依据身份形成不同制度轨道，横向依据地方决策形成区域差异；从中观视角来看，呈现差序格局特征，纵向依据区域级别而实施不同的保障制度，横向依据身份差异、待遇向边缘递减，制度资源呈差序分布；从微观视角来看，由公平理论可知，个体与区域基于横向对比导致福利攀比，纵向比较造成福利失落。针对养老服务发展中各方责任问题，有学者提出借鉴西方福利主义多元，政府应承担主体责

---

[1] 秦永超：《老人福祉视域下养老福利多元建构》，《山东社会科学》2015年第12期。
[2] 鄢圣文：《新常态下的养老服务产业发展对策》，《经济研究参考》2015年第64期。
[3] 田奇恒、孟佳慧：《农村留守老人养老福利问题研究综述》，《安徽农业科学》2013年第33期。
[4] 孟荣芳：《我国社会基本养老保障制度碎片化》，博士学位论文，南京大学，2014年，第19页。

任，履行社会福利提供者和监管者的角色。在此基础上，大力推动社会福利社会化，加强公民责任，鼓励民间力量和社会资本进入公共服务领域，共同参与、满足社会多种需求。这也是当前学界的主流观点，还有学者主张，依照福利多元主义推动居家养老服务建设，更有学者主张，降低家庭在养老方面的经济负担，政府担负有限的养老责任，而由市场主要承担养老服务的成本和风险，该种观点也受到了政府认可并在政策层面加以推行。

景天魁等[1]认为，社会保障制度只是福利多元主义中的一种安排形式，社会福利应该是由多元福利主体提供，如果只强调国家在社会福利中的作用，就容易重蹈覆辙，出现福利国家已经上演的危机。因此，他认为按照福利多元主义理论的逻辑，国家、市场、家庭、社区及社会等都应是福利的主要提供者。

彭华民等[2]根据多伊和高夫（Doyal、Gough）对于人类基本需要研究所得出的需要分类观点，将人类需要与福利多元主义"四分法"中社会福利的提供方进行对应，通过思辨的方式设计出一个结合社会需要和福利多元主义理论的福利制度安排体系，并认为当前社会福利目标定位要从国家为本转型到需要为本，提出在满足社会需要的原则下，建立发展型的社会政策战略框架。

从现有的研究成果来看，虽然学者们基于福利多元主义理论视角对政府、社会组织以及家庭在养老福利中的作用展开研究及讨论，无疑，该类分析可以将农村养老福利中遇到的问题进行更为详细的研究。但在理论层面上，国内的相关研究成果略显单薄。也有部分学者注意到福利多元主义深刻影响着发达国家社会政策的理论研究，但是，目前国内在此方面的研究基本处于停滞状态。正如我国台湾地区学者施世骏[3]从公共部门与市场部门的合作角度对福利制度进行探讨时所指出，我国在相关

---

[1] 景天魁：《"底线公平"的社会保障体系》，《中国社会保障》2008年第1期。

[2] 彭华民等：《西方社会福利理论前沿：论国家、社会、体制与政策》，中国社会出版社2009年版，第19页。

[3] Shih-Jiunnshi, "The Bounded Welforre Pluralism: Public-Privafe Partnerships Under Social Management in China", *Public Management Review*, No. 2 (017), pp. 463—478.

理论上仍然是滞后的,一个重要的原因是,国外的理论研究多数是基于本国历史和现代背景并为本国当代社会政策改革服务而开展,不仅具有鲜明的地域特征,而且往往带有某种价值判断。因此,利用福利多元主义理论的研究范式,结合我国历史渊源和实际情况,对我国农村养老服务的福利主体结构及其分工合作履行相应动态职责等展开研究,就显得尤为重要。

四 研究意义与创新

(一) 实践意义

福利多元主义理论认为,福利应由国家、市场、民间社会包括家庭、邻里和志愿组织等多元主体提供。我国进入人口老龄化社会阶段,"未富先老",面临养老保障制度供给压力,是通过福利多元主义主体参与及相关职责各主体分工合作承担来构建行政村机构养老,还是通过村集体经济组织、市场、政府和社区等单一主体构建行政村机构养老福利保障更为有效,需要理论界在准确揭示当前行政村机构养老发展现状、存在的问题等基础上给予正确解答。

行政村机构养老发展是一项政策性、技术性和操作性等均很强的实务工作,研究行政村机构养老建设发展的主体构成"要件"及相关职责各主体分工合作履行等,不仅可以有力缓解农村老年人的养老压力,更好地保护农村老年人的合法权益,提升农村社会治理水平,维护农村社会和平稳定,实现福利分配的公平与正义,而且还可以揭示行政村机构养老何以发展的真实情况,进一步明确政府、社区、市场、家庭等主体在发展行政村机构养老中的职责功能。更为重要的是,通过研究行政村机构养老发展,可以准确验证、揭示当前阶段我国农村养老等公共服务事业福利主体构成及相关职责相关主体承担履行情况,并发现其中存在的现实问题及原因,可以为福利多元主义发展寻找有效对策,为农村老年人养老保障制度建设以及养老服务体系构建等提供有益参考。

(二) 理论意义

福利多元主体供给福利背后,蕴含着丰富学术价值和理论资源。以往对各个国家各历史时期的福利多元主体研究中，福利多元主义理论都是一个很好的切入视角，并产生了福利多元主义理论分析范式的成果。但学界较少通过对我国行政村机构养老发展的福利供给情况开展研究，透视当前我国福利多元主体发展现实状况。行政村机构养老发展的个案，汇集了多元福利供给主体及相关职责各主体分工、合作履行现状，通过对行政村机构养老发展个案研究，进一步折射当前我国多元福利主体供给福利情况，科学解答福利多元主义的理论问题，丰富福利多元主义理论资源。

之所以选择应用福利多元主义理论开展研究，是因为发展行政村机构养老难度大，不仅需要政府公共部门、家庭等主体投入大量的人力、物质和资金等资源，还需要村集体经济组织、社会乃至市场等主体参与供给老年人养老资源，因此，以该理论为视角，尝试分析当前我国行政村机构养老的福利主体构成，以及机构养老相关职责各主体分工、合作履行情况。开展行政村机构养老发展的个案研究，涉及社会学、政治学、人口学等多学科专业领域，应用上述学科相关理论对个案进行跨学科研究，有望促进相关学科的交叉发展。

（三）研究创新

关于农村老年人养老研究，以往主要聚焦于家庭养老、居家社区养老等各类养老方式，通过对这些方式研究可以了解到我国农村社会养老方式发展的多样性、多形态以及存在的相关问题。但现有研究较少聚焦行政村机构养老研究，尤其是未深入研究行政村机构养老的何以发展问题。事实上，实践中，我国各地农村积极探索行政村机构养老方式，一些地方已经发展有能够实现可持续发展的行政村机构养老模式，且助力破解农村老年人的"养老难"问题。因此，和以往的农村养老方式研究一样，本研究的重要内容之一也是农村养老方式。在此基础上，本书重点研究行政村机构养老供给的静态主体结构构成主要有哪些"要素"，行政村机构养老发展中的职责各相关主体分工及合作履行情况等，以此透视当前我国农村社会养老公共服务发展的真实情况。为此，本研究利用本人为研究区域本土人的"局中人"身份，外来研究者的"他者"身份，经过为期一年多的调查观察，全面获得当地民政局、扶贫办等政府部门、慈善总会等准政府组织、村集体经济组织、社会等的足够信任，取得了当地民政局等政府部门的内部素材资料，因此，全面丰富的素材是本研究的难点，也是本研究的创新之处。

本研究拟采用福利多元主义理论对个案进行分析，揭示人口老龄化时期我国农村社会养老等公共服务供给的主体构成情况及相应职责各个主体分工合作履行情况，并对形成当前福利多元主体模式的原因进行深入分析、探讨。此外，本研究拟以"行政村机构养老何以发展"为选题，突破以往主要研究农村的家庭养老、居家社区养老等传统，以及突破以往主要研究市级层面社会福利中心养老院、乡镇街道级敬老院的研究内容，创新研究行政村机构养老，可以丰富农村养老以及机构养老发展的研究内容，这也是本研究的主要创新点。

第三节　小结与讨论

本章第一节，主要描述研究背景。描述发达国家人口老龄化及其实施的养老保险、照护保险等养老社会保障制度，并发展养老产业经济等实践情况。与此同时，本节也描述我国在经济发展较低阶段进入人口老龄化社会，"未富先老""未备先老"，面临养老社会保障制度建设、养老服务体系构建等需求及挑战的背景。在此基础上，本节回顾我国农村社会各个时期实践的养老保障制度及特征。如1949年至1955年间实施小农经济下的农村家庭养老保障制度，1956年至1981年间为集体经济下的农村集体养老保障制度，1982年至2009年间为统分结合下的农村家庭和集体养老保障制度模式，以及2009年至今为社会化大生产时期的农村社会养老保险制度。

本节描述当前我国积极构建农村养老服务体系。如自2013年开始，我国大力发展养老服务业，制定系列养老服务发展制度，具体体现在"十二五"等规划制度文件以及党的重要会议论述中，对居家养老、社区养老、机构养老和医养结合等各种养老方式发展规定各有侧重，但居家养老方式始终是基础，社区养老作为依托，机构养老由支撑地位变为了补充。

本节描述了我国农村养老主要方式有家庭养老、机构养老、自我养老、居家社区养老等类型，其中，家庭养老一直是我国农村老年人主要养老方式，机构养老是我国农村部分特殊老年人养老方式，自我养老/储蓄养老也是主要养老方式、且未来将逐渐增多，居家社区养老尤其是互助养老方式为近年我国农村新兴的养老方式。

本节描述了研究内容，通过对我国"行政村机构养老何以发展"的研究，深入剖析行政村机构养老福利供给主体构成"要件"，透视当前农村地区养老等公共服务的福利供给现实情况。同时，剖析研究行政村机构养老相关职责各个福利主体之间如何分工合作履行，实施怎样的措施履行各自相应的职责及发挥各自相应作用，如何共同推进行政村机构养老发展。本研究还试图解答政府公共部门、准政府组织、社区、市场等多元福利主体发展行政村机构养老方式，对农村养老服务发展、人口深度老龄化社会到来，乡村振兴战略实施以及农村社会治理体系现代化和治理能力提升等具有怎样的意义，需要提供怎样的支撑等。

本章第二节对福利多元主义理论进行综述，对福利多元主义理论应用于国内、外养老服务发展研究的相关文献进行回顾。福利多元主义理论源于国外，早期有时也被称为混合福利经济，于20世纪80年代兴起。国外关于福利多元主义研究的成果颇为丰富，从国家、市场、社会的"福利二角范式"，发展到欧尔森、罗斯的"福利三分法"，伊瓦斯、约翰逊的"福利四分法"，再发展到纽伯格"福利五边形"等福利多元主义理论基本范式。

本节描述了学界对国外与行政村机构养老相关的研究文献，在互助养老模式研究方面，主要描述美国互助养老"村庄"模式，日本邻里互助养老模式，英国社区老人院互助养老模式和德国非血缘多代居互助养老模式等。同时还描述学界对我国土地养老、家庭养老、居家社区养老等的研究，尤其描述居家社区养老中的互助养老方式，具体包括以河北肥乡为代表的农村互助养老模式、陕西省榆林市邻里相助养老模式、吉林省农村居家养老大院模式、湖北恩施养老模式等。同时还描述我国农村乡镇层面机构养老。

本节描述国外将"福利多元主义"理论应用于机构养老中的政府、市场等的角色定位等，如对于家庭主体发展养老福利的研究，主要认为家庭依然是养老服务的主要供给主体。进入2000年后，国外对养老福利方面的研究侧重于从讨论养老福利分配发展转变为讨论养老福利提供合作。从世界范围内的养老福利研究实践情况来看，各国并没有形成一个统一的模式，基本都是探索确立适合本国的养老福利模式。

本节介绍了国内将"福利多元主义"理论相关研究范式应用于政府、市场和家庭在农村养老发展中的现状、问题及对策，如就家庭养老而言，子女对父母赡养义务由法律规定，也是我国的"责任伦理"要求，但目前，我国农村家庭的福利供给具有不稳定性。政府是社会福利的首要责任主体，是否强调政府或国家的责任是现代社会保障和早期社会保障的根本区别。然而，强调政府责任并不意味着政府垄断养老福利供给。

市场主体在发展我国农村养老福利中，存在相关农村劳动力保护政策供给不足，无法令市场成为农民有效的养老福利来源等问题。按照福利多元主义理论的逻辑，国家、家庭、社区、市场及社会等都应是福利的提供者，当前我国社会福利目标定位需要从国家为本转型到需要为本。总体上，国内对农村机构养老研究较少开展，更少基于理论尤其是福利多元主义理论开展。

本节重点介绍开展本研究的意义与研究创新。本研究的实践意义在于研究"行政村机构养老何以发展"，不仅可以有力缓解农村老年人对机构养老需求的压力，更好地保护老年人合法权益，提高农村社会治理水平，维护农村社会和平稳定，实现养老福利分配公平正义，而且还可以揭示行政村机构养老何以发展的真实现状，进一步明确政府、社会、市场和社区等主体参与的情况，及机构养老中相应职责各个主体分工及合作履行情况，准确验证、揭示当前时期我国农村社会养老等公共服务福利多元主体供给情况，为农村老年人养老保障制度建设以及农村养老服务体系构建等提供有益对策。

本研究的理论意义在于行政村机构养老发展个案，汇集了多元福利主体及相关职责各主体分工合作承担情况，通过对行政村机构养老发展个案研究，进一步折射当前我国多元主体发展福利情况，科学解答关于福利多元主义的理论问题，丰富发展福利多元主义的理论资源。同时，通过对个案进行跨学科研究，有望促进社会学、政治学以及人口学等相关学科的交叉发展。本研究全面获得研究区域民政局、扶贫办等政府公共部门、慈善总会等准政府组织、村集体经济组织社区，以及老年人及其子女等的足够信任，取得了当地社区发展行政村机构养老的内部素材资料，全面丰富的素材是本研究的难点，也是创新。

本研究以"行政村机构养老何以发展"为选题，突破以往对农村养老方式的研究聚焦于家庭养老和土地养老等传统养老方式；本研究以行政村机构养老为研究对象，进一步丰富完善以往对农村机构养老，尤其是以往大多停留于对市县级社会福利中心，对乡镇敬老院研究的研究内容，这也是本研究的主要创新。

第二章 研究设计

第一节 研究方法

一 个案研究法

个案研究，又称案例研究或个案研究法，作为一种研究方法，已经有 100 多年的历史，源头可溯及 19 世纪中期法国社会学领域社会学家利普雷，他通过对工人阶级家庭状况的研究，发展出该研究方法。人类学家马林诺夫斯基在特罗布恩德群岛进行的田野研究，就是民族志个案研究的一个实例。19 世纪末 20 世纪初，芝加哥学派社会学者将个案研究作为重要的研究工具，应用于对工业化、都市移民等相关问题领域的探讨。他主张研究者应该进入研究问题的场域，应用个案研究法对问题进行客观和全面的理解。随后，个案研究法被广泛应用于历史学、心理学和管理学等研究领域当中。

行政村机构养老发展是一个事件过程，该事件过程的微观、动态特性使得本研究难以通过定量的研究方法获取研究素材资料。即使本研究通过定量研究方法获取资料，也难以得出准确的研究结论。这也决定了本研究更适合采用个案研究法。

本研究中的行政村机构养老发展主体，主要包括民政局等政府公共部门、慈善总会等准政府组织、村集体经济组织社区、老年人及其子女等。这些主体均构成本研究的个案对象。本研究采用半结构访谈、参与观察、座谈会、问卷调查以及田野调查等资料收集方法，进行近距离、严密考察个案J区慈善幸福院发展真实情境，翔实收集各个研究个案对象的资料。本研究除了全面、动态获取民政局、扶贫办等市、区级政府公共部门发展行政村机构养老资料外，还获取慈善总会、残联等市、区级准政府组织、村集体经济组织社区、老年人及子女等主体发展慈善幸福院的事实资料，从而完整呈现一幅区域社会发展行政村机构养老的真实图景，全面科学把握研究个案情况资料。

个案研究的逻辑基础是从个案上升到理论的分析性扩大推理，分析性的扩大推理要求个案研究需要摆脱微观场景的束缚，迈向宏大景观。当前学界认为，个案研究要体现典型性，必须外推，并且外推范围越大，个案价值就越大；个案研究越是能够抓住共性，就越具有外推的价值。本研究的个案主要作为类型学意义上的推广，即本研究主要说明本个案自身，通过全面、透彻研究J区行政村慈善幸福院建设发展情况，以此说明与其属于同一类型的全国各地行政村机构养老发展的其他个体情况。同时，本研究还可以通过读者的认同实现推广，即读者在阅读本研究的过程中，将其与自身的经验进行对照，接受其中相一致的内容，从而实现研究的推广价值。

关于个案研究的代表性问题，本研究认为，所谓代表性，是指样本能够再现总体结构和属性的程度。任何样本的出现都是以样本总体的范围和边界的清晰为前提。样本是从研究总体中，以某种规则抽取出来的，抽取样本的目的，就是以经济、较少投入的原则来达到对总体的科学认识。为了达到这个目的，样本就必须具有代表性，这样才能科学再现总体。本研究中，行政村慈善幸福院发展的个案研究并没有明确的研究总体，或者说该研究总体的边界不清晰，但是，这并不影响本研究的代表性问题。

我国土地广袤，幅员辽阔，如果按农村集体经济发展水平，可以将全国农村地区划分为集体经济较好地区、集体经济薄弱地区两种类型。在该两种类型区域中，发展机构养老就具有极大的差异性。村集体经济较好的农村地区，能够将较多的经济资源投入于机构养老发展中；村集体经济薄弱的农村地区，村委会无力为机构养老发展投入较多的经济资源，行政村机构养老难以实现发展。本研究个案无论对村集体经济薄弱的农村地区发展行政村机构养老情况，还是对村集体经济较好的农村地区发展行政村机构养老，都具有一定的借鉴意义与参考价值。

二 "区"研究单位

以往对我国农村的研究主要选择以村庄为研究单位。20世纪30年代，费孝通、吴文藻等著名学者将民族志方法应用于我国村落研究，提出著名的"社区范式"，掀起了村落社区研究高潮①。但自1960年代开始，社区研究单位因无法解答如何化解宏观和微观的对立，以及如何在两者之间自由沟通的问题，而遭受学界大量的批评。其中，以施坚雅为代表，他认为乡土中国的基本研究单位是"以集市为中心的农村经济社会网络"，他在《中国农村的集市与社会结构》一书中分析市场在社会结构中的整合功能，并建构基层市场共同体理论。虽然，他提出的研究单位富有启发性意义，但仍不能解决所谓的代表性问题②。真正自觉地反思以乡镇作为我国农村研究基本单位的学者是日本的福武直，他提出"乡镇共同体"的概念，虽然他最后未能就此开展有效的研究，但这都值得本研究参考与借鉴。

本研究选择以"区"为研究单位，"区"是一个政府行政层级，以及作为一个大致的地理区位。之所以将"区"作为研究单位，一方面，可以将参与发展行政村机构养老的多个主体"行动者"一起纳入到"区"场域，便于探讨他们发展行政村机构养老的相应职责与功能。另一方面，考虑到操作层面的可行性，以"区"为研究单位可以克服省级、市级研究单位过大、收集研究素材难度大，以及村级研究单位过小、无法有效折射行政村机构养老发展的福利多元主体构成等真实情况。此外，选择

---

① 申端锋：《农村研究的区域转向：从社区到区域》，《社会科学辑刊》2006年第1期。

② 申端锋：《农村研究的区域转向：从社区到区域》，《社会科学辑刊》2006年第1期。

以"区"为单位,还因为"区""具有完整意义上的时空关系网络"①,在对"区"进行重点研究外,向上可以追溯至市、省等宏观研究单位,向下可延伸进入乡镇、村庄等微观研究单位,能够在微观与宏观之间实现自由行走与切换。因此,本研究既注重对"区"研究单位内行政村机构养老发展的调查,也注重对市级民政局、扶贫办等政府公共部门、市级慈善总会、残疾人联合会等准政府组织的研究,更注重对村庄慈善幸福院的调查,通过在"区"这一研究单位内开展个案研究,科学折射当前我国养老等公共服务的福利多元主义现实形态。

事实上,全国各地在发展行政村机构养老中,都有自身特殊的多元主体构成结构及各相关主体职责承担履行情况,本研究之所以选择在并不是特别重要的福建省N市J区开展个案研究,最主要的原因在于J区的普通和平凡,因为普通和平凡才是行政村机构养老发展的常规情境。其次,是因为J区在探索行政村机构养老中已经取得了良好成效,实现了行政村机构养老发展的创新。最后,是因为该区所在市即为笔者的故乡,在故土内开展研究,笔者可以更加真切地体会与了解研究对象所思、所想和所行,无论是从语言文化还是从素材收集角度而言,都具有较大的便利性,当然"生于斯,死于斯"的恋乡情结因素在此也不容忽视。

三 田野调查与访谈法

法国学者布迪厄②认为,理论不大产生于与其他纯理论的碰撞,而是产生于与常新的经验论对象的冲突。因此,只有真正深入地扎根于具体的实践现实,才能最终获得理论创新的资源,理论创新的源泉在于实践。田野调查是实证研究中最基本的研究方法之一,是社会学定性研究常用的方法,王铭铭③认为,田野调查是参与当地人的生活,在一个有严格定义的空间和时间的范围内,体验人们的日常生活与思想境界,通过记录

---

① 陈锋:《机会主义政治——北镇的治理实践与分利秩序》,博士学位论文,华中科技大学,2013年,第9页。
② 皮埃尔·布迪厄:《实践理性:关于行为理论》,谭立德译,生活·读书·新知三联书店2007年版,第43页。
③ 王铭铭:《从"当地知识"到"世界思想"》,《西北民族研究》2008年第4期。

人们生活的方方面面，来展示不同文化如何满足人们的普遍的基本需求、社会如何构成。质性研究就是深度的体验与感悟，本研究属于个案质性研究，笔者尝试对 J 区政府公共部门、准政府组织、社区和市场等主体发展慈善幸福院展开田野调查，并采用半结构访谈法、问卷调查法、参与观察法等资料收集方法，获取全面的事实资料，实现对个案的"深描"和"厚描"。

本研究起源于"有意识"，农村老年人养老问题一直是我国社会的重要民生议题，关系到老年人晚年生命质量、农村社会治理、农村社会和谐稳定、振兴以及社会公平正义等问题。近年，党和国家不断发展我国农村养老事业，实施新型农村基本养老保险制度、新型农村医疗合作保险制度以及城乡养老社会保险等制度，发展农村养老服务业、构建农村养老服务体系。在此进程中，笔者开展了农村养老相关选题研究。如 2018 年，笔者经常在村集体经济较好的发达地区即福建省 X 市 X 区参与农村"居家社区养老服务项目"评审工作，掌握了政府发展农村养老服务业的大量政策文本和事实资料，了解村集体经济较好的村庄对老年人养老服务设施建设的资金、人力和物质等资源投入情况。笔者受 X 区民政局委托，全面调查该区养老服务业发展情况，包括养老服务业发展成效、机制保障、存在的问题及发展对策等。在开展调查中，笔者发现，慈善总会等准政府组织如果参与村庄居家社区养老发展，那么村庄农村幸福院等居家社区养老能够实现可持续发展，如果缺乏慈善总会等准政府组织参与，则难以实现可持续发展。但总体上，该区农村养老服务发展普遍面临资金来源渠道单一、服务人力资源不足，老年人获得感不强等问题。

为深入了解城市养老服务业发展情况，并与农村养老服务业进行对比，从中发现两者的不同之处，笔者选取福建省 X 市、Z 市、L 市和 F 市等各地，调研各种类型养老方式发展情况。笔者调查福建省 X 市市级民办养老机构 XH 护理中心这一民办城市养老机构，掌握其发展主体面临资金不足、服务场地有限、服务对象"入住难"等问题；调查 X 市唯一一家实现盈利的市级公建民营五星级养老机构，即"WX 养老院"，掌握其运营发展面临医养结合服务提供难、养老机构内设医疗机构难，以及医生和护理人才招聘难等问题。调查X市区"城中村"村级高端民办养老机构"JCB"，掌握其在发展中面临养老服务人才不足、入住率偏低等问题。笔者又到福建省Z市调查公办民营养老机构ZX医院及市公办养老机构Z市社会福利中心养老院，掌握民办养老机构在运营发展中面临的经营风险、医护人才不足等问题。到L市TXY养老院调研，掌握公办民营养老机构面临老年人摔滑倒等应急事件，相关法律制度不健全，经营风险问题。笔者到F市社会福利中心养老院调研，发现医生专业人才不足，社工、医护人员等养老服务人才待遇低下等问题。

笔者还在对福建省民政厅调研中了解到，福建省养老服务发展中的政府职责面临的问题具体包括：出现高端养老服务发展不足，低端养老服务较好的不均衡局面，需要政府加强对中、高端养老服务发展的统筹规划；需要政府进一步扩大养老兜底保障对象的类型及覆盖面，将高龄、留守、"空巢"和"低保"等类型老年人纳入兜底保障；需要制定出台养老机构发展质量省级标准，出台居家社区养老设施和服务发展的省级分类管理及评定制度，制定、落实居家社区养老服务项目质量的惩处制度文件；需要完善相应的配套制度，出台民政局等部门对未备案养老机构的协同治理制度，提升养老服务管理信息化平台建设，实现政府在养老服务业发展中的兜底保障、统筹规划、监督考核、管理等职责功能。

笔者还在调研福建省养老服务业发展中发现，制度需求方面主要包括，养老服务业发展处于起步阶段，相关法律制度不完善，养老服务机构承担一定的经营风险，需要出台缓解养老服务市场主体经营风险的相关制度；养老服务设施用地目前主要按照商业用途定价，市场主体参与养老服务业发展难度大，社会资本发展养老服务业积极性不高，对养老服务设施用地按公益性质划拨存在制度需求。养老服务业资金来源渠道有社会、政府等，但是政府资金来源方面，中央财政经费投入缺乏，需要中央财政加大养老服务业发展投入力度；政府对养老服务业发展实施"放管服"改革，降低了养老机构进入市场的门槛，但是对未备案登记养老机构缺乏相应的管理制度，对相关部门协同治理未备案登记养老机构存在制度需求；社区照料中心设施建设覆盖率较高，但缺乏设施运营发展相关配套制度，影响养老服务质量；农村幸福院养老服务设施建设面临用地规划滞后问题、影响建设进度，需出台相关制度。总之，通过调查，笔者更加全面和宏观地把握了市、村级各类型、各层次养老机构发展情况，对城市养老服务业发展也形成了较为全面的认识。

本研究灵感主要来源于开展田野调查研究中获得的个案。本研究中所说的 J 区，是笔者基于学术研究惯例，对本研究实地取的一个学名。另外，研究中人名及地名也按照学术研究惯例做了相应处理，研究过程主要分 3 个阶段开展，具体如下：

第一阶段是资料初步收集阶段。2019 年，笔者到 N 市社科联走访，掌握了 N 市区域经济社会发展相关研究情况，以及 N 市在扶贫、养老等民生领域中的历史积淀、区域特色和现状等研究资料。随后，笔者到了 N 市民政局了解农村养老服务业发展情况，参加民政局工作人员座谈会等，获得 N 市农村养老服务业发展总体情况及相关制度文本。在民政局工作人员详细介绍中，笔者掌握了 N 市在发展城市公办民营机构养老服务中，存在进度慢、市场主体参与积极性不高等问题；城市在发展居家社区养老服务业中，面临社会闲置养老资源难整合，社会助老意识氛围不浓，政府对养老服务市场主体优惠、激励力度不足，市场主体承接乡镇敬老院改造升级积极性不高，政府独立发展养老服务业财政负担沉重等困境。

笔者关注了 N 市在发展农村幸福院的政策制度及情况，N 市民政局重点向笔者介绍了 J 区试点慈善幸福院的经验成效并推荐笔者对此重点开展调查。笔者访谈慈善幸福院重要发展主体 J 区慈善总会负责人。从访谈中，笔者间接了解到，J 区发展慈善幸福院的背景，即主要针对 N 市在发展农村幸福院中存在的接受养老服务老年人数量不足，老年人获得感不强，养老服务设施设备落后等问题，J 区民政局等以及慈善总会等主体积极合作，共同探索慈善幸福院发展。

第二阶段是座谈会和考察阶段。在分析前一阶段获得的相关资料基础上，笔者于 2019 年 9 月再次到 N 市 J 区调研，与 N 市民政局工作人员座谈，进一步了解 N 市及县区级养老机构发展情况。在 N 市民政局推荐下，笔者到 N 市 F 县调查民办养老机构发展实践，其中，在对民办养老机构 LN 敬老院调研中发现，该养老机构在发展过程中面临政府对民办、公办养老机构的激励制度存在差异，老年人子女因经济困难等原因拖欠、拒交养老服务费，民办养老机构运营发展资金困难等问题。

笔者在对 F 县公办民营类型养老机构 YLR 老年公寓调研中发现，该区域社会老年人及子女对机构养老方式存在认知不准确，养老机构对服务对象分类管理、精准服务不足，运营发展资金投入成本大、容易亏损，子女对老年父母赡养责任意识不强等问题。笔者还发现该区域在发展机构养老中，普遍存在各街、镇之间的养老服务相关补贴制度难以衔接落实，流动老年人无法有效利用相关制度实现机构养老，以及养老机构运营情况不一，有的养老机构存在入住率偏低、有的养老机构存在"一床难求"等问题。2020 年的 8 月份，笔者到 N 市 X 县了解养老机构发展情况，掌握该省改养老机构登记制度为备案制度后，X 县养老机构得到发展，实现数量上的提升，但也面临民办养老机构无序发展状态，需要政府加快出台监管制度，促进民办养老机构市场有序、繁荣发展。

通过对 F 县、X 县机构养老发展情况调查，基本可以折射出 N 市机构养老发展的现状、问题及成效等总体情况。在此基础上，为进一步掌握 J 区发展慈善幸福院的理念、措施、机制、存在问题及成效等情况。笔者到 J 区 CX 镇 HT 村深入调查慈善幸福院发展情况。笔者在 HT 村村委会办公室参加座谈会，座谈会参与人员主要为 J 区 CX 镇分管农村幸福院、慈善幸福院等的工作人员、J 区慈善总会工作人员、HT 村村干部和 HT 村慈善幸福院工作人员等。通过听取村主任 HTB 的发言，笔者掌握了该村集体经济、慈善幸福院建设发展情况，相关层级政府部门、慈善总会等准政府组织、村委会等发展慈善幸福院的措施、过程、方式和成效等，老年人在慈善幸福院中获得的养老服务情况，以及慈善幸福院发展面临的系列问题。笔者又进一步参观了 HT 村慈善幸福院硬件设施，现场访谈慈善幸福院老年人的满意度，以及老年人对慈善幸福院发展的意见及建议等，获得了 HT 村慈善幸福院建设发展经费资源、人力资源等数据资料。

行政村机构养老何以发展

在此阶段中，笔者对 J 区慈善总会负责人开展半结构式访谈，获得 J 区慈善总会在发展慈善幸福院中，如何汇集社会物资、资金资源，实施怎样的募捐方式和相关管理制度等；如何汇集社会人力资源，实施怎样的人力资源管理激励制度；如何将相应的物资、资金和人力等资源投入于慈善幸福院发展中，履行准政府组织的公共服务社会责任。笔者还获得 J 区慈善总会对 N 市行政村机构养老发展的建议，尤其对政府、市场和社区等相关主体如何履行养老职责以及实现怎样的角色定位的看法与建议。

第三阶段是半结构访谈和问卷调查阶段。笔者在 J 区慈善总会工作人员协助下，于 2019 年 10 月对 J 区 12 所慈善幸福院负责人开展半结构化访谈，进一步获得村委会在发展慈善幸福院中，如何动员老年人及子女更新养老旧观念、接受机构养老新方式，如何发展村庄集体经济，如何对慈善幸福院设施建设、发展投入资金，如何动员村庄村民出资、出力参与慈善幸福院设施建设和服务发展，如何争取村庄外 N 市、J 区慈善总会等支持村庄慈善幸福院发展，如何争取 N 市民政局等政府公共部门的关注与支持，在发展慈善幸福院中面临哪些难题与困境，取得哪些成效与经验。笔者对村庄中接受慈善幸福院服务的老年人开展随机抽样问卷调查，获得老年人对慈善幸福院的服务满意度、获得感和安全感，对慈善幸福院发展主体的认知度，以及获得了老年人的真正养老需求及对慈善幸福院发展的看法和建议等。

田野调查通常面临"深入性"与"科学性"的"两难"困境：一方面，如果调查者得不到社区的某种认同，无法消除当地人眼中的"外人"感，就无法在参与中开展观察，那么，田野作业的"深入性"就成为影响研究质量的问题；另一方面，一旦比较深入地进入社区生活，又往往需要与被调查者保持一定的距离，不要让外来因素影响社区的"原生态"，否则，就是不够"科学"。因此，对于任何田野调查者来说，要做到田野调查资料既是"深入"的又是"科学"的，是一件极其困难甚至是不可能的事。但所幸的是，笔者在 J 区开展慈善幸福院发展调查中并没有面临此类"两难"困境。在对 J 区慈善幸福院的长期田野调查中，总体而言，笔者发

第二章 研究设计

挥了自身籍贯为该地区的"局中人"、外来研究者的便利，深入区域中开展田野调查，获得了当地民政局、扶贫办等政府公共部门，J区慈善总会等准政府组织工作人员，慈善幸福院所在村干部，以及老年人及子女等的支持与信任，全面获得J区发展慈善幸福院的真实素材。

同时，在田野调查中，由于身份的多样性，笔者频繁体验到作为"局中人"、外来研究者对于研究慈善幸福院发展的愉悦感及焦虑感。如遇到N市民政局等政府部门工作人员谈及未来政府将加大发展养老服务业，以及政府将需要承担较大的养老财政投入压力，社会对养老闲置资源整合不配合等问题时，本人既激动又感觉沉重，激动原因在于政府加大养老服务业发展的举措，是行政村机构养老发展的重要保障；沉重的原因在于，区域财力有限，需要社会供给相应资源参与养老服务业发展，但当前我国社会"敬老"、"爱老"和"助老"等氛围都还有待进一步加强。

笔者遇到村干部谈到，为了发展慈善幸福院，他们到政府相关部门以及慈善总会等准政府组织争取养老资源时遇到的挫折、不被理解等，谈及村庄发展集体经济难度大、进程慢，需要政府落实相应的政策措施，以及谈及希望政府加大慈善幸福院发展政策制度支持，笔者容易与之产生共鸣，并急于帮忙寻找对策。得知老年人及子女养老观念陈旧、落后，以及老年人自身养老经济、物资等资源有限，从而制约了自身入住慈善幸福院时，本人容易急忙寻找支持办法，帮助老年人及子女等更新养老观念、更好地获得养老资源。好在作为研究者，本人始终坚持"价值中立"的客观、公正原则，尽量避免无形中受到各种人际关系的干扰，避免影响研究的真实性和科学性，确保学术研究的客观、公正性以及保持研究区域的原生态。

笔者通过不断调整、灵活操作，尽量使得在不同阶段、各种场合收集到的不同资料能够相互印证，能够形成完整的印证链条，能够通过适度的分析还原慈善幸福院发展主体结构形态及各职责相关主体履行情况的真实情况。同时，没有理论支撑的田野调查是盲目的调查，对于一些特殊的研究领域而言，没有田野调查支撑的理论更是空洞的理论。因此，在田野调查中，笔者十分注意理论与实践的相互结合，在调查和形成结论的时候，不仅提高了对福利多元主义理论的认识，而且将所接触到的行政村机构养老发展经验事实与当下的学术研究进行反复碰撞和思考，希冀通过原生态的行政村机构养老发展福利多元主义面貌，揭示更高层次的福利多元主义逻辑，发现福利多元主义的另外一种样态。因此，笔者的田野调查基本能够做到在具有"深入性"的同时，尽量保持"科学性"。

四 研究定义

（一）村委会、村集体经济组织

在村一级，既存在村委会，也存在村级集体经济组织，前者是农村群众的自治组织，后者是具有独立进行经济活动自主权的经济组织，两者之间并不存在行政上的上下级关系。但是现有法律规定在两者职责权限上存在交叉重叠的问题。如依据《中华人民共和国农业法》，农村集体经济组织的主要职能是做好集体资产的管理工作，使集体资产得到合理利用和有效保护，并确保集体资产的保值增值。农村集体经济组织集体资产包括：法律规定为集体所有的土地和森林、山岭、草原、荒地、滩涂等；集体经济组织的财产；集体所有的建筑物、水库、农田水利设施和教育、科学、文化、卫生、体育等设施；集体所有的其他财产。对此，《中华人民共和国村民委员会组织法》也予以肯定："村民委员会应当尊重集体经济组织依法独立进行经济活动的自主权，维护以家庭承包经营为基础、统分结合的双层经营机制，保障集体经济组织和村民、承包经营户、联户或者合伙的合法的财产权和其他合法的权利和利益。"这一规定明确了村委会和农村集体经济组织的关系。但是该法在同一条中又规定："村民委员会依照法律规定，管理本村属于村民集体所有的土地和其他财产，教育村民合理利用自然资源、保护和改善生态环境"，从而造成了村委会职权与农村集体经济组织职权的交叉。据此，村委会在集体土地等资产的管理方面，可取代村集体经济组织。不仅如此，村委会和村集体经济组织职能交叉的规定在多部法律中都有体现。比如，《中华人民共和国土地管理法》第十二条规定，国家所有依法由农民集体使用的农村土地，由使用该土地的农村集体经济组织、村民委员会或者村民小组发包。又如，《中华人民共和国民法通则》第七十四条规定：集体所有的土地依照法律属于村农民集体所有，由村农业生产合作社等农业集体经济组织或者村民委员会经营、管理。

按照上述法律规定，可以由村委会实施也可以由村集体经济组织实施的事项，究竟该由谁负责？会不会带来"大家都负责，大家都不负责"的问题？如何防止推诿扯皮的情况？事实上，我国一些省（市、自治区）的地方立法中对此问题作了进一步明确，大多认为农村集体经济组织应当独立行使经济管理职权，但是在尚未设立集体经济组织的农村中，由村委会行使相应的权力。如《甘肃省农村集体资产管理条例》规定，农村集体经济组织在遵守国家有关法律、法规的前提下，制定组织《章程》，实行民主管理，依法选举和罢免管理人员，决定经营管理的重大事项，有独立进行经济活动的自主权，行使集体资产管理、使用、收益、处分权。尚未成立村集体经济组织的，由村民委员会暂行村集体经济组织的职能。在实践中，虽然绝大多数地方都成立了村集体经济组织，但是其功能虚化、弱化，村委会替代村集体经济组织的情况十分普遍。

鉴于上述情况，有观点提出要扩大村民委员会的经济功能，使之向集体经济组织方向发展。在《中华人民共和国村民委员会组织法》修订中，也有人主张明确村委会主任作为村集体经济组织法人代表的法律地位。这些主张的实质是将村委会和村集体经济组织合二为一，理由主要是，既然在许多地方村委会已经在事实上替代了村集体经济组织，干脆就从法律上予以确认，避免法律规定和法律实践之间的冲突，而且合并后也可以减少人员，节省开支，减轻村级负担。

从理论上看，村委会和村集体经济组织虽然都以建制村为地域范围，以该地域范围内的农民为成员，但是它们的性质不同，两者有着不同的组织目标、价值诉求和运作逻辑。村委会虽然在法律上定性为群众自治组织，并不是政治组织，但是它与一般的自治组织有着很大的不同。首先，村委会的成立并不是基于自治组织全体成员的共同意志，而是按照法律规定必须设立的，村民也没有加入和退出的自由。《中华人民共和国村民委员会组织法》第八条规定，"村民委员会根据村民居住状况、人口多少，按照便于群众自治的原则设立。村民委员会的设立、撤销、范围调整，由乡、民族乡、镇的人民政府提出，经村民会议讨论同意后，报县级人民政府批准。"根据此项规定，村委会设立的提出和批准都是由政府决定的，村民的共同意志并不起决定性作用。其次，村委会承担了很多政府职能，如协助政府完成各项任务，提供社区公共服务等。按照宪法和《中华人民共和国村民委员会组织法》，村委会要办理本村的公共事务和公益事业，调解民间纠纷，协助维护社会治安。乡镇政府与村委会之间虽然不是领导与被领导的关系，但是村民委员会有义务协助乡镇政府开展工作。因此，在一定意义上，村委会是一个准政府性质的公共权力机构。许多外国学者也因此将村民自治理解为"地方自治"。

村委会的公共性决定了它的组织目标是为村庄社区内的所有成员提供同等的公共服务，公平正义是它的价值诉求，民主是它的运作逻辑。这就是为什么《中华人民共和国村民委员会组织法》规定村委会实行"民主选举、民主管理、民主决策、民主监督"的原因。村集体经济组织的性质是经济组织，它的组织目标是追求经济利益的最大化，即做好集体资产的管理工作，使集体资产得到合理利用，效率是它的价值诉求，资本决定发言权是它的运作逻辑。虽然法律也规定集体经济组织实行民主管理，依照法律规定选举和罢免管理人员，决定经营管理的重大问题，但是两者还是有着根本性差异，在价值诉求上甚至存在冲突，因此不宜混同，也无法混同。

本研究将村委会界定为，根据《中华人民共和国村民委员会组织法》，村民委员会是村民自我管理、自我教育、自我服务的基层群众性自治组织，实行民主选举、民主决策、民主管理、民主监督，是我国农村实行村民自治制度的主要组织载体。同时，本研究将村集体经济组织界定为，根据《中华人民共和国宪法》和《中华人民共和国农业法》等法律，村集体经济组织是我国农村集体经济制度的主要组织形式。我国农村的基本经济制度是"农村土地集体所有制"和"家庭承包、统分结合的双层经营机制"。农村集体经济组织是农村统分结合双层经营机制中"统"功能的承担者，大致可以分为乡镇、村和村民小组三级。

（二）政府

美国学者米格代尔认为，国家被分为理想的和实践的[1]，前者构成传统分析模式中一致的整体，后者指国家是由多个不同部分的实践活动所构成的。其中，国家自上而下可以分为四层：最高决策中心、中央政府、地方政府和执行者。作为国家代表的"政府"，按照自上而下的层级可分为五级：国家级、省级、省辖市级、县（区）级和乡（街道）级政府。根据《中华人民共和国宪法》和《中华人民共和国地方各级人民代表大会和地方各级人民政府组织法》，不同层级的政府被赋予不同的权力，承担不同的职责，具有不同的行为模式和行为动机。为了研究的方便以及更好地展现政府在行政村机构养老中的职责及作用等，本研究选取的政府，包括各级政府。

根据《中华人民共和国地方各级人民代表大会和地方各级人民政府组织法》，除了中央政府之外，省级政府、地级市政府、县级政府和乡镇级政府都是地方政府，不同层级的政府在行政村机构养老发展中，职责具有显著的差异。省级、地级市、县级和乡镇政府在行政村机构养老中虽然都是制度的细化制定及执行者，但在具体负责行政村机构养老决策与执行方面具有分工差别。省级、地级市政府主要负责中观层面的指导和把关，县级、乡镇政府主要负责行政村机构养老政策制度的决策与执行。县级和乡镇政府在行政村机构养老中处于特殊的位置。在我国，县级政府主要包括县（自治县、区、自治区）政府、县级市政府、地级市所辖的区政府等。县政承上启下，是国家上层与地方基层的"接点"，是地方决策的中心；县政是中央领导与地方治理的"接点"，是一级完备的基层地方国家政权；县政是权力运作与权力监督的"接点"，是国家权力监督体系的"末梢"，同时，县域社会是城市与乡村、传统与现代、中心与边缘地带的"接点"[2]。因此，县级及以下政府位于行政村机构养老制度执行的第一线，其行为往往成为影响行政村机构养老能否顺

---

[1] Migdal Joel S, *State in Society: Studying How States and Societies Transform and Constitute on An-other*, Cambridge: Cambridge University Press, 2001, p.18.

[2] 徐勇：《"接点政治"：农村群体性事件的县域分析：一个分析框架及以若干个案为例》，《华中师范大学学报》（人文社会科学版）2009年第6期。

利发展的关键变量。因此，本研究选择将县级及以下区政府作为国家的代表。

（三）准政府组织

我国社会组织，按照制度属性，可以分为体制内社会组织和体制外社会组织两大类。其中，体制内的社会组织，主要有中国共产党、八个民主党派和工会、共青团、妇联等社会团体，以及私营企业主协会、律师协会、残联等代表不同社会阶层利益的组织。依据萨拉蒙[1]提出的具有组织性、非营利性、自治性、非政府性和志愿性五大特征组织为非营利社会组织的定义，我国慈善总会、残疾人联合会均为非营利性社会组织。其中，对于慈善社会组织的功能尤其是在养老等公共服务发展方面的作用，我国 2013 年出台的《国务院关于加快发展养老服务业的若干意见》特别指出，鼓励支持公益慈善组织参与养老服务，引导其重点参与养老服务提供、养老机构建设等涉老服务，使其成为发展养老服务业的重要力量。但总体上，这些准政府组织对国家都具有较强的依赖性，在不同程度上，或者存在行政化色彩，或者具有"官民二重性"，因此，本研究将其界定为准政府组织。

我国政府长期以来对体制外社会组织实行严格的登记制度，这也导致了体制外社会组织发展速度慢，规模小。在当前市场经济转型期，伴随着我国有限政府的建构，政府在政企、政事、政社分开的机构改革中，开始降低对社会组织登记门槛和设立条件的限制，培育了大量的社会组织，使得体制外的社会组织在数量规模上呈现出一定程度的增长。社会组织也在承接过去由政府包揽的职责和功能方面，发挥了不可替代的作用，在开展自助、互助，满足和表达不同利益群体的诉求等方面扮演着越来越重要的角色。但总体上，社会组织还处于初创阶段，还存在一些问题，如社会组织在资源动员能力、资源利用能力、自我管理能力和服务成员能力等方面都存在不同程度的不足；社会组织在专业化方面有所欠缺，具体体现在文化、体育和娱乐性社会组织得到大量的发展，而公益性、慈善性和维权类的社会组织发展缓慢且数量偏少。

---

[1] 萨拉蒙：《全球公民社会：非营利部门视野》，贾西津、魏玉译，社会科学文献出版社 2005 年版，第 29 页。

（四）老年人

农村老年人主要指户籍在农村，且年龄在60周岁及以上的人口。

（五）行政村

行政村主要指依据《中华人民共和国村民委员会组织法》设立的村民委员会进行村民自治的管理范围，是我国基层群众性自治单位，一个行政村可能包括一个或者若干个自然村。

第二节 个案概况

一 J区人口老龄化

（一）N市简况

N市地处闽东，位于长江三角洲、珠江三角洲、台湾省三大经济区的中间位置，地处东经118°32′—120°43′，北纬26°18′—27°40′之间。东望台湾，西邻南平，南连福州，北接浙江省温州市。东西横距235公里，南北纵距153公里。全市陆地面积1.35万平方公里，海域面积4.46万平方公里，拥有世界级天然深水港三都澳。海岸线长1046公里，居福建省各设区市之首。地形以丘陵山地为主，沿海为小平原，属于亚热带海洋性季风气候。

1999年11月14日，国务院批准N撤地设市，成立N市人民政府，2000年11月14日正式挂牌。N市人民政府新设立J区，全市辖9个县（市、区）、共有50个乡（其中9个民族乡）、62个镇、12个街道办事处、164个居委会、2136个村委会。

2010年全国第六次人口普查显示：N市户籍人口为339.3698万，常住人口为282.1996万。在常住人口中，60岁以上人口为37.5572万人，占总人口比例为13.31%，与2000年相比上升了2.59%，N市处于轻度人口老龄化社会。截至2018年底，N市常住总人口291万，其中，城镇常住人口165万人，即常住人口城镇化率为56.7%，60周岁以上老年人口46.65万，占总人口数比例为18.21%，N市处于中度人口老龄化社会。N市属多民族地区，区域内聚集有汉族、畲族、回族、壮族等35个民族，其中，汉族人口有265.33万人，占全市总人口比例为94.0%；少数民族有 34 个，人口有 16.87 万，占全市总人口比例为 6.0%。在少数民族人口中，畲族人口最多，达 15.48 万人，占全市少数民族人口总数的比例为 91.7%、占福建省全省畲族人口总数的比例为 42.4%，N 市为福建省畲族人口的主要聚居地。

2018 年，N 市实现地区生产总值 1942.80 亿元，人均地区生产总值 6.6878 万元，N 市在经济发展水平处于较低阶段就已进入中度人口老龄化社会，属典型的"未富先老""未备先老"。近年，N 市将发展养老服务作为养老事业产业发展的首要任务，大力建设发展农村养老服务，积极探索农村幸福院，以及慈善幸福院等养老形式。据统计，截至 2018 年底，N 市建有农村幸福院等养老服务设施 1153 个，全市建制村共有 2135 个，农村幸福院基础设施在建制村的覆盖率为 54.0%，发展慈善幸福院数量合计有 12 所。

（二）J 区人口老龄化

J 区东西宽 70 公里，南北长 50 公里，总面积 1664.53 平方公里。J 区为中共 N 市委、市政府所在地。

全国第六次全国人口普查显示：J 区人口 42.9260 万人，占 N 市总人口比例为 15.21%。2018 年，J 区全年实现地区生产总值 468.14 亿元，比上年增长 13.6%。从产业分布来看，第一产业占地区生产总值的比重为 8.6，第二产业占比为 55.0%，第三产业占比为 36.4%。人均地区生产总值 10.4328 万元，比上年增长 28.3%。2018 年，J 区国民经济和社会发展统计公报显示：常住人口 45.00 万人，其中，城镇人口 29.52 万人，占总人口比重（城镇化水平）65.6%，比上年提高 1.4 个百分点；人口出生率 13.40‰，死亡率 6.80‰，自然增长率 6.60‰。全年全体居民人均可支配收入 2.7470 万元，比上年增长 8.6%；农民人均可支配收入 1.6293 万元，比上年增长 9.8%；城镇居民人均可支配收入 3.4398 万元，比上年增长 8.2%。

J 区管辖 2 个街道、13 个镇、3 个乡和 1 个省级开发区，合计有 35 个社区，282 个行政村。其中，JN 街道辖 11 个社区、JB 街道辖 8 个社区；CN 镇辖 1 个社区、12 个行政村，ZW 镇辖 25 个社区，QD 镇辖 1 个社区、

19 个行政村，BD 镇辖 1 个社区、24 个行政村，JD 镇辖 13 个行政村；HT 镇辖 1 个社区、24 个行政村；CX 镇辖 1 个社区、26 个行政村，YZ 镇辖 33 个行政村，FR 镇辖两个社区、19 个行政村，SD 镇辖两个社区、27 个行政村，HB 镇辖 20 个行政村；JH 畲族乡辖 16 个行政村，HK 乡辖 10 个行政村，SH 乡辖 14 个行政村，DQ 开发区辖 8 个社区。

（三）J 区人口老龄化特征

与全国人口老龄化特征相类似，J 区老年人口也具有"高龄化""空巢化""失能半失能化"和"少子化"等多重特征。随着区域城镇化水平的日益提升，J 区村庄大部分中、青年劳动力转移至 N 市及福建省周边沿海经济发达地区务工，村庄"空巢"老年人口数量剧增，J 区中还有一些家庭的老年人与"空巢"老年人情况相类似，他们虽然与子女或其他的家庭成员在一起居住，但子女或者其他家庭成员多数为上班族，平时工作较为忙碌、无闲暇照顾老年人，此类老年人的家庭养老功能也较弱。

随着年龄的增长，老年人身体机能日益衰退，J 区大部分老年人普遍面临高血压、高血糖和高血脂等"三高"慢性疾病问题，部分存在健康问题的老年人还处于失能、半失能状态。国家计划生育政策实施、晚婚不婚率增加、生活压力加大以及育儿观念转变等，J 区晚婚、不婚和不育现象日益增多，妇女生育率水平持续下降，幼年人口逐渐减少。J 区长期为农业社会，城市化水平总体较低，人口老龄化程度及其所具有的"高龄化""空巢化""失能半失能化"等多重特征，都决定了 J 区在发展行政村机构养老方面存在较大需求。J 区大多为山区，特困老年人数量较多，乡镇敬老院对特定对象老年人容纳数量有限，使得特困老年人群体对行政村机构养老存在需求。

二 J 区慈善幸福院概况及成效

（一）慈善幸福院概况

J 区在探索慈善幸福院发展中，将慈善和养老相结合，除了政府、村集体组织参与发展外，还组织动员社会力量参与发展，探索"以政府保障、社会救助和村庄管理"为主要内容的"低成本、广覆盖、就地入住"的行政村机构养老模式即"慈善幸福院",帮助村庄老年人就地实现"老有所养""老有所乐""老有所为""老有所医",为农村老年人养老探索一条新路子。目前,J区共建设发展有12所慈善幸福院,慈善幸福院合计占地总面积为1.6123万平方米,建筑总面积为0.8791万平方米,总投资1560多万元,可入住350多人,可接受日间照料400多人。

慈善幸福院设施主要以钢混结构建设,内部布局合理,服务设施齐全,管理制度健全,常年为老年人提供就餐、卫生、医疗、娱乐和安全等综合服务。在管理运行方面,慈善幸福院主要实施"集中建设、统一分配、集中供养、统一管理"模式,每所幸福院均配备有2—3名具有爱心品质的专职管理人员。在资金投入方面,慈善幸福院实行多元统筹模式,即"个人交一点、政府补一点、镇村筹一点、社会捐一点"的资金来源渠道。目前,已有160多位村庄的贫困、"孤寡"的老年人入住慈善幸福院。其中,XC村、HT村两村庄的慈善幸福院还被福建省民政厅列入农村幸福院标准建设的典型案例、被福建省慈善总会授予"福建省慈善幸福院示范点"。2018年6月,J区慈善幸福院建设项目被民政部列入第十届"中华慈善奖"候选名单。J区各镇街的慈善幸福院情况见表2-1。

表2-1　　　　　　　　J区慈善幸福院各街镇乡分布表

乡镇	XC镇	SH乡	HB镇	HT镇	JD镇	QD镇	JH乡	BD镇	合计
村庄	SY村、YZ村、YQ村、HT村	GZY村、LXY村	HJ村	HT村	HJLL村	MB村	CYS村	XC村	12
数量（所）	4	2	1	1	1	1	1	1	12

以上数据资料由N市J区慈善总会提供。

1. XC镇慈善幸福院

J区XC镇合计建设发展有4所慈善幸福院,具体为SY村、YZ村、

YQ 村和 HT 村慈善幸福院：

（1）SY 村慈善幸福院。

SY 村慈善幸福院坐落于海拔 800 多米的 J 区老区行政村，空气清新，远离城市喧嚣，犹如世外桃源。慈善幸福院占地面积 800 平方米，总建筑面积 600 平方米，合计 3 层，总投资 117 万元，院内配套设施齐全，家用电器应有尽有，还设有健身器材、可供老年人聊天、拉家常的凉亭。目前，已有 15 位老年人入住，有十多位老年人在慈善幸福院接受日间照料。慈善幸福院配备有 3 名管理人员，主要负责慈善幸福院的日常运作。管理人员在为老年人提供养老服务的同时，还组织老年人在院内田地上种菜、养鸡鸭、制菜干、笋干等劳动，共同经营慈善幸福院大家庭。慈善幸福院注重改善老年人的三餐伙食，根据老年人身体情况合理安排饮食，设置了三餐不重样的"生活菜单"，吸引了村庄中越来越多的老年人走出家庭到慈善幸福院接受服务。

（2）YZ 村慈善幸福院

YZ 村慈善幸福院四周田园环绕，蛙声虫鸣，置身于 YZ 村慈善幸福院仿佛置身于世外桃源。占地面积 2000 平方米，建筑总面积 540 平方米，共 2 层，总投资 106 万元。目前，已有 12 位老年人入住，十多位老年人接受日间照料。慈善幸福院内设有医务室、活动厅、餐厅、卫生间等设施设备，为进一步加强老年人的凝聚力，实现慈善幸福院可持续运营，慈善幸福院还开发了院外菜园，组织老年人在菜园中种植蔬菜、丰富日常生活和三餐饮食，YZ 村老年人在慈善幸福院中生活，其乐融融。

（3）YQ 村慈善幸福院

YQ 村慈善幸福院坐落于海拔 700 多米的 XC 镇偏远山区，四周环山、环境宜人，占地面积 685 平方米，建筑总面积 750 平方米，共 3 层，总投资 125 万元，可入住 16 位老年人，可为十多位老年人提供日间照料。目前，已有 10 位老年人入住，8 位老年人接受日间照料，村庄部分老年人正在申请入住。慈善幸福院内，娱乐活动室、洗浴室、餐厅和卫生间等配套设施齐全，空调、冰箱、电视和洗衣机等家用电器一应俱全。为保障慈善幸福院可持续发展，YQ 村村委会正规划建设菜园、饲养园，组织老年人从事种菜和养殖等劳动，获得生活物资。

（4）HT 村慈善幸福院

HT 村慈善幸福院于 2014 年建立，占地面积 1080 平方米，建筑总面积 1170 平方米，总投资 285 万元，有房间 36 个，床位 40 个。目前，已有 29 位老年人入住，其中，"空巢"老年人 14 位、"低保户"老年人 3 位、"五保户"老年人 10 位、失能（残疾）老年人 2 位。有 13 位老年人接受日间照料，主要是中龄、健康以及家庭经济较好的老年人。2017 年 6 月，HT 村慈善幸福院被福建省慈善总会确定为省级慈善幸福院示范点，2018 年 10 月，被福建省民政厅评为五星级农村幸福院。

2. JD 镇慈善幸福院

HJLL 村慈善幸福院

JD 镇建有一所慈善幸福院，即 HJLL 村慈善幸福院，占地面积 2133 平方米，建筑总面积 820 平方米，共两层，总投资 156 万元。目前，已有 23 位老年人入住，其中，"五保户"老年人 13 人，年纪最大的为 83 岁，年纪最小的为 68 岁；有 18 位老年人接受日间照料。慈善幸福院服务设施齐全，卧室内配有有线电视、电热水器等家用电器，健身休闲活动器材；设有 2 名专职管理人员，主要负责老年人就餐、生活照顾、日间照料和休闲娱乐等服务工作。

3. SH 乡慈善幸福院

SH 乡合计建有两所慈善幸福院，分别为 GZY 村慈善幸福院、LXY 村慈善幸福院，具体如下：

（1）GZY 村慈善幸福院

GZY 村慈善幸福院占地面积 670 平方米，共 5 层，已装修 3 层，建筑面积 700 平方米，总投资 135 万元。目前，已有 10 位老年人入住，有十多位老年人接受日间照料。慈善幸福院配有专职管理人员，医疗、饮食，娱乐等配套设施普及。管理人员不断引导老年人健康饮食、规范作息，越来越多的老年人申请入住温馨的慈善幸福院大家庭。

（2）LXY 村慈善幸福院

LXY 村慈善幸福院于 2018 年 5 月建设完成并投入使用，院前有一片开阔的户外活动场所，院旁一排健身器械清晰可见。慈善幸福院占地面积1060平方米，建筑总面积520平方米，共2层，厨房、卫生间等错落有致，并配有2名管理人员。LXY村村干部协助管理慈善幸福院，慈善幸福院墙上制度清晰明确，每个房间都配有电视，房间光线明亮、简洁干净。为提升慈善幸福院老年人的伙食质量，管理人员组织老年人开展揉茶珠等力所能及的劳动，获得收入补贴，改善餐饮水平。

4. HB镇慈善幸福院

HJ村慈善幸福院

HB镇建有1所慈善幸福院，即为HJ村慈善幸福院。HJ村慈善幸福院海拔800多米，空气清新、风景秀丽，占地面积1320平方米，建筑总面积600平方米，共2层，总投资139万元。目前，已有29位老年人入住，有十多位老年人接受日间照料。慈善幸福院配备有专职院长1名，会计1名，配备负责买菜、煮饭和打扫卫生等工作的管理人员1名，流动医生1名。HJ村退管干部轮流义务性协助管理，保障慈善幸福院日常正常运作。慈善幸福院完善基础设施，增加人性化服务，发动村庄各企业捐资捐物，为慈善幸福院设立专项基金，改善老年人生活和居住条件，慈善幸福院院内设立的功德就是对爱心人士的赞许。慈善幸福院人来人往、欢声笑语，洋溢着浓厚的幸福氛围，成为了HJ村的一个欢乐、和谐的大家庭，"尊老、敬老、养老"的教育基地。

5. HT镇慈善幸福院

HT村慈善幸福院

HT镇建有1家慈善幸福院即HT村慈善幸福院。该慈善幸福院占地面积718平方米，建筑总面积567平方米，共三层，总投资118万元。目前，已有26位老年人入住，主要为贫困、"孤寡"和残疾老年人，有十多位老年人接受日间照料。慈善幸福院内各项配套设施齐全、布局合理，医疗室、食堂、卫生间等设施设备错落有致，HT镇政府还专门安排1名干部分管该慈善幸福院，为该慈善幸福院配备2名工作人员。慈善幸福院管理制度清晰、井然有序，置身于慈善幸福院，感觉清爽、舒适温馨。

6. QD 镇慈善幸福院

MB 村慈善幸福院

QD 镇设有 MB 村慈善幸福院 1 所。MB 村慈善幸福院不设围墙，完全与周边大自然融为一体，占地面积 2380 平方米，建筑总面积 546 平方米，共 3 层，总投资 125 万元，可接受 30 位老年人入住。慈善幸福院内部各类设施井然有序，配套齐全，院外建有篮球场，配有健身器材等设施，是一个集健身、养生和休闲于一体的好场所。

7. JH 畲族乡慈善幸福院

CYS 村慈善幸福院

JH 乡建有 1 所慈善幸福院，即 CYS 村慈善幸福院。该慈善幸福院通过政府、村委会和区慈善总会等各方筹集建设基金，经过多次选址确定设施建设地点。占地面积有 2567 平方米，规划建 6 层、已建设 4 层，建筑总面积为 1208 平方米，可接受 54 位老年人入住。待该慈善幸福院建设、装修完工后，一座具有现代风貌的慈善幸福院将展现在村庄村民面前。

8. BD 镇慈善幸福院

XC 村慈善幸福院

BD 镇建有 1 所慈善幸福院，即 XC 村慈善幸福院。该慈善幸福院于 2016 年 10 月建成，在 N 市及 J 区民政局等政府部门，福建省、N 市以及 J 区等各级慈善总会以及社会爱心人士等的帮助下，总投资 156 万元。占地面积 800 平方米，建筑面积 870 平方米，共 3 层，合计 26 个房间。其中，第一层配备有厨房一个，公共食堂一个，男、女公共卫生间各一个，活动室一个，配备冰箱、洗衣机、老人按摩椅、电视等；第二、三层为宿舍，单人间 14 间、双人间 12 间、合计 38 张床位，每个房间都配备有独立卫生间、电视，确保 24 小时热水供应。合计有 30 位老年人在此安居养老，有 8 位老年人在此接受日间照料。慈善幸福院全天配有专人管理。

目前，慈善幸福院已成为"村里建得起、老人住得惯、政府管得好"的村庄老年人"欢乐园"，成功打通了农村养老的"最后一公里"，老年人们感受到无比的幸福温暖。2017年,该村慈善幸福院被福建省慈善总会及J区创建领导小组评为示范点。

(二) 慈善幸福院发展效益

民政部在推广农村互助幸福院中,鼓励各地积极探索,创新发展行政村机构养老模式。N市J区实践的慈善幸福院得到了民政部等政府部门的关注与肯定,如2019年5月31日,民政部离退休干部局、党委办公室等工作人员一同前往J区BD镇XC村和CX镇HT村慈善幸福院开展调研指导工作,福建省民政厅及老干部处等工作人员、N市领导、N市民政局负责人、J区领导、J区慈善总会负责人、CX镇党政负责人以及BD镇党委负责人等陪同调研,充分肯定XC村慈善幸福院建设管理工作。调研组听取CX镇负责人、HT村支部书记汇报慈善幸福院相关设施配备、老年人生活及慈善幸福院管理运行等情况。

事实上,J区慈善幸福院发展的综合社会成效,不仅表现在有效解决农村"空巢""五保户""特困户"等老年人的养老保障问题,使得这些老人实现"老有所居、老有所养、老有所医、老有所乐",还减轻老年人子女的养老负担,有效缓解农村老年人进城务工子女的后顾之忧,推动人口战略转移和产业经济结构调整升级,进一步加快城镇化、工业化和现代化进程,为统筹城乡社会发展、协调区域经济、合理调整农业、工业和服务业结构布局、增加社会就业、促进居民消费和扩大内需等创造有利条件。

J区12个村庄根据实际情况,充分利用闲置的乡镇、村办公场所和村庄"撤点并校"后留下的教室等房屋设施,适当改造修缮,甚至直接用于慈善幸福院的房屋主体建筑,既盘活农村闲置资源,又节省建设成本,避免重复建设和不必要的浪费。慈善幸福院养老服务工作与统筹城乡发展、推进新农村建设有益结合,通过在行政村集中建设慈善幸福院,使分散的农村人、财和物资源得到有效整合,变废为宝,使闲置土地、房屋和设施重新发挥出重要作用。通过整合多种资源集中建设慈善幸福院,大大提高资金使用效率,节约建设成本。同时,也便于提供医疗、文化和救助等公共服务,有利于交通、供水和供电等基础设施条件改善，促进农村基本公共服务均等化。慈善幸福院建设与加快农村危旧房改造、扶贫开发等工程良性互动，农村危旧房改造、扶贫开发等重大工程的实施，为慈善幸福院建设提供较好的现实条件，将慈善幸福院建设与这些项目工程紧密结合，统筹安排，协调推进，实现了相互促进、相得益彰、一举多得的规模效应，也为经济欠发达地区整体脱贫探索新路子。

慈善幸福院和敬老院都是农村机构养老建设的重要载体，将坐落于行政村的慈善幸福院和坐落于乡镇的敬老院统筹规划、合理安排、同步建设、共同发展，充分发挥各自在服务对象和服务功能上的独特优势，取长补短，互为补充，共同构建起较为完善的农村机构养老服务体系。尤其重要的是，慈善幸福院既保留了居家社区养老的习俗，又体现了公共养老服务的特点，更破解了传统敬老院模式的一些固有弊端。

第三节 本书篇章结构

行政村机构养老发展个案线索复杂、主体人物繁多、矛盾交织，本研究曾尝试运用多种叙事的方法包括按照主题、按照人物等叙事方法，但都无法将个案全面、完整地展现。最后，决定选择"历时性与共时性共存的叙事"方式，即在慈善幸福院这一事件发展的不同时点上，有所侧重地叙述事件的矛盾主要方面，在某一时点上，有所侧重地叙述交织着多种矛盾中的主要矛盾。

伊瓦斯在"福利三角范式"即政府、社区和市场主体的基础上进行了修正，加入了"社会"这一重要的非正式福利供给来源，并强调基于不同的理念，民间社会可为政府、市场、社区建立联系纽带，可使得私人利益与公共利益的一致性得到加强。据此，伊瓦斯提出经典的"福利四角"研究范式。该范式的经典性，不仅表现在提出了福利的多种来源可能，更重要的是，发现了不同西方国家的福利供给总量大致相同，但各个主体间所承担的福利供给份额有所差别。本研究以伊瓦斯的"福利四元论"为分析框架，在实施叙事方式基础上，将个案事件按照参与慈善幸福院发展的主体构成情况，划分为四个主体，即"政府"主要指民政局、扶贫办等政府部门、"准政府组织"包括慈善总会、残联等，"社区"主要指村集体经济组织，"市场"主要指老年人及子女。同时，本研究将慈善幸福院发展过程划分为3个阶段，即慈善幸福院设施建设发展的决策阶段、慈善幸福院设施建设阶段、慈善幸福院运营发展阶段，从而实现两者的融合描述。具体为：一是民政局、扶贫办等政府部门在慈善幸福院设施建设发展的决策阶段、设施建设阶段和运营发展阶段相关职责分工及合作承担履行情况；二是慈善总会、残联等准政府组织在慈善幸福院建设发展的决策阶段、设施建设阶段和运营发展阶段相关职责分工及合作承担履行情况；三是村集体经济组织在慈善幸福院建设发展的决策阶段、设施建设阶段和运营发展阶段相关职责分工及合作履行情况；四是老年人及子女在慈善幸福院建设发展的决策阶段、设施建设阶段和运营发展阶段相关职责分工及合作承担履行。即描述"政府""准政府组织""社区""市场"等行政村机构养老发展主体，在慈善幸福院建设发展的决策阶段、设施建设阶段、运营发展3阶段中的参与，并分别有主次地叙述处于各个阶段主从地位的主体对相关职责分工及合作履行情况，唯有如此，笔者才能够从容地处理个案繁杂的内容、交会的主题，才能使得本书所要分析的主题发展轮廓更为清晰、明确。

按照慈善幸福院发展过程，大致可以划分为如下三大阶段：第一为慈善幸福院建设发展的决策阶段，即政府部门、准政府组织、村集体经济组织和老年人及子女等主体需要掌握、分析村庄老年人机构养老的需求现实情况，以及讨论解决慈善幸福院建设发展所需的土地、资金以及人力等资源供给问题，论证村庄建设发展慈善幸福院的必要性与可能性，科学化慈善幸福院建设发展决策。第二为慈善幸福院设施建设阶段，在此阶段中，政府部门、准政府组织、村集体经济组织和老年人及子女等需要采取措施，汇集、整合人力、物质和资金等资源，参与慈善幸福院设施建设以及供给相应的人力、物资和资金等，推进慈善幸福院设施建设。第三为慈善幸福院运营发展阶段。该阶段，涉及市场主体的养老观念更新，以及社会物资、人力等资源整合，服务管理和监督等。市场需求方老年人及子女养老观念更新职责，主要由村委会负责实施、承担人力、物资和资金等资源整合职责，主要由政府公共部门、准政府组织、村集体经济组织以及老年人及子女等负责。慈善幸福院服务管理和监督等工作职责，主要也由上述全部主体共同参与承担履行。

慈善幸福院发展过程中，既涉及代表政府部门的民政局、扶贫办等如何将与农村老年人相关的政策制度应用于慈善幸福院发展中，提升老年人的养老福利水平，也关系到准政府组织如何汇集社会人力、物资和资金等资源，履行公共服务职责与发挥公共服务作用，维护农村社会老年人的合法权益，关系到村委会如何动员老年人及子女更新养老旧观念，接受机构养老方式新思想，以及如何将人力、物资和资金等资源投入于慈善幸福院运营发展，更关系到如何影响农村老年人及子女等愿意将经济资源投入于慈善幸福院，促进老年人接受慈善幸福院养老服务，老年人及子女如何参与慈善幸福院服务、管理和监督等工作，履行子女对父母的养老责任。

因此，只有利用福利多元主义理论分析政府公共部门、准政府组织、村集体经济组织、老年人及子女等主体参与慈善幸福院发展，以及分析慈善幸福院运营发展过程中所涉及的相应职责各主体履行和承担的情况，才能准确揭示当前我国农村公共服务福利供给现实，为科学构建福利多元主义提供对策与建议。

本书主要分为七章。第一、二章为研究背景、文献回顾和研究设计。其中，第一章的研究背景与文献回顾，主要讲述为何将研究的主题定为"行政村机构养老何以发展"这一选题，研究的内容是什么，以及对福利多元主义理论进行综述、对国内外与农村机构养老相关的研究进行回顾，对国内外福利多元主义理论视角下农村机构养老研究文献进行回顾；第二章的研究设计，主要介绍个案的基本情况，包括个案所处区、市的人口老龄化及特征，个案J区慈善幸福院简况，以及各村庄慈善幸福院设施建设及运营发展情况，讨论本研究如何开展，具体包括采用福利多元主义理论视角中的哪些分析范式，采取何种资料收集方法开展调查，实施何种资料分析方法以及调查研究的开展过程如何等问题。第三、第四、

第二章 研究设计

第五、第六章主要叙述民政局、扶贫办等政府部门、慈善总会、残联等准政府组织、村集体经济组织,以及老年人及子女等参与慈善幸福院发展情况,以及慈善幸福院运营发展中相应的职责由各主体分工及合作承担履行的情况。

其中,第三章为民政局、扶贫办等政府部门参与慈善幸福院建设发展的决策、设施建设情况,以及慈善幸福院在运营发展中所需的职责,由政府部门分工及合作承担履行情况,即总体主要讲述市级及区级民政局、扶贫办等政府相关部门对慈善幸福院发展的制度支持、资金投入和机制保障,以及试点慈善幸福院的措施。在此章的叙述中,本研究也融入描述政府发展慈善幸福院前的一些"铺垫"前置背景概况。

第四章为慈善总会等准政府组织发展慈善幸福院的措施。主要讲述在慈善幸福院建设阶段,J区慈善总会如何汇集资源等,如何参与慈善幸福院发展决策,设施建设决策;在慈善幸福院运营发展阶段需要相应的资金、人力资源和专业化指导等,慈善总会如何汇集资金、人力和物资等资源,为慈善幸福院发展提供相应的人力资源、资金资源、物质资源等承担履行职责情况,如何为J区慈善幸福院发展提供服务内容、发展理念等指导。

第五章为村集体经济组织社区发展慈善幸福院的措施、办法。主要描述在慈善幸福院建设阶段,村委会如何解决慈善幸福院设施建设用地供地问题,如何解决建设经费问题;在慈善幸福院运营发展阶段,需要老年人及子女更新养老观念,需要资金和人力投入,以及需要管理和监督等职责履行,村委会具体如何发展村集体经济并对慈善幸福院建设发展进行相应资金投入,如何运营管理慈善幸福院,如何动员村庄老年人接受慈善幸福院养老服务以及如何参与服务管理与质量监督工作等研究内容。

第六章为老年人及子女发展慈善幸福院的措施与行动。主要描述在慈善幸福院建设阶段,老年人及子女等表达慈善幸福院养老需求,如何参与建设发展决策、设施建设的情况;慈善幸福院运营发展中需要老年人入住,实现自我养老、社会融入以及资金等投入,老年人及子女如何转变养老旧思想观念为新思想观念，老年人在慈善幸福院中如何实现养老，子女采用何种方式履行赡养责任，以及如何参与履行管理与监督等职责情况。

总体上，在此四章对个案的叙事中，本研究将"历时性"与"共时性"相融合，突出个案的矛盾主要方面与主要矛盾，完整、动态地叙述个案。

第七章为总结。在叙述上述微观层面慈善幸福院个案的福利多元主体结构构成及个案相应职责由各个主体分工合作承担履行情况的基础上，透视当前转型期行政村机构养老福利主体多元情况，检验以往与机构养老或农村养老等相关的"福利多元主义"研究结论，并给予相应的分析、解释与思考。

第四节 小结与讨论

本章第一节主要描述研究方法，描述本研究基于选题为行政村机构养老发展实践，选取了适合于微观、动态特性研究的个案研究法，并以"区"为研究单位，而非以"村"为研究单位或者"县"为研究单位，因本研究考虑到，一方面可以将发展行政村养老机构的几个主体"行动者"一起纳入区域慈善幸福院发展中进行探讨，另一方面是因为在全面收集研究资料素材方面具有操作的可行性，以及"区"研究单位"具有完整意义上的时空关系网络"。

本研究之所以选择 J 区而非其他区域，一是在于普通的"区"场域是发展行政村机构养老的常规情境，J 区具有普通与平凡性，二是因为 J 区试点发展行政村机构养老已经取得了显著的成效，实现了行政村机构养老发展的创新，但学界对行政村机构养老较少关注；三是在于 J 区所在地 N 市区域为笔者的故土，在开展研究方面笔者具有语言、文化等多重便利。本节描述了本研究通过田野调查、半结构访谈、参与观察、座谈会和问卷调查等资料收集方法，全面收集个案的研究资料。本研究将对个案进行全面、透彻的研究，以此说明与其属于同一类型的农村区域发展行政村机构养老的其他个案，从而实现在典型性方面作为类型学意义上的推广。本研究的田野调查，起步于本人在早期进行有意识的行政村机构养老发展选题"储存"。选取研究个案后，本人深入掌握民政局、扶贫办等政府部门、慈善总会、残联等准政府组织、村集体经济组织社区，以及老年人及子女等主体发展慈善幸福院资料的基础上，再到J区12所行政村慈善幸福院开展参与观察、访谈和问卷调查等研究，本研究的核心资料基本得到全面完善。

第二节主要描述个案概况及发展效益。总体描述了J区人口老龄化情况，具体包括N市及J区的历史、地理、资源、文化以及经济社会发展基础情况，重点描述J区老龄人口及具有的"高龄化""空巢化""失能半失能化"和"少子化"等多重特征。详细介绍了J区HT村、XC村、HJ村等12所慈善幸福院的简况，包括其在各镇街乡的分布以及各个慈善幸福院设施设备、入住老年人情况等。本节描述了J区慈善幸福院发展取得了效益，不仅体现在得到了党和政府的关注、指导，还体现在解决了农村经济困难老年人的机构养老需求问题，优化了农村生态环境，整合了资源，提升了农村公共服务等，取得了综合社会效益。

第三节为本书的篇章结构。基于慈善幸福院发展个案线索复杂、人物繁多、矛盾交织，本人最终选择了"历时性与共时性共存的叙事"方式，在个案发展的不同时点上，有所侧重地叙述事件的矛盾主要方面，在某一时点上，有所侧重地叙述交织着多种矛盾中的主要矛盾。在此叙事方式基础上，本研究采用福利多元主义理论的"福利四分法"研究范式开展分析，将个案事件按照发展慈善幸福院的决策阶段、设施建设阶段的不同主体构成情况，以及农村幸福院在运营发展阶段中动态职责功能由不同主体分工、合作承担履行情况进行描述，分别通过有主次地叙述处于各个阶段中主从地位的相关主体及履行相关职责情况，从而成功处理内容繁杂、主题交汇的个案，使本研究主题的发展轮廓更为清晰。本书的篇章结构主要分为7章。第一、第二章为研究背景、研究问题和研究设计。第三、第四、第五、第六章主要叙述在慈善幸福院建设发展决策、设施建设阶段中，民政局、扶贫办等政府部门、慈善总会、残联等准政府组织、村集体经济组织社区、老年人及子女等主体的参与情况，以及叙述在慈善幸福院建设发展所需职责，由各个相关主体分工、合作履行承担的情况。第七章为总结，在叙述上述微观层面个案的基础上，透视、分析当前参与行政村机构养老发展的福利主体结构"要素"，及相关动态职责由各个福利主体分工合作承担履行的情况。

第三章　政府发展行政村机构养老

第一节　各级政府发展养老服务业

一　各级政府发展机构养老

（一）省级政府发展机构养老

福建省民政厅贯彻中央、福建省的"全面放开养老服务市场、提升养老服务质量""加快推进养老服务业放管服改革""补短板、强弱项、提质量"等一系列决策部署，积极应对人口老龄化，着力满足老年人多层次多样化养老服务需求，得到了国家民政部肯定，取得了一定成效，如2019年，民政部副部长带队来闽调研指导福建省农村养老服务改革试点工作，部长专门作出批示，对福建省农村养老工作给予充分肯定。福建省的8个设区市都获批"全国居家和社区养老服务改革试点城市"，全省的养老服务工作始终处于全国第一梯队。福建省发展养老工作措施，具体如下：

1. 党政主导推动养老工作发展

福建省与国家同步发展养老服务业，党政主导，高位推进养老工作。福建省委召开全会部署养老事业补短板工作，如2017年初，福建省十二届人大五次会议表决通过《福建省老年人权益保障条例》，该条例为福建省第一部在省人代会上通过的实体法。同年8月，福建省委召开十届三次全会，将养老服务作为四项重点民生补短板工作之一，提出"构建多层次养老服务体系，加快补齐养老服务短板"的工作要求，并加以部署推进。福建省连续四年将居家社区养老服务照料中心、农村幸福院、民办养老机构建设、乡镇敬老院改造提升等有关养老项目列入省委省政府为民办实事。福建省政府每年还召开现场推进会，及时了解养老服务业发展中的重难点问题，推动养老补短板工作落实落地。

2. 顶层制度设计养老工作发展

福建省加强养老服务业发展制度的顶层设计，完善养老服务业发展制度政策。深入学习贯彻习近平新时代中国特色社会主义思想、以及关于加强养老服务工作的论述，贯彻党中央、国务院关于养老服务工作的决策部署，聚焦养老服务业发展的突出问题。福建省出台系列养老服务业发展制度，推进养老服务发展瓶颈破解。如2014年，福建省政府办公厅印发《福建省人民政府加快发展养老服务业的实施意见》，2016年，印发《"十三五"社区居家养老服务补短板实施方案》。福建省委省政府还密集出台《"十三五"福建省老龄事业发展和养老体系建设规划》《福建省人民政府办公厅关于全面放开养老服务市场提升养老服务质量的实施意见》，以及加快推进居家社区养老、养老机构健康发展的"双十条"措施即《关于进一步促进养老机构健康发展十条措施的通知》《关于加快推进居家社区养老服务十条措施的通知》。2019年，福建省民政厅印发《福建省民政厅关于印发养老服务补短板2019年行动方案的通知》，福建省人民政府印发《福建省推进养老服务发展（2019—2022年）行动方案》等，福建省直有关部门密切配合、按照职责分工，进一步细化20余项配套政策，涵盖政策内容包括加快推进居家社区养老、促进养老机构健康发展、全面放开养老服务市场、加快养老事业发展等，为福建省养老服务发展增添制度保障。福建省老年人政策进步指数连续多年居全国前列。

3. 深化改革机构养老发展机制

福建省改革创新养老服务业发展机制，通过政府购买服务、公建民营、民办公助、以奖代补等多种方式，加快推进公办养老机构改革，促进养老服务业市场化、社会化发展；支持社会力量承接运营政府投资建设的乡镇敬老院，盘活用好乡镇敬老院；实施养老服务业改革措施，促进养老机构发展。如截至2019年底，全省共有各类养老床位23.2万张，较上年度增加1.5万张。其中，护理型床位13.2万张、占56.9%，较上年度增长0.3个百分点。每千名老年人拥有床位数约35.5张，较上年度增加1.9张，高于全国平均水平。已建成标准农村幸福院，包括五保幸福园7407所，养老服务设施覆盖9232个建制村、覆盖率达64.5%，较上年度增长11.5%。在机构养老设施建设方面，截至2019年底，福建省建有养老机构1134家，其中，公办养老机构342家、占30.2%，民办养老机构792家，包括公建民营548家，占69.8%，较上年度增长8个百分点。全省民营养老床位占71.9%，较上年度增长2.3个百分点。乡镇敬老院平均床位使用率达60%，较上年度增长10%，社会化运营比例已达68%，较上年度增长29.5%。入住养老机构的老年人数量提高，如2019年全省各类养老机构平均入住老年人达5.9万人，较上年度增加1.5万人，占老年人口总数的0.9%，较上年度增长0.2%。

4. 加大投入养老工作资金

福建省重视养老服务业发展资金投入，资金来源主要有福利彩票公益资金、地方财政和社会捐赠等。其中，福利彩票公益资金在性质上属于社会集资性质。以2019年为例，福建省安排省级福利彩票公益金2.64亿元发展养老事业，占福彩公益金预算3.2亿元的82.5%，比例为全国最高。福建省争取中央预算内投资、部级福彩公益金支持养老服务业发展资金有1.6亿元，以及安排发改预算内基建项目投资5000多万元，引导民间资本、慈善资金投资养老服务体系建设，实施养老服务投资工程包、城企联动普惠养老专项行动等，累计投入资金为40.95亿元。争取中央财政支持推广新模式，深入推进居家和社区养老服务改革试点。协调省财政厅提前介入，积极争取中央财政支持开展第四批居家和社区养老服务改革试点。扎实推进第二批（福州、龙岩）、第三批（漳州、三明）中央财政支持开展居家和社区养老服务改革试点，总结推广一批农村养老服务成熟经验。

5. 加大建设养老服务人才队伍

福建省养老服务业发展处于起步阶段，养老服务人才仍是养老服务乃至整个养老服务体系中的短板。福建省对养老服务护理人才队伍建设投入经费，以 2017 年为例，福建省从中央福彩公益金中安排 500 万元奖补资金，用于推动市、县级建立养老护理人员入职、在职补贴。但福建省养老护理队伍存在年龄结构偏大，学历层次偏低和人才流动性大等问题。如在 2019 年福建省养老护理人员队伍中，40—50 岁养老护理人员占比为 67%，中学或中专学历护理人员占比为 65% 以上。养老护理人才流动性大，队伍稳定性弱，一是因为当前社会对养老护工行业认知不准确，养老护工职业认同感低，影响护理人才对自身职业发展的认同与信心，较多护工人才将护工工作当作暂时性职业。二是因为国家取消养老护理员职业资格考试之后，未及时建立起相关的职业资格考试制度，影响养老护理人才对护工职业前景的预判与信心。三是养老服务工作专业性较强，涉及医学、护理等学科专业技术技能，养老服务护理人才队伍中相关资质的专业性人才缺乏。四是养老护工普遍缺乏编制，与医院在编护士相比，出现"同工不同酬"的问题，养老护工薪资待遇普遍较低，工作劳动强度大，导致许多护工宁可选择在养老机构从事保洁类工作也不愿从事本职工作。养老护工人才缺口大，如果每 100 名老年人需要配备 1 名养老护理人员的话，福建省户籍老年人口有 652 万人，合计需要配备养老护理人员 6.52 万名，但 2019 年福建省养老护理人员合计仅为 1.1118 万人。

养老机构面临医生"招聘难"等问题，即便养老机构愿意以高薪资待遇招聘医生，因养老机构医生与医院医生在事业编制方面存在差异，且养老机构医生薪资待遇水平总体偏低，大部分医学人才更愿意选择到医院从事医学工作，不愿意选择到养老机构就业。养老机构经营利润有限，长期为大规模数量医生提供高薪资待遇也存在较大困难，外加养老机构医生晋升渠道有限，使得一些医生将养老机构就职当作就职跳板，一旦获得事业编制医院工作机会便选择离职，因此，养老机构医生流动性大、流失率高。养老机构医疗服务对象主要为老年人，医疗业务主要集中在为老年人提供摔倒等应急处理及"三高"慢性疾病治疗等范畴，医生在业务上朝专业临床医学方向发展难度大，专业技术技能水平提升受限。绝大部分养老机构存在医生与老年人数量配比失调的问题，老年人医疗服务难以得到有效满足。

福建省加大对养老服务从业人员专业技术技能培训，通过实施集中培训和"送教上门"相结合等方式，提升养老从业人员服务质量。如2019年，福建省提供养老服务从业人员分级分类培训1.5万人，其中，参加由中央和省级福彩公益金投入提供培训的有3800人，参加由各级民政、养老企业和机构等其他自主提供培训的有1.1万人。福建省积极培育发展未来养老服务从业人员，据福建省教育厅统计，目前，全省合计有8所本科高校、14所高职院校、11所中职学校开设护理等养老服务相关专业，在校生数量从1.4万人提高到4.2万人，提前完成2020年底在校生达2.8万人的目标。养老服务医生、护工以及管理人员等人才队伍不断壮大，如2019年，福建省养老服务从业人员发展到2.39万人，较上年度增加0.42万人。其中，养老服务管理人员有0.5138万人、护理人员有1.1118万人。举办全省农村养老服务工作培训班，进一步推广FQ市农村幸福院"3N"模式、SX乡镇敬老院社会化运营模式、YA市"三自三助"模式、DT县山区养老服务"110"模式、CT县"爱心敲门"及医养结合模式等。

6. 监管机构养老质量

福建省近年低端养老服务发展较好，中、高端养老服务业发展还处于起步阶段，因此，政府对养老服务业发展监管，主要体现在对低端养老服务业的养老机构服务标准、服务质量和服务安全等内容指标体系制定、督促，居家社区养老服务设施建设及发展质量督查，居家社区养老服务项目督查等。

在养老机构监管方面，立足于国家出台《养老机构服务质量基本规范》《养老机构等级划分与评定》等标准，规范养老服务标准化质量管理体系基础上，福建省开展养老机构质量建设专项行动，即对照影响养老机构服务质量运营管理、生活服务、健康服务、社会工作服务和安全管理等5大方面115项指标，开展服务质量大检查、大整治，重点突出对养老机构消防和食品安全大排查大整治工作，整治重大风险隐患。同时，加快养老机构质量发展地方标准体系建设，制定养老机构省级评定标准，如在规则规范上，新编制并执行《医养结合养老机构基本服务规范》《居家康复养老服务标准》等两项省级地方标准；加快养老服务地方标准体系建设；推动《居家社区养老服务中心星级划分与评定》《农村幸福院星级划分与评定》等若干项省级地方标准出台，解决标准缺失、滞后以及交叉重复等问题，推进全省养老服务标准化工作。

7. 重视社会力量参与农村机构养老

2019年福建省民政厅印发的《福建省民政厅关于印发养老服务补短板2019年行动方案的通知》提出引导慈善力量参与养老服务，支持慈善公益力量参与养老发展，引导慈善资金助建养老机构，打造具有福建特色的慈善养老品牌，拓展创新慈善为老服务形式，在2018年基础上继续推动各县（市、区）至少有1个以上扶老助老慈善组织，开展1个慈善公益扶老助老项目，力争建立1个以上为老服务慈善超市。2019年，福建省民政厅、福建省慈善总会、福建省老龄事业发展基金会联合下发通知，将在全省推动实施"慈善助老超市"项目，到2021年底前，全省100%的县（市、区）建有慈善助老超市，基本建立"政府支持引导、社会组织运作、公众广泛参与"的慈善助老服务网络。通知明确，慈善助老超市是以社会公众自愿无偿捐助为基础，借助超市市场管理和运营模式，不断拓展助老服务功能，为老年人群体提供物质、精神、健康和文化等帮扶和志愿服务的社会服务机构；要求各县（市、区）要充分整合现有资源，已建有慈善超市的地区，要大力拓展助老服务能力，统一加挂"慈善助老超市"牌子，开展以辖区户籍老人为重点服务对象的慈善助老服务；新建居家养老服务设施要设置慈善助老超市场所，预留运营场地。

福建省引导各类慈善助老超市运营主体申请或联合具有公开募捐资格的慈善组织，在超市内部设立社会捐助点，配备捐款（物）箱；实行分类优惠购物制度，为60周岁以上老年人发放"老年优待券"，为献爱心的普通居民发放"爱心卡"，为"五保户""低保户"、经济困难、残疾等特殊老年人群体发放"慈善救助卡"，实施分类优惠折扣；加大对辖区内困难老年人的优惠力度，对半失能、失能的老年人提供预约上门供货的便捷服务。2019年6月起，福建省还在F市、Z市、S市各选择两个县（区）开展试点，其中，F地区试行民非企业运营模式，S地区试行慈善助老超市嵌入城乡居家养老服务设施模式，Z地区试行公益组织+慈善总会合作运营模式。通过分阶段推进、分步骤实施，推广试点经验做法，计划在全省全面推进实施。

（二）市级政府发展机构养老

1. 市级政府发展机构养老措施

N市针对养老服务发展工作中存在的痛点、难点问题，出台助力机构养老发展、对特困人员等兜底保障制度多项措施，推动养老事业补齐短板弱项工作，提升养老工作质量，具体为：

（1）重视顶层设计制度

N市市委、市政府高度重视养老工作，连续3年将养老补短板列入为民办实事项目和市对县政府绩效考评的重要内容。先后出台《"十三五"N市老龄事业发展和养老体系建设规划》《N市2018—2020年健康老龄化行动计划》《N市主城区养老服务设施专项规划》等规划文件，为指导各级、各部门开展养老工作做好顶层制度设计。其中，2019年10月，N市政府出台《关于进一步加快养老事业发展的工作措施》、"含金量"十足的21条举措，围绕"加大民营养老扶持力度"等5个方面，推出一揽子利好政策。特别是"减轻养老服务税费负担，对消防整改合格的非营利性民建民营养老机构，按照整改费用的60%给予奖补资金"等针对性措施，有效促进N市养老机构设施和服务质量提档升级。2017年以来，N市养老补短板项目总投资10.42亿元，目前累计完成投资8.78亿元。各级财政投入资金1.3433亿元，以10%左右的公共财政资金，撬动和吸引了90%的社会资金投入养老补短板项目建设，实现了政府与社会聚力参与发展。

（2）全面推广公建民营机构养老发展

N市积极探索公建民营机构养老发展模式，根据国家关于BOT、ROT模式相关规定，明确公建民营养老机构运营期限最长不超过30年。

对公建民营养老机构采用公开招标、邀请招标等多种方式，还实施跨区域捆绑打包；鼓励采取综合评标法，同时降低民营养老机构承包费用，减轻民营养老机构成本压力；对公建民营养老机构原则上不收取承包经营费，若有收取，则将经费统筹用于支持兜底保障对象的养老服务和机构的再投入建设。公建民营养老机构争取到的各级政策补助、奖补资金，可拨付运营方使用。N市计划全面实施公建民营机构养老，优先保障兜底对象，在2020年底，各县（市）社会福利中心全部实现公建民营，70%以上乡镇敬老院实现公建民营。公建民营养老机构优先保障生活不能自理的特困老年人集中供养需求，再将剩余床位向社会开放。N市通过上述措施优化招商环境，减轻企业压力，全面推广公建民营养老机构。

（3）鼓励社会力量发展机构养老

为扶持机构养老发展，N市加大减轻民营企业税费负担，如N市明确落实养老服务机构用电、用水、用气享受居民价格政策，各县（市、区）不得以土地、房屋性质等为理由拒绝执行相关价格政策；要求未经消防审批的非营利民营养老机构整改合格后，各县（市、区）财政需要按照整改费用的60%给予奖补资金；鼓励发展普惠养老服务，加大社会养老供给；鼓励发展老年人家门口的社区小型、嵌入式服务设施和发展针对长期护理的专业性养老机构；要求各县（市、区）积极参与"城企联动普惠养老专项行动"，至少生成1个以上的普惠养老项目；支持国投等国有企业参与，做大做强养老产业。

N市通过各种方式吸引社会力量参与养老服务业发展，如2017年，N市在福建省养老项目推荐会暨签约仪式上，以养老产业山海优势宣传"绿色宁德　康养福地"N市养老品牌，签约4个养老项目，签约项目总投资达60.2亿元，居全省第二位。N市积极争取农发行N分行支持，实施农业发展银行贷款支持养老事业补短板工作办法，如F市率先与农发行达成协议，贷款6900万元用于该市第二轮12所乡镇敬老院新扩建，P县贷款3000万元用于该市养老补短板项目建设。N市民政局还与N市卫健委联合出台《关于加快推进全市医养结合工作实施意见》，推进医疗卫生与养老服务相结合，新增 N 市中医院医养结合项目，推动民营机构养老多元化模式成型。

(4) 加大特困老年人兜底保障力度

N 市加大对特困老年人兜底保障力度，提高特困集中供养标准，夯实兜底人群保障基础。如将全市特困老年人集中供养基本生活标准提高到当地居民最低生活保障标准的 240%，照料护理标准提高到当地最低工资标准的 24%、60%、96%。提标后的全护理标准达到 3000 元以上，有效保障全护理特困对象的集中供养需求。N 市还实施集中安置特困老年人，提高供养服务和条件，如鼓励各县（市、区）将全护理的特困老年人统一安置到社会福利中心等具备护理条件的养老机构集中供养；特困老年人住院所发生的医疗费用，除医保报销和医疗救助外，可以从节余的困难群众救助补助资金中列支，不足部分由县级财政负担。

2. 市级政府发展机构养老成效

N 市将养老服务业发展作为区域重点工作，大力发展市县、乡镇街道及农村养老服务业。据统计，2017 年至今，N 市开展工程包建设，完成养老服务业投资 4.86 亿元，建成养老服务设施 218 个；2018 年，N 市进一步发展各级机构养老等养老服务，不断增加养老床位，全市拥有各类养老床位数由 1.7384 万张提高到 1.8577 万张，每千名老年人拥有养老床位数由 32.98 张提高到 34.85 张。不断加大养老机构整改力度，实现整改已建养老机构 97 所，搬迁 6 所，已审批 103 所，撤销并关停 15 所。除此之外，N 市新建日间照料中心，全市 23 个街道和中心城区乡镇，已建日间照料中心 36 个，覆盖率为 100%；为 2.4390 万名特定对象老年人购买专业化服务，以不同形式提供医疗卫生服务的养老机构比例达 100%，有护理型床位 9245 张，占 50.38%；在 N 市 2135 个建制村中，拥有养老服务设施的比率达到 54%，全市乡镇敬老院床位使用率达到 56.1%；已培训养老护理员 677 人，每万名老年人拥有养老护理员为 12.7 名；已启动对 430 名完全"失能"老年人护理补贴发放，共发放资金 20.64 万元。

二 各级政府发展农村居家社区养老
(一) 农村居家社区养老发展目标

福建省大力发展农村养老服务,提出建设农村幸福院、社区居家养老服务中心等居家社区养老服务设施建设目标。如2014年,福建省民政厅出台的《福建省民政厅、福建省财政厅关于推进农村幸福院建设的通知》提出,至2020年,全省养老服务设施实现覆盖60%以上的村庄,各地根据村委会数量、经济发展水平以及人口老龄化程度,明确农村幸福院的建设任务,并逐步提升已建农村幸福院的为老服务功能。2016年,福建省政府办公厅印发的《"十三五"社区居家养老服务补短板实施方案》提出,至2020年,90%以上城镇社区需建立符合标准的养老服务设施,60%以上农村社区建有日间照料中心、社区居家养老服务中心(站)、农村幸福院等养老服务设施。

2018年,N市市委、市政府将"建设农村幸福院,建设居家养老服务照料中心"列入为民办实事项目,探索出"以政府保障、社会救助和社区、村自主管理为主"的农村幸福院、居家养老服务照料中心新模式,帮助农村老年人就地实现"老有所养""老有所乐"。N市完成养老补短板投资2.68亿元,占年计划投资额2.49亿元的107.6%;完成了18个居家养老服务照料中心(计划16个),占112%;完成了135个农村幸福院(计划63个),占214%。

2019年,福建省民政厅印发的《福建省民政厅关于印发养老服务补短板2019年行动方案的通知》提出,新建500多所农村幸福院,农村养老服务设施覆盖率,即村级老年人活动中心、居家养老服务站、农村幸福院等设施建制村覆盖率提高到55%以上;还提出服务发展重点为增加新供给,加快居家社区养老服务设施建设。将项目指标向人口老龄化程度高的地区倾斜,向老区、山区、贫困地区倾斜。以福建省委、省政府为民办实事项目为抓手,年内省级财政扶持新建150所居家社区养老服务照料中心、500所农村幸福院,同时带动地方财政投入自建一批居家社区养老服务工程项目。在此过程中,一些村庄发展慈善幸福院,则该慈善幸福院也将获得农村幸福院与相关政策制度支持。

为切实提升农村幸福院运营质量，2020 年，N 市开展农村幸福院运营质量专项治理行动。该年 5 月 21 日，N 市民政局印发《N 市农村幸福院运营质量专项治理实施方案》的通知，《方案》明确，村（居）党支部、村（居）委会是农村幸福院申办、建设、管理的责任主体，及时确认农村幸福院权属，防止资产流失或无人监管，重点检查是否存在"建而不用、用而不管、挪作他用"，是否存在"面子工程""政绩工程"，是否满足农村老年人活动场所基本需求等问题，审查各地项目申报审批材料是否存档完整、规范。除了治理责任主体，N 市还将功能定位、设施设备、服务内容、运营管理、人员队伍、风险隐患和行业监管等七个方面列为行动的治理重点。

（二）农村幸福院服务质量低下

福建省虽然近年确立大力发展农村幸福院养老方式，加大建设和发展财政资金等投入，农村幸福院设施具有一定覆盖率，但因建设、发展资源来源渠道单一、人力服务资源不足、管理制度不完善等原因，农村幸福院发展存在如下问题：

一是设施设备陈旧、简陋，使用率低。福建省在建设发展农村幸福院中，新建用地受"用地规划"滞后制约，各县（市、区）除了少部分村庄通过获得规划用地新建农村幸福院外，大部分村庄都通过改造村庄现有的废弃小学、祠堂等，建设农村幸福院设施。虽然政府相关部门按照规定指标对农村幸福院的消防、设备和面积等进行验收，并授予达到"合格"要求的农村幸福院实施挂牌和开放使用。但总体上，通过改造发展的农村幸福院存在设施设备老化、陈旧、简陋，使用率低等问题。访谈中，访谈对象慈善总会工作人员 LS 谈道，"这个农村幸福院，因为将村庄中的一些破旧的建筑设施拿来改造或者直接拿来使用，虽然说可以用，老人们在那里活动没有问题，但是无论怎么样，就是看起来不够新，很破旧的感觉，老年人去那里活动的积极性并不高。"[①]

农村幸福院设备设施陈旧、简陋，主要与建设资金有限相关。农村

---

① 访谈资料来自 2019 年 10 月 11 日对 J 区慈善总会工作人员 LS 的电话访谈。

幸福院建设资金主要来自于各县（市、区）政府财政拨款，福建省地处中国东南沿海地区，除了厦门、泉州等闽南区域外，宁德、龙岩等闽东、闽西县（市、区）工业化程度并不高，政府财政收入有限，用于投入养老服务的财政经费有限。村集体经济组织是农村幸福院建设发展主要资金来源渠道，但福建省大部分县（市、区）村集体组织经济薄弱、村集体资产较少，村集体经济发展速度缓慢，村庄财力不足，能够投入农村幸福院建设发展资金较缺乏。此外，社会捐赠也是农村幸福院建设发展资金主要来源渠道之一，虽然福建省地处捐赠社会文化较为浓厚的东南沿海省份，但各区域村庄捐赠文化与水平存在差异性，除了少部分村庄中有一些乡贤在村委会干部劝捐下，能够接受捐赠动员，大部分村庄村民捐资捐赠意识落后、较少能够积极主动出资出力建设发展农村幸福院。

二是运营资金渠道单一、可持续发展困难。各县（市、区）农村幸福院运营效果不一，一些村庄的幸福院运营资金来源渠道较为多元，在获得政府民政局、扶贫办等部门财政补助资金、乡镇村居出资的基础上，又获得社会公益组织和爱心人士捐资捐赠，往往能够取得良好的效果，能够为村庄老年人提供日间照料、入住等服务，村庄中接受养老服务的老年人数量也较多，老年人获得感较强。但各县（市、区）大部分农村幸福院资金来源渠道较为单一，资金来源渠道主要为政府财政投入。据统计，福建省各县（市、区）政府平均为每个村庄农村幸福院设施建设投入资金约为17万元，在此基础上，各村庄集体经济组织财力水平不一、农村幸福院建设发展配套资金数量有限，外加村委会发动社会爱心人士捐赠能力不足、成效有限，导致大部分农村幸福院建设发展资金缺口大。

村庄在运营发展中，需要支付包括管理人员工资费用、场地水电费用等各项开支，费用支出资金数量需求大。随着农村幸福院发展规模不断扩大、平时维护成本增加以及村庄老年人养老服务需求加大，运营发展将需要投入更多的人力服务、设施设备添置等资金成本。当前农村幸福院建设发展资金数量有限，未能建立长效、稳定的建设发展资金投入机制，有限的运营发展资金使得农村幸福院目前仅限于为村庄少量低龄、健康老年人提供休息、聊天等日间照料，无法为"五保户""鳏寡"等特定对象老年人提供入住等服务，这也使得福建省绝大部分农村老年人较少接受农村幸福院养老服务、老年人养老获得感不强，农村幸福院普遍面临难以可持续发展问题。

三是服务内容单一，难以满足村庄老年人多元化养老服务需求。我国农村老年人群体数量庞大，养老服务需求多样化。老年人群体总体面临精神慰藉、爱好培养、社区参与、医疗照护、心理支持、家政服务、生活照料以及旅游健身等服务需求。老年人群体类型不一，按照不同的标准，可以划分为不同的类型。如按照年龄状况，可以将农村老年人划分为高龄、中龄和低龄老年人；按照健康水平，可以划分为健康、慢性病、残障、失能和半失能老年人；按照居住方式，可以划分为"空巢"、合居老年人。各类型老年人面临个性化养老服务需求，如高龄老年人对医疗保健养老服务需求；慢性病、残障、失能、半失能老年人对医疗照护服务需求；"空巢""孤寡"老年人对日常照料、饮食、心理支持和家政服务等需求。福建省各县（市、区）绝大部分农村幸福院主要为老年人提供聊天、休息等日间照料服务，服务内容单一，未能为农村老年人提供精神慰藉、心理支持等其他类型服务，使得农村幸福院存在养老服务供给缺口大、供给内容单一、无法实现服务供需匹配等问题，也导致绝大部分村庄高龄、"空巢"、残疾等类型老年人无法从农村幸福院中获得所需服务，多元化服务需求无法得到有效满足。

行政村大部分由多个自然村构成。农村幸福院在地理位置设置上，较多设立于行政村中的中心自然村，使得生活在同一行政村非中心自然村的老年人因担心到农村幸福院接受服务遭受中心自然村老年人排斥，而不愿到农村幸福院接受日间照料等服务。农村幸福院设置地理位置因素，在一定程度上影响农村老年人获得养老服务。农村老年人养老保障较为薄弱，绝大部分身体健康老年人即使年迈，依旧还在田间从事劳作或在子女家庭中照料孙子女辈，他们为子女着想以及家庭养老传统观念较强，无暇考虑自身养老需求。我国农村社会对农村幸福院养老服务未形成准确认知，还未形成接受农村幸福院养老服务的新思想、新观念，大部分农村老年人及子女对农村幸福院养老服务存在片面认识和看法，认为农村幸福院主要为村庄"五保户""鳏寡"等特定对象老年人群体提供服务，自身或者子女经济条件较好的老年人到农村幸福院接受养老服务，容易被认为是子女不孝或老年人家庭经济困难，这也使得老年人一旦到农村幸福院接受服务，老年人及子女容易面临较大舆论压力及心理负担，影响老年人养老服务获得。

四是管理不规范、服务专业化水平不高。福建省各县（市、区）农村幸福院运行管理工作主要按照各市民政部门统一制定的运行管理制度文件开展，较少依据自身区域农村幸福院实际情况细化制定运行管理，更未建立健全农村幸福院内部相关管理制度。总体上，各县（市、区）农村幸福院工作人员主要由村委会组织安排2—3名工作人员兼任，此类人员长期负责村委会行政事务，大多不具备老年人养老服务工作技术技能，他们在开展农村幸福院养老工作中，较多按照行政思维方式开展，所提供的养老服务专业化水平及质量不高。

老年人养老服务工作涉及医疗、心理和健康等学科专业知识，具有较强专业性、需要服务人员具备相应专业技术技能水平，具有专业的价值观与服务理念，与老年人建立一定的情感与信任关系，在此基础上，服务人员再根据老年人个体生理特征和现实需要提供专业化服务。但各县（市、区）较少对农村幸福院工作人员提供系统化专业技术技能培训，导致工作人员无法根据老年人实际养老需求，提供精准化、专业化服务。农村幸福院养老服务工作量较大，除了需要现有的2—3名工作人员外，还需要较大数量的具有爱心、耐心、奉献等品质的社会志愿者提供服务。目前，村层级专业化志愿者队伍较少、志愿者数量不多，无法为农村幸福院提供有效的养老服务，这些都制约农村幸福院进一步发展。

第二节　J区政府发展行政村机构养老

福建及J区政府较多发展居家社区养老的农村幸福院，该模式显然无法满足农村老年人对机构养老的需求，但是，在一定程度上也为行政村发展机构养老提供相关制度支持以及发展基础。

一 区域人口老龄化需要发展行政村机构养老

习近平总书记在十三届全国人民代表大会第一次会议上的讲话中提出："我们要以更大的力度、更实的措施保障和改善民生，加强和创新社会治理，坚决打赢脱贫攻坚战，促进社会公平正义，在幼有所育、学有所教、老有所得、病有所医、老有所养、住有所居、弱有所扶上不断取得新进展，让实现全体人民共同富裕在广大人民现实生活中更加充分地展示出来。"实现老年人"老有所得""病有所医""老有所养""住有所居""弱有所扶"，需要政府加强养老服务业发展顶层制度设计，进一步夯实兜底线、保基本和宏观调控、市场监管职能作用，不断完善以居家为基础、社区为依托、机构为补充、医养结合的养老服务体系，满足老年人多层次、多样化的养老服务需求。我国幅员辽阔、各地情况不一，各地在发展养老服务业中，积极实践各类型养老模式。其中，在发展机构养老方式中，各省、市级政府依据自身客观现实情况，细化国家发展机构养老的制度框架，统筹规划发展机构养老，包括积极探索城市及农村机构养老方式。

福建省城镇化率较高，在全国的排名中处于较靠前位置，如 2019 年，福建省年末常住人口 3973 万，其中，城镇常住人口有 2642 万，占总人口比重即常住人口城镇化率为 66.5%[①]，处于全国第五位。与此同时，福建省经济发展处于较低水平发展阶段，如 2019 年，福建省全年实现地区生产总值 42395.00 亿元，比上年增长 7.6%。其中，第一产业增加值为 2596.23 亿元，增长 3.5%；第二产业增加值为 20581.74 亿元，增长 8.3%；第三产业增加值为 19217.03 亿元，增长 7.3%。三次产业增加值占地区生产总值的比重，第一产业为 6.1%，第二产业为 48.6%，第三产业为 45.3%。全年人均地区生产总值 107139 元，比上年增长 6.7%。

[①] 福建省统计局、国家统计局福建调查总队：《2019 年福建省国民经济和社会发展统计公报》，http://www.fujian.gov.cn/zwgk/sjfb/tjgb/202003/t20200302_5206444.htm。

福建省人口老龄化率在全国各省人口老龄化水平排名中，并不位居前列，但呈现出老年人口基数大、增长速度快等特点。如2019年，福建省户籍总人口3896.47万人，其中，60周岁以上户籍老人652万，占总人口16.7%，较上年度增长0.3个百分点。福建省老年人口中，经济困难特殊老年人群体较多，数量大，如2019年，福建省80周岁以上高龄老年人就有98.4万，占老年人口总数的比例为15.1%，与此同时，全国此数值约为11%，福建省人口呈现"高龄化"，人口高龄化率明显高于全国人口老龄值，占总人口数量的比例为2.52%。高龄老年人在农村也不断增多，随着社会经济发展水平不断提升以及医疗卫生条件改善，国民平均寿命普遍提高，高龄老年人口不断增加。部分高龄老年人还存在子女先于自身相继离世的现象，导致高龄老年人需要从孙辈中获得养老支持，但从隔代孙辈中获得养老支持，无论从现实可能性还是从赡养义务角度而言都存在较大难度，正因此，部分农村高龄老年人出现了自杀等现象，此类老年人群体需要政府给予相应的兜底养老保障。

低保老年人经济水平低下，且全国的低保老年人较多分布于农村，福建省"低保""特困"家庭老年人数量多，2019年福建省有"低保"老年人12.7674万，其中，城市"低保"老年人有1.4921万人、农村"低保"老年人11.2753万人，农村"低保"老年人占总比为88.3%，"低保"老年人低保费远远难以支付医疗、生活等养老费用开支，导致生活质量低下。福建省特困供养老年人数量较多，在特困供养人员中，老年人就有4.7504万人，占特困供养对象总数的69.9%，即远远高于一半以上。

福建省失能、半失能老年人数量也不少，2019年合计约有65万人，占老年人总数的10%，同期，全国失能、半失能老年人数超过4000万人，失能、半失能老年人占老年人总数比例为15.7%。失能半失能老年人子女等家属对老年人护理的时间、精力有限，护理不专业等都影响老年人生命质量。"空巢""留守"老年人是农村老年人的重要群体，在推进城镇化战略过程中，农村大量剩余劳动力转移至经济发达地区务工，"空巢""留守"老年人数量剧增，"空巢"老年人家庭结构单一、家庭养老功能弱化，面临出现应急事件无法得到及时救助、心理支持薄弱等问题。正如2015年6月习近平总书记在贵州考察时提出，要关爱农村"留守"老人，要完善机制和措施，加强管理和服务。还有部分农村老年人因灾、因病等出现临时经济困难，如2020年，受新冠肺炎疫情影响，农村部分老年人子女经济状况出现困难，无法有效保障老年人养老，此类老年人需要获得政府养老兜底保障。

农村"少子"家庭老年人也对机构养老存有需求。国家计划生育政策实施、晚婚不婚率增加、生活压力加大以及育儿观念转变等，使得晚婚、不婚和不育现象日益增多，妇女生育率持续下降，幼年人口逐渐减少，家庭"少子化"现象加重，未来农村，此类家庭老年人对政府养老兜底保障也存有需求。区域老年人"高龄化"严重，具体如2019年，福建省七类经济困难特殊老年人情况为：80周岁以上"高龄"老年人口与其他六类经济困难特殊老年人口重叠率约为30%，具体为，"低保"对象老年人数量约为12.77万人，特困供养老年人数量约为4.75万人，重度残疾老年人数量约为18万人，建档立卡贫困老年人数量约为10万人，重点优抚对象老年人数量约为4万人，计划生育特殊家庭老年人数量约为1万人。

人口老龄化存在的经济困难特殊老年人数量多、老年人口基数大及增长速度快等特点，都决定了福建省存在发展机构养老的需求与压力。近年，福建省将机构养老设施建设发展作为养老服务业发展的重要内容，并对农村机构养老补助的机构数量，经济困难特殊老年人也做了具体规定，如2019年福建省民政厅印发的《福建省民政厅关于印发养老服务补短板2019年行动方案的通知》提出，支持特困人员供养服务设施（敬老院）改造提升，奖励、补助不少于300所乡镇敬老院，促进乡镇敬老院平均床位使用率提高到55%以上，生活不能自理特困人员集中供养率提高到35%以上等，达到养老服务业发展总体要求。但福建省养老服务业发展起步晚、底子薄，尤其是在机构养老方面，虽然城市中、低端机构养老发展较为完善、多元，已形成公办、公办民营、民办等各类型机构养老模式。但农村机构养老长期以来投入较少，发展模式单一，尤其是行政村机构养老发展更为缺乏、数量少且面临难以可持续发展问题，因此，发展行政村机构养老解决全社会关注的重大民生热点问题。

二 政府发展慈善幸福院

N市积极打造区域性养老中心，提倡各县（市、区）将有条件的乡镇敬老院打造成农村区域性养老中心，要求将附近乡镇特困供养对象集中安置在区域性养老中心供养。推广慈善幸福院，慈善幸福院集长者食堂、日间照料中心、慈善助老超市和特困供养服务功能为一体，N市要求每个沿海县至少建设10所，每个山区县至少建设5所，主要用于收养半护理、特困和"空巢"等类型的农村老年人。N市不断构建和完善养老服务体系的"四梁八柱"，探索市、街镇乡和行政村等各级养老服务业发展新时代新类型模式，尤其是行政村机构养老模式，将区域社会慈善和养老服务相结合，组织动员社会力量参与发展。如为了更好地贯彻落实《福建省民政厅 福建省慈善总会、福建省老龄事业发展基金会关于推动实施"慈善助老超市"项目的通知》精神，N市民政局在深入调研基础上，积极探索慈善助老超市建设运营模式，自筹30万元用于补助各地慈善助老超市建设，并要求各县（市、区）在年内至少建成一个慈善助老超市。2019年，N市成立第一家"慈善助老超市"，目前，该市9个县（市、区）的慈善助老超市正在陆续建设筹备中。慈善助老超市是慈善幸福院发展的重要构成内容，N市将陆续成立更多的慈善助老超市，帮助更多的老年人群体获得养老资源及服务。

J区政府在发展养老服务业中，积极履行政府对机构养老发展的考核、监督和管理等职能，发挥政府供给养老公共服务功能，推进养老服务业实现质的飞跃。J区政府针对农村老年人机构养老现实需求，积极探索慈善幸福院试点工作，具体做法如下：

（一）领导重视发展慈善幸福院

全心全意为人民服务是中国共产党的根本宗旨，千方百计为人民谋利益是中国共产党一切工作的出发点和落脚点；广大党员干部特别是领导干部必须牢固树立科学的发展观、正确的政绩观和群众观，坚持以人为本的执政理念，时刻把群众的安危冷暖挂在心上，始终把群众利益作为想问题、作决策、办事情的依据；坚持从群众中来、到群众中去的工作路线，为群众诚心诚意办实事，尽心竭力解难事，坚持不懈做好事。为民办实事，主要指党及政府牢固树立群众利益无小事思想，坚持群众利益无小事的做法；凡是涉及群众的切身利益和实际困难的事情，再小也要竭尽全力去办；从群众最关心的具体事项入手；为民办实事不能停留在口号和一般要求上，必须具体地、深入地落实到关心群众生产生活的实际工作中去，带着深厚的感情帮助群众解决具体问题和实际困难，使广大群众真正成为现代文明成果的创造者和享有者；从实际情况出发，把经济社会发展的长远目标和提高人民生活水平的阶段性任务统一起来，每年排出一批具体的实事项目，认认真真办好每一件实事，不断让人民群众得到实实在在的利益。

J区将发展慈善幸福院列入政府"为民办实事"。慈善幸福院以农村老年人为服务对象，为老年人提供经济支持、精神慰藉以及安全保障等，将农村养老问题作为农村工作的重心问题，提升老年人晚年生命质量、减轻子女负担，促进村庄养老等公共服务水平提升。J区区委区政府经过选择、决策，最终选择将慈善幸福院发展作为为民办实事项目，并列入政府年度为民办实事项目加以推进与实施。

"领导小组"是我国政治组织体系中的一种特殊组织模式，也是我国特有的一种组织方式和工作机制。领导小组是党政系统中常规治理方式之外的补充，并在特定时期，拥有跨部门的协调权力。在作用上，通常认为，领导小组就是协调，领导小组是议事协调机构的一种，甚至与议事协调机构就是一个概念。一般是为了能够更好地协调某一项跨部门的工作，需要各个部门的领导高度重视而成立。因此，领导小组常常涉及多达十几个甚至二三十个组成部门，并由每个部门派出相应的正副职充当领导小组成员，以及采用单独或在对口业务部门设置相应办事机构的方式，是为了更好更快地在专项工作上齐心协力、全力协调配合，以达到最快速度最高效率完成工作任务的目的。慈善幸福院工作涉及政府相关部门的业务协调，如慈善幸福院设施建设中涉及国土局供给土地业务，在慈善幸福院发展阶段需要政府相关的补助资金投入，涉及民政局、卫健委、财政局等相关部门业务。因此，设立慈善幸福院建设工作领导工作小组，有利于高效推进慈善幸福院发展工作。

J区区委区政府为发展慈善幸福院，先后以时任副区长WXB和时任常委CXY为组长，区慈善总会负责人LTS为常务副组长的J区慈善幸福院建设工作领导小组。党委会议作为党委领导与决策机构，重要性不言而喻，党委会议是各级党委定期召开的一项会议，主要负责集体研究讨论各级党组织所在单位当前面临的一些急需解决的重大事项。为破解J区慈善幸福院建设发展中面临的难点问题，2013年，原任市委常委、政法委书记（时任区委书记）的WSQ先后召开了6次专门会议，具体研究慈善幸福院建设工作中的资金、管理以及建设等问题，原任区委书记（时任区长）的MZS对慈善幸福院建设资金给予全力支持。

在推进慈善幸福院设施建设及运营发展中，J区历任主要领导都亲自参与相关调研工作，J区区委、区政府、人大和政协四套领导班子成员多次深入慈善幸福院开展实地调研考察工作，如现任区委书记WSP及时协调解决慈善幸福院建设发展中遇到的多项供地困难问题；2019年12月6日，N市政协原主席、政协之友联谊会会长一行到CX镇HT村、BD镇XC村慈善幸福院开展调研工作，调研组一行实地察看上述两村庄慈善幸福院的建设发展情况，详细了解慈善幸福院前期建设投入、老年人入住和管理服务等情况，充分肯定两村庄慈善幸福院发展服务质量，并希望下一步能够切实抓好配套设施添置、规章制度完善等工作，确保村庄中"五保户""孤寡"等老年人群体能够在慈善幸福院中安享晚年。调研组一行还看望慰问慈善幸福院的老年人，详细询问他们的身体和生活情况，为老年人送慰问品，叮嘱老年人注意身体健康。J区政府分管农村养老工作的领导也经常主持召开协调会，着力解决农村慈善幸福院建设发展中出现的新情况、新问题，为设施建设开通绿色通道，简化设施建设前期手续办理程序。

（二）J区政府统筹慈善幸福院资金投入

慈善幸福院建设及运营发展所需资金、物资和人力等资源分散于各级纵横向政府部门、准政府组织、村集体经济组织、老年人及子女等多元主体中，需要加以整合利用，正如奥斯特罗姆所认为的："在提供公共利益和服务时，除了拓宽和完善公共部门以外，其他部门和力量也可以参与发挥这些职能。"① J 区慈善幸福院在建设发展中，实施多元化资金统筹方式，即"个人交一点、政府补一点、社会捐一点"的资金筹集模式。"个人交一点"即慈善幸福院对入住的老年人依照农村幸福院有关文件要求，按照不高于成本价原则，收取入住伙食费，具体收费标准为根据不同类型老年人，实施不同的收费标准，如对子女或自身经济条件较好的老年人收取高一些的入住费用，对子女及自身经济条件较差的老年人，则收取较低的费用。

区域内农村大量青、壮年劳动力流入经济发达的厦门、福州等闽南及省外区域城市务工或求学，导致区域农村"空巢""独居"的老年人群体及"留守"儿童数量和比例逐步加大。在许多偏远的山区、老区和贫困村庄，甚至已经很难再看到年轻人的身影，许多年近古稀的老年人迫于生计、起早贪黑到田间忙于务农，还得养育"留守"儿童，负责隔代抚养教育，这给农村社会建设和文明进步发展等事业带来影响。最为重要的是，农村中"空巢""孤寡"等老年人群体的高比例存在，在一定程度上弱化了家庭养老的功能和作用，更增加了政府对农村老年人的养老负担和成本，对政府大力发展行政村机构养老提出需求。

就当前实际情况而言，进城务工农村青、壮年劳动力，大多是在城市工厂一线或在酒店、餐饮、娱乐等服务性行业从事工作。迫于在城市中工作竞争和生活的双重压力，大部分无暇顾及远在家乡的年迈父母，除了考虑自身发展外，他们还需要将更多注意力集中于对子女的教育和成长，将有限的时间、精力和财力向下一代倾斜，从而出现了"重幼轻老"现象，弱化了家庭的内聚力，淡化了孝敬老人、赡养父母的思想观念。子女主观上的不尽孝道，造成客观上的赡养水平低下，使得传统的"养儿防老"模式与当前时代发展出现脱轨，也对农村老年人实际生活和心理健康都产生严重的负面影响，对政府加大财政投入发展行政村机构

---

① 奥斯特罗姆：《公共事务的治理之道》，余逊达、陈旭东译，上海三联书店 2000 年版，第 162 页。

养老产生较大压力与推力。

虽然 N 市政府购买居家养老服务，按照每人每月 30 元标准，覆盖如下 7 类特定对象老年人：具体包括特困供养人员、"低保"对象、建档立卡的贫困人口、重点优抚对象、计划生育特殊家庭成员、重度残疾人中的老年人，以及 80 周岁以上的老年人，将他们全部纳入购买服务范围，为他们提供贴近家门口的养老服务。但该类居家养老服务对象局限于城市中的老年人，N 市还未针对农村老年人购买居家养老服务项目。

"社会捐一点"，主要指通过 J 区慈善总会等准政府组织，筹集分散于社会各组织及个体的资金，再投入于慈善幸福院建设及发展。"政府补一点"，即整合纵横向科层制政府相关部门养老资源，用于发展慈善幸福院。具体原因为：区域政府养老财政投入能力有限。福建省和全国各地省级政府一样，不仅需要承担本省养老工作的财政经费，还需要负责支付本省的低保、养老保险、医疗保险和社会救助等各类事务经费。通常而言，省级政府只有完成国家相关的制度规定，才能获得相应的国家级资助。同时，国家制定了很多法律制度，省级政府在落实这些法律制度中，需要支付相应的财政补贴，但实际上，省级政府并没有相应财力支撑相关制度的落实。

省级政府事权与财权不对等、财权具有有限性等客观现实情况，在老年人养老社会保障事务领域就充分显现，即在养老保障领域中，存在一些养老保障虽然已为相关政策制度作规定，但却难以得到落实的现实困境，访谈中，福建省民政厅养老处工作人员 LH 谈道，"中央对养老方面的政策制度，这几年来越来越重视，也越来越完善，但是一些制度政策虽然非常好，可需要我们这些省级政府部门去落实，在落实的过程中需要我们相应地投入财力，这个财力中央的文件并没有规定由中央出，而是需要由我们省级财政出，但是我们省级财力也有限，所以为了落实这个制度，我们就需要有省级政府的财力保障。"① 在建设及发展农村幸福院等养老服务业中，中央及省级政府补助的资金能够维持养老服务业设施建设，但是在设施运营发展中，中央及省级政府便不再给予补助，因此，缺乏可持续资金

---

① 访谈资料来自 2020 年 8 月 7 日在福建省民政厅养老工作处对工作人员 LH 的访谈。

投入，资金来源渠道单一、未形成多元化资金来源渠道，导致农村幸福院等养老服务业无法有效发展，必须依靠省级及中央政府的持续财政投入，才能实现可持续发展。目前对于养老保障的财政支持，主要资金渠道为社会，如由中央福利彩票公益资金支持农村幸福院发展等，中央福利彩票公益资金对养老服务业发展的支持并不具有普惠性质，而带有为完成社会养老服务体系发展目标而做出的短期计划色彩。

虽然经济发达地区也同样面临人口老龄化产生的养老保障不足等问题，但总体上，该类地区经济发达、人均收入水平较高，在应对人口老龄化的物资及制度积累等方面较为充分，养老福利制度和社会保障体系也相对健全，只需稍微加以完善和提升，即可从容应对养老制度保障和服务发展需求，如福建省X市，近年为农村老年人建立较为完善的经济保障制度、保险制度等社会保障之外，还加大财政投入购买居家社区养老服务项目，提升农村老年人的养老服务获得感。访谈中，访谈对象X市X区民政局工作人员HXL谈到，"X市一直以来在养老制度建设这块投入较大且较早，且X市财政经费较为充裕，只要政策许可，政府都能够为老年人包括农村老年人积极落实和完善养老制度，这里的农村老年人比内地的老年人养老保障水平要高很多。"[①]

但在经济欠发达地区，养老保障的政府财政支撑能力有限，如闽东地区就存在政府财政资金有限的情况。随着全国城镇化战略的推进，农村人口老龄化率提升，N市也不例外，N市贫困老年人口数量多，贫困面大，区域财政收入基数小，除去经济基本建设、社会文教、行政管理经费等固定支出项目外，政府能够用于社会公共服务领域的预算资金微乎其微，对养老保障的财政存在不足。与此形成强烈反差的是，越是经济发展困难、经济越不发达的地区，贫困人口的数量和规模就越大，贫困老年人口所占的比例也越高，政府需要负担的养老财政经费支出也越大。访谈中，N市民政局养老科工作人员LLX谈道，"N市财政弱，如果全部老年人养老的问题都需要政府来承担，那这样下去政府的财政哪里有办

---

① 访谈资料来自2019年10月19日于福建省X市X区民政局养老科办公室对工作人员HXL的访谈。

法承担？一定是需要社会出来，来一起承担，没有办法光靠政府承担。"①

实际上，经济欠发达地区，对农村老年人的养老经济保障制度统筹层次水平低、养老金数额小，老年人在社会保障的很多方面甚至还处于空白阶段，如政府出资为农村老年人购买居家社区养老服务项目就为空白。因此，很多农村经济特殊困难老年人面临"老无所依"的困境。农村中的一些生活自理能力下降、患病卧床不起甚至完全丧失自理能力的失能、半失能老年人，需要获得他人日常起居照顾和专业护理等服务，但子女等家属或者进城务工不在身边，或者护理不专业等，都使得N市亟需提升老年人养老保障制度财政投入，需要发展行政村机构养老。

访谈中，N市F市YLR老年公寓院长WR谈到，"把老年人送到养老机构，对老年人和子女来说，都是一个减轻负担的事情，你子女再孝顺，但是你不懂得怎么照顾老人，老人的健康问题是需要医学和护理知识，你子女不是都懂这些，老年人到机构养老的费用每个月几千元，再扣掉政府有对一些失能半失能老人的补贴等，老人如果子女多的话，各个子女分担一些费用其实还好，但是现在就是观念的问题，老年人和子女都没有接受机构养老的观念，观念没有改变，农村老年人的机构养老方式就没有办法发展起来。"②

当代我国政府机构大都实施科层制，政府内部按照职位分层、权力分等分科设层、各司其职③。科层制虽然可以带来专业化的好处，但容易出现部门职、权、责分割的"碎片化"状态，从而产生不同职能部门在处理共同社会问题时各自为政，缺乏相互协调、沟通和合作机制等问题，影响政府整体政策目标达成。慈善幸福院建设发展所需养老资金政策等资源，就分散分布于纵横向科层制政府部门中。如省、市级政府财政局制定有列入年度财政预算的发展养老事业资金；省、市级政府民政局制定有农村幸福院建设和设施设备添置资金、幸福院运营经费补助，以及

---

① 访谈资料来自2019年10月29日于福建省N市民政局养老科办公室对工作人员LLX的访谈。
② 访谈资料来自2019年10月12日在F市YLR老年公寓对公寓院长WR的访谈。
③ 韦伯：《支配社会学》，康沃、简惠美译，广西师范大学出版社2004年版，第102页。

"五保户"等政府保障对象就餐补助等制度措施；扶贫办政府部门制定有为特定对象老年人提供危房改造、养老兜底保障的制度措施；农业农村局、住建局等相关政府部门也都制定有与农村幸福院建设发展相关的新农村建设制度措施，但上述各政府部门之间缺乏整合相关制度的部门，从而影响了慈善幸福院建设发展的资金可持续投入。

J区实施"整合力量、集中投入、统筹安排、整体推动"的资金筹措方式，获得J区财政局、扶贫办、民政局等主要政府部门，以及其他相关政府部门政策支持。如2012年，J区委、区政府从当年度节省的"三公经费"中列支100万元作为慈善幸福院项目配套资金；为确保慈善幸福院健康、持续运行，J区还安排财政局按照入住老年人的数量为每所慈善幸福院拨款配套专项服务管理经费5—7万元；街镇乡是慈善幸福院发展的重要主体、重要资金来源渠道，在慈善幸福院设施建设阶段，J区各街镇乡级政府依据自身财力情况给予每所慈善幸福院几万元不等的财政补助，在慈善幸福院运营发展阶段，街镇乡政府每年给予每所慈善幸福院3—5万元运营发展补助。

以HT村、XC村慈善幸福院为例，政府资金投入情况如下：

HT村于2014年建立慈善幸福院，总投资285万元建设费用，据统计，HT村慈善幸福院建设中，N市政府、市区级民政局、扶贫办和农业农村局等政府相关部门依据"以奖代补""设施建设和设备添置资金"等制度名义，合计投入HT村慈善幸福院建设资金为149.5万元，建设总资金为285万元，占建设总资金投入的52.46%。在HT村慈善幸福院运营发展中，上述政府相关部门投入慈善幸福院运营发展资金为5.52万元，慈善幸福院年均运营资金为38.62万元，占年均运营资金的14.29%（见表3-1）。正如访谈中，访谈对象民政局工作人员LLX谈到，"政府的养老政策都是在村庄层面落实，做得比较好的村庄，我们当然要支持、要鼓励，要多投入一些制度资源，让他们做得更好一些，带动其他的村庄，给其他的村庄做示范，做榜样。"①

---

① 访谈资料来自2019年10月29日于福建省N市民政局养老科办公室对工作人员LLX的访谈。

表 3-1　　　　　HT 村慈善幸福院建设发展资金来源情况　　　　　单位：万元

(2021 年 1 月 1 日)

经费用途	经费来源渠道	经费名目	金额	合计
建设经费	镇街	养老设施建设	5	285
	市财政局	养老设施建设	35	
	市民政局	养老设施建设和设备添置费	10	
	区民政局	养老设施建设和设备添置费	57	
	市扶贫办	"五保户"危房改造费	38.5	
	区农办	养老服务道路建设费	4	
	市残联	残疾人养老照料养护补助	3	
	区残联	残疾人养老照料养护补助	24.5	
运营管理经费	镇街乡	运营补助	3	38.62
	区民政局	运营管理经费	5.52	

资料来源：N 市 CX 镇 HT 村村委会提供。

XC 村慈善幸福院于 2016 年 10 月建成投入使用，省、市、区慈善总会、N 市、J 区民政局、扶贫办等政府有关部门及社会爱心人士帮助支持，合计投入 156 万元建成。在村庄慈善幸福院建设阶段，合计投入建设经费 120 多万元，具体包括省民政部门给予 7 万元 "以奖补助"，区民政部门给予 20 万元补助，市扶贫办给予村庄 "五保户" 老年人危房改造合计 45 万元补助、因村庄合计有 30 个 "五保户" 老年人、每人获得危房改造费用为 1.5 万元；市、区慈善总会捐赠 20 万元（见表 3-2），其余的建设资金主要为村集体经济组织出资投入。

表 3-2　　　　　XC 村慈善幸福院建设发展资金来源情况　　　　　单位：万元

(2021 年 1 月 1 日)

经费用途	经费来源渠道	经费名目	金额	合计
建设经费	省民政厅	设施建设以及设备购买费用	7	120
	区民政局	设施建设以及设备购买费用	20	
	市扶贫办	"五保户"危房改造费	45	
	市、区慈善总会	养老服务设施建设费	20	
	村集体	项目设施建设补助费	28	

资料来源：N 市 BD 镇 XC 村村委会提供。

(三) J 区政府督查慈善幸福院设施建设

J 区对慈善幸福院建设发展实施严格的目标管理责任制。按照福建省以及 N 市发展养老服务补短板工作的目标任务要求，J 区区委区政府积极支持 J 区慈善总会开展慈善幸福院试点工作。J 区将各镇街乡、村居与慈善总会共同作为慈善幸福院建设发展的实施主体，要求共同落实慈善幸福院试点工作任务，其中，要求各镇街乡具体负责组织相关村居办理慈善幸福院工程项目前期手续，并对工程建设进度和质量进行跟踪监督，按进度拨付工程款等工作；要求各村居作为慈善幸福院建设主体，负责提供建设用地选址、供地，以及组织施工单位按进度开展慈善幸福院建设施工，监督慈善幸福院建设项目工程质量。

J 区对慈善幸福院设施建设实施完善的协调机制。为推进慈善幸福院设施建设各项工作落实，在 J 区慈善幸福院领导工作小组的指导下，J 区民政局作为牵头单位，负责总体协调慈善幸福院建设发展工作，定期协商区直相关部门、各镇街乡，采取多种形式协商建设中遇到的各种问题，确保建设目标完成，具体协商形式有：一是召开专题会议，J 区政府负责主持召开慈善幸福院建设推进协调会议，对慈善幸福院建设项目的立项、用地、选址、财审、消防、设计、代建、招投标、施工、监理和资金拨付等系列问题进行研究，简化建设前期手续办理程序，进一步推进慈善幸福院尽快落地。二是进行统一选址，主要由区民政局负责牵头，会同国土、规划、镇街乡以及区慈善总会等相关部门到所在村居进行现场选址，确保建设用地落到实处。区民政局负责协调市、区级住建局及规划局等政府部门为慈善幸福院建设提供整体设计支持，协调市、区级林业局提供绿化和美化工作指导等支持。

J 区对慈善幸福院建设实施健全质量监管机制。对慈善幸福院质量监管的主要内容有：一是加强成本监管。对于一些实施代建慈善幸福院方式的村庄，主要督促代建单位、设计单位严格落实成本开支计划，将建设成本控制在合理范围之内。对于超出成本范围较多的情况，督促设计单位及时变更设计方案。同时，对于慈善幸福院项目施工过程中涉及项目变更的情况，严格控制变更成本，以寻求最大限度节约成本。二是加强施工进度监管。重点做好慈善幸福院建设施工进度与计划进度的衔接工作，并跟踪检查施工进度执行情况，确保如期建设。三是加强工程质量监管。把工程质量作为整个工程项目的重中之重，通过质安监控、监理监督、业主单位监督、验收监督等形式，将慈善幸福院建设工程质量落实到建设施工的各个环节，强化对施工质量的有效监管。四是加强资金监管。严格规范慈善幸福院建设资金管理使用，确保按进度、按程序拨付工程款项。

（四）J区政府督查慈善幸福院发展质量

J区重视质量督查，建立多主体参与的多层级慈善幸福院项目发展质量监督机制，民政局等政府部门、慈善总会等准政府组织、村集体经济组织、老年人及子女等主体共同组成发展质量监督网络，开展多重监督工作。镇街乡政府民政部门及村集体主要负责对慈善幸福院发展质量工作开展年度自查，如在新冠肺炎疫情特殊时期的2020年2月11日，JD镇党委负责人CXH一行为了收集慈善幸福院发展质量自查报告资料，就到JD镇HJLL慈善幸福院开展疫情防控工作安排部署及质量督查。正如访谈中，访谈对象HJLL慈善幸福院工作人员LW谈到："他嘱咐我们说，老年人抵抗力弱，属于易感染人群，需要重点关注，要我们做好防疫措施。还要求疫情期间我们要落实好全封闭管理制度，减少外来人员接触，要强化卫生管理，做好定期消毒工作；要每日对工作人员和服务对象进行体温监测，做好防寒保暖、室内通风、个人卫生和食品卫生安全工作，全面有序地做好疫情防控工作，有情况有需要第一时间联系镇党委政府，他还查看了慈善幸福院厨房、宿舍、活动室等场所设施，并为慈善幸福院送米、油、口罩、消毒液等物资。"① J区民政局等政府部门在查看镇街乡和慈善幸福院提交的自查报告基础上，重点负责监督慈善幸福院的服务内容、真实性和满意度等情况，从而有效把握各个行政村慈善幸福院的发展质量工作。老年人及子女最为关注慈善幸福院的服务质量工作，他们在入住慈善幸福院之前，已经通过考察慈善幸福院一日三餐的食谱，以及硬件设施等，大致把握慈善幸福院服务质量。在入住之后，老年人

---

① 访谈资料来自2020年11月4日在LLHJ村慈善幸福院对工作人员LW的访谈。

的子女，通过定期或不定期到慈善幸福院看望老年人，类似于动态掌握慈善幸福院养老服务质量，实现对服务质量监管。慈善总会要求慈善幸福院将收费以及获得的物资、资金等及使用情况定期在幸福院及村庄公告栏公开，接受村民监督。村庄老年人协会也是慈善幸福院发展质量的监督主体，老年人协会成员负责督查慈善幸福院一日三餐食材质量督查，督查老年人的饮食质量。

第三节　小结与讨论

本章第一节主要描述各级政府发展养老服务业的原因。首先描述省级政府如福建省政府发展机构养老工作实施的具体措施为：一是党政主导、高位推动养老工作，促进与国家同步发展养老服务业以及养老补短板弱项工作落地；二是顶层设计养老保障制度，进一步完善养老服务业发展制度政策，破解养老服务发展瓶颈；三是改革深化养老机构发展机制，实施公建民营、政府购买服务、民办公助等多种机构养老发展方式，促进机构养老发展；四是加大投入养老发展资金，实施福利彩票公益资金、地方财政、社会捐赠等多种渠道资金投入方式；五是建设养老服务人才队伍，通过经费投入及技术培训等方式，推进医生、护工及管理人员等养老人才队伍发展。六是加强监管机构养老质量，突出对养老机构消防和食品安全工作的大排查大整治，加快养老机构质量发展地方标准体系建设以及制定养老机构省级评定标准；七是重视社会力量参与行政村机构养老，推动社会养老资源整合，与政府及市场等形成养老工作合力。

本节还描述市级政府发展机构养老的具体情况。N市针对该市养老服务发展工作中存在的痛点、难点问题，出台与机构养老服务发展、特困人员等兜底保障制度相关的多项有力措施，具体为：一是全面推广公建民营养老机构，优化民营机构养老招商环境，减轻民营企业发展养老服务压力；二是鼓励社会力量发展机构养老，减轻民营企业税费负担，制定激励优惠制度等措施，吸引社会力量参与养老服务业发展；三是加大政府对特困老年人兜底保障力度，提高特困集中供养标准，夯实兜底人群保障基础。通过上述措施实施，该市机构养老发展取得了良好成效。但是机构养老的发展主要局限于城市，行政村机构养老的发展远远滞后于城市社区机构养老发展。

本节还描述各级政府发展农村居家社区养老。省级政府提出建设农村幸福院居家社区养老服务设施建设目标，将"建设农村幸福院，建设居家养老服务照料中心"列入为民办实事项目，加大建设和发展财政资金等投入，提升了农村幸福院在农村的覆盖率。但是总体上，农村幸福院发展有待增质提效，存在具体问题如下：一是设施设备陈旧、简陋，使用率低。主要与建设资金有限相关，区域政府财政收入有限，社会捐赠文化不够浓厚以及村集体经济组织经济能力不发达等，影响发展资金投入；二是运营资金渠道单一、可持续发展困难。一些村庄农村幸福院运营资金较为多元，农村幸福院发展往往能够取得良好效果，但绝大部分村庄农村幸福院运营发展资金来源渠道单一、局限于政府财政投入，农村幸福院无法实现可持续发展。三是服务内容单一，难以满足村庄老年人多元化养老服务需求。目前农村幸福院主要提供聊天、打牌等娱乐活动，难以满足老年人心理支持、精神慰藉、生活照料以及健身旅游等多层次多样化养老需求。农村幸福院设置在村庄中的地理位置、老年人及子女对农村幸福院养老方式认知等也影响了老年人养老服务的获取。四是管理不规范、服务专业化水平不高。现有工作人员主要为行政工作人员，不具备提供专业化养老服务的技术技能水平，影响养老服务质量的提升。

本章第二节主要描述J区政府发展行政村机构养老。人口老龄化具有特殊性，以福建省为例，近年人口老龄化率在全国未处于前列，但福建省老年人口基数大，增长速度快；老年人口中高龄、失能半失能、"低保"、特困家庭等经济困难特殊老年人群体数量较多，都决定了发展机构养老的需求与压力。行政村机构养老发展起步晚、底子薄，在城市社区机构养老方式已相对多元，形成了公办、公办民营、民办等多种类型机构养老方式，行政村机构养老发展则投入较少、发展慢、成效不足。

第三章　政府发展行政村机构养老

本节还描述个案中 J 区政府发展慈善幸福院，即行政村机构养老方式。N 市积极提倡各县（市、区）将有条件的乡镇敬老院打造成农村区域性养老中心，并推广慈善幸福院发展模式及思路；将区域社会慈善和养老服务相结合，组织动员社会力量积极参与发展行政村机构养老。J 区政府在发展养老服务业中，积极推进慈善幸福院试点工作开展，履行政府对慈善幸福院发展工作的考核、监督和管理等职能，发挥政府供给养老公共服务功能，实施的具体措施如下：一是领导重视发展慈善幸福院。J 区区委、区政府决策将慈善幸福院发展列入政府年度为民办实事项目实施；设立慈善幸福院建设工作领导小组，高效推进设施建设与运营发展。为破解慈善幸福院建设发展面临的难点问题，J 区区委区政府先后多次召开专门会议，研究慈善幸福院建设资金、管理以及建设等问题。J 区历任主要领导都亲自参与相关调研工作，J 区区委、区政府、人大和政协四套领导班子成员多次深入慈善幸福院开展实地调研考察工作。二是统筹慈善幸福院资金投入。J 区慈善幸福院实施多元化资金统筹方式，即"个人交一点、政府补一点、社会捐一点"资金筹集模式。"个人交一点"指参照农村幸福院相关制度文件，按照不高于成本价原则，对入住老年人收取入住伙食费，具体根据不同类型老年人，实施不同收费标准。经济欠发达地区农村老年人养老经济保障制度统筹层次水平低、养老金数额小，农村老年人在社会保障许多方面甚至还处于空白，导致了农村老年人机构养老需求满足需要个人缴交一点。"政府补一点"，主要指依据现有政策，N 市政府、市区级民政局、扶贫办和农业农村局等政府相关部门以"以奖代补""设施建设和设备添置资金"等制度名义，将相关补助整合投入于慈善幸福院发展。"社会捐一点"，主要指通过 J 区慈善总会等准政府组织，筹集分散于社会各组织及个体中的资金，再投入于慈善幸福院建设及发展。

三是督查慈善幸福院设施建设。J 区对慈善幸福院建设发展实施严格的目标管理责任制，监督慈善幸福院建设项目工程质量。对慈善幸福院设施建设实施完善的协调机制。J 区民政局作为牵头单位，负责总体协调慈善幸福院建设发展工作，定期协商区直相关部门、各镇街乡，采取召开专题会议、进行统一选址等多种形式协商幸福院工程建设中遇到的各种问题，确保建设目标完成。对慈善幸福院建设质量实施健全质量监管机制，包括加强成本监管、施工进度监管、工程质量监管和资金监管等。

  四是督查慈善幸福院发展质量。J区建立多主体参与的多层级慈善幸福院项目发展质量监督机制，民政局等政府部门、慈善总会等准政府组织、村集体经济组织社区、老年人及子女等主体共同组成慈善幸福院建设发展质量监督网络，开展多重发展质量监督工作。

第四章 村委会发展行政村机构养老

第一节 村委会建设慈善幸福院设施

一 村委会决策慈善幸福院建设

慈善幸福院建设发展是一个由决策者、生产者和消费者共同参与完成的复杂系统，需要多方积极参与并整合相关资源，实现资源互补、合力发挥作用共同承担履行养老公共服务职责。国家是慈善幸福院发展的决策者，发挥着顶层制度设计作用；村委会需要结合行政村机构养老消费者及享受者——老年人的现实需求决策建设慈善幸福院；老年人群体是慈善幸福院建设发展的重要主体，参与情况在一定程度上决定慈善幸福院能否可持续发展。以往在发展农村幸福院中，就出现了未充分调查村庄老年人养老需求实际，建设批量的农村幸福院设施，却无法得到高质量发展的情况。因此，J 区村委会在发展慈善幸福院中，重视开展村庄老年人机构养老需求调查，以 J 区 HT 村、XC 村等多个村级慈善幸福院为例，具体如下：

（一）HT 村老年人机构养老需求

J 区 HT 村海拔 50 米，距镇区 5.2 公里。1958 年成立大队，1984 年改为村委会。全村现有人口 2029 人，有 15 个村民小组，515 户，常住人口近 1000 人，党员 42 人，60 岁以上老年人口 289 人、村庄老龄化率为 13.83%。林地 5410 亩，有林地 3800 亩，林业以松、杉为主，耕地 1413

亩，主产稻谷、茶叶、甘蔗、西瓜和花生等。村庄自然资源丰富，环境优美，乡风文明，生态宜居。HT村曾获得"全国妇联组织示范村"，省级、国家级"民主法制示范村"，市级"党建带妇建示范村"等荣誉称号；2017年，HT村被评为省级"传统古村落"，2018年，被评为省级"文明村"。

马斯洛需求层次理论将需求分成生理需求、安全需求、归属和爱需要、尊重和自我实现需求五类，依次由较低层次到较高层次排列。他认为，人在自我实现需求得到满足之后，还有自我超越需求，但该需求通常不作为需求层次理论中必要的层次，大多数人会将自我超越合并至自我实现需求当中。他还认为，五种需要像阶梯一样从低到高，按层次逐级递升，但次序不是完全固定的，而是可以变化。五种需要可以分为两级，其中，生理上的需要、安全上的需要和感情上的需要都属于低一级的需要，这些需要通过外部条件就可以获得满足；而尊重的需要和自我实现的需要则属于高级需要，需通过内部因素才能获得满足，并且一个人对尊重和自我实现的需要是无止境的。同一时期，一个人可能有多种需要，但每一时期总有一种需要占支配地位，对行为起决定性作用。任何一种需要都不会因为更高层次需要的发展而消失。各层次的需要相互依赖和重叠，高层次的需要得到满足后，低层次的需要仍然存在，只是对行为影响的程度减弱。马斯洛和其他行为心理学家都认为，一个国家多数人的需要层次结构，是同这个国家的经济发展、科技发展、文化和人民受教育的程度等直接相关。在发展中国家，生理需要和安全需要占主导的人数比例较大，高级需要占主导的人数比例较小；在发达国家，则恰恰相反。

农村老年人群体总体上面临多层次、多样化养老需求。如低收入贫困老年人群体，存在经济支持需求；经济条件较好的老年人群体，在物质需要基本得到满足后，主要面临精神慰藉、心理支持的需求；低龄、健康老年人群体，有足够的时间与精力走出家门，存在培养自身兴趣爱好、参与社区活动，提升自身价值感的需求；高龄、患有慢性疾病及失能半失能老年人群体，存在医疗照护、生活照料等需求；"空巢""独居"和"孤寡"老年人群体，则存在心理支持、紧急救援需求；低龄、健康老年人及经济条件较好老年人群体,希望能够开阔视野、保持健康状态,存在旅游健身养老需求;还有一部分政治面貌为党员以及具有当兵经历等的老年人群体,较为关心国家养老保障、村庄选举等相关制度及实施情况,存在政策咨询等养老需求;一小部分健康状况很差的老年人群体,则存在临终关怀需求。

HT村村干部坚持"以民为本"服务理念,对村庄老年人机构养老需求展开调查,全面掌握老年人性别、年龄、居住方式、健康水平和经济状况等情况。HT村村干部实施调查的措施主要有实施民主表达机制,动员老年人及子女等通过村委会、老年人协会等,表达养老需求。村干部还专门组织开展"老年人养老需求"主题座谈会,参加座谈会对象主要为老年人及子女等。在村干部开展的多次调查中,老年人积极表达自身养老需求,正如访谈中,访谈对象HT村老年人HYX谈道,"年龄大了,子女都不在身边,老了都在数着时间过日子,有时候想找个说话的伴都没有,万一在家生病了,也没人知道,经常生病又不好经常叫子女赶回来,怕拖累他们,有慈善幸福院,我们在慈善幸福院住,至少也有个伴,可以互相照应。"① 村干部发现村庄老年人类型多样,有"空巢"、失能、半失能等类型,具体数量见表4-1。HT村村干部将村庄老年人养老需求与J区慈善总会、民政局等进行多次讨论,一致认为HT村具备发展慈善幸福院的必要性。

表4-1　　　　　　HT村老年人构成情况　　　　单位:人;%
(2020年12月3日)

性别		年龄			居住方式		健康水平			经济状况			
男	女	低龄	中龄	高龄	合居	空巢	健康	半失能	失能(残疾)	经济好及以上	经济困难	低保户	五保户
93	196	145	98	46	254	35	252	8	29	270	2	5	12
32.2	67.8	50.2	33.9	15.9	87.9	12.1	87.2	2.8	10	93.4	0.7	1.7	4.2

资料来源:N市CX镇HT村村民委员会提供。

① 访谈资料来自2020年12月3日在HT村慈善幸福院对老年人HYX的访谈。

依据马斯洛需求层次理论，HT村老年人面临的养老需求内容可归纳为以下几种类型：一是"五保户"等特定对象老年人群体面临吃、穿、住、行和医等生存需求；二是高龄、"空巢"等特殊老年人群体面临生活照料、医疗护理及精神慰藉等安全的、归属和爱的需求；三是自身及子女家庭经济较好的老年人群体面临社会参与、权益保障等自尊的、自我实现的需求。实事上，HT村老年人存在的机构养老需求，长期未得到关注与满足，与现行的农村养老机构设置地理位置有关。农村养老机构主要为敬老院，多数设置于乡镇区域，且仅有部分乡镇设置有敬老院、数量有限，距离村庄较远。老年人不愿意离开长期生活的村庄到乡镇敬老院入住。同时，也与敬老院服务质量有关，敬老院总体上存在服务人员少、人员编制缺乏、服务管理不规范、服务质量低下等问题。敬老院可接收的服务对象数量少，仅接收"五保户""鳏寡"等特定对象老年人。也因此，社会对乡镇敬老院存在为"三无"老年人等养老场所的认知，导致农村老年人担忧如果到乡镇敬老院养老，容易被归类为"三无"老人，自身及子女将需要为此承受被议论的心理压力。

（二）XC村老年人机构养老需求

XC村位于J区BD镇西北部，距离市区约30公里，下辖4个自然村，村庄地理位置优越、自然环境幽美。有8个村民小组、260户、总人口1123人、常住人口700人，以郑姓为主，具有大学学历者23人。村庄依山面海，通电、电话、水泥路。房屋110幢，其中，新建水泥楼房有40幢。有耕地338亩，林地115亩，滩涂、海域1.2万亩，以发展农、渔业为主，主要产品为鳗鱼苗，兼营定置网、水果产品龙眼等。有商店2间，年销售值3万元，医疗站1所，小学1所，有照明用电。村民多信仰基督教，建有一幢基督教堂。村后有大片树林，村内有一棵古榕树，有古井2口。2016年，村庄人均年收入约1.5万元，2019年，村庄人均年收入为1.92万元。

和HT村相类似，近年，XC村青年劳动力大多外出务工，老年人数量较多，都面临就餐、娱乐、心理支持和医疗服务等需求，村庄慈善幸福院建设存在必要性。村干部通过多轮调查及入户走访，以及和老年人及子女等反复沟通，认为村庄具备发展慈善幸福院的必要性。

二 村委会供给慈善幸福院建设用地

J区农村在供给慈善幸福院设施建设用地中，普遍存在建设用地规划滞后的问题。慈善幸福院建设用地供给主要参照农村幸福院"符合公共服务设施配套或养老服务用地"的规划条件进行审批。因受人均120平方米的村庄规划用地限制，农村建设用地紧张，与农民利益相关的宅基地紧缺，因此，调整建设用地存在较大困难，用地不足严重制约着慈善幸福院建设。为实现设施规划任务，村委会会同村民研究如何破解建设用地规划滞后问题，推进慈善幸福院设施建设。

学者黄宗智提出的"集权的简约治理"概念对把握半正式治理实践具有启发性。他研究了传统中国明清时期的司法实践、税务管理及行政实践，结论表明，政府与社会的关键性交汇点的实际运作，寓于"半正式"行政的治理方法、准官员的使用以及政府机构仅在纠纷发生时才介入的方法，这一方法的部分内涵在近代国家政权建设过程中仍广泛存在。"正式"和"半正式"的基层行政，既是国家基层政策执行的中国传统，也是现代国家治理的着力点，蕴含着中国传统政治思想的智慧和乡土政治的草根经验。第二个内涵在于，"简约治理"认识到乡村治理中准官员的使用。黄宗智认识到明清时期"乡保人员"的角色，并将"乡保人员"在基层治理的特有角色提炼出来，在他眼中，"乡保制度"属于半正式行政制度设置，他们是处在国家与社会之间的缓冲器，"他们具有两副面孔，既是社会代表人，也是国家代理人"[1]。不仅如此，在这样的制度设计上，乡保人员作为"准官员"，有着巨大的治理能量，乡村社会的治理离不开乡保人员。黄宗智认为，"我在这里要补充指出的是衙门管理运作与司法、税务、教育管理运作间的共同之处……（在这里）我们看到了对准官员的依赖，他们不是由政府拨款而是由地方社会……来维系的半

---

[1] 黄宗智：《集权的简约治理——中国以准官员和纠纷解决为主的半正式基层行政》，《开放时代》2008年第2期。

正式人员"①。黄宗智从这个角度去考察税费改革前的村两委即村委会和村党支部,认为村两委和之前的乡保并无实质上的区别,都属于准官员。"被称作'集体'政府的村'政府'实际上具有许多过去的半正式行政方式的特性……而且,在作为政党国家代理人或'官员'的同时,他们也是村庄的代表"②。在国家政策落脚在乡村社会时,村两委就起到十分关键的作用。

韦伯认为,传统中国官僚体制无法扩张到乡村地区,因而在农村地区实际上形成村民自我管理的局面,真正掌权者是那些非正式官僚的"地方人","士绅"和"经纪人"是典型的"地方人"③。在当前新形势下,绝大部分研究都认为,村干部具有双重角色。如戴慕珍认为,村级领导人一方面执行上级的指令,扮演代理人的角色,另一方面为村民的利益不断地同更高一级政府讨价还价,使村民不受国家太多征收之苦④;徐勇认为,村干部群体身处国家与农民夹缝之中的结构性两难,扮演着政府代理人和村民当家人的"双重角色"⑤。

在慈善幸福院建设中,需要村干部发挥重要角色作用。我国农村集体土地产权具有二重性,土地所有权与使用权相分离,集体土地所有权为村集体经济组织所有,集体土地承包权、经营权为村民持有。J区在建设慈善幸福院设施中,需要村集体经济组织供给相应土地的所有权,即需要村委会实施集体土地所有权转让的决策与程序,以及需要持有集体土地承包权、经营权的村民同意出让,即需要与村民签订土地承包权、经营权回收协议。村干部在此过程中发挥重要作用,相关案例如下:

---

① 黄宗智:《集权的简约治理——中国以准官员和纠纷解决为主的半正式基层行政》,《开放时代》2008年第2期。
② 黄宗智:《集权的简约治理——中国以准官员和纠纷解决为主的半正式基层行政》,《开放时代》2008年第2期。
③ 韦伯:《经济与社会》,杭聪译,北京出版社2012年版,第68页。
④ Oi, C, "Jean The Role of the Local State in China's Transitional Economy", *The China Quarterly*, No. 2 (1995) p. 144.
⑤ 徐勇:《村干部的双重角色:代理人与当家人》,《二十一世纪》1997年第8期。

（一）HT 村供给慈善幸福院建设用地

HT 村村委会决定从村集体土地中新选土地建设设施。区慈善总会工作人员、村委会干部和老年人等共同到村庄选择用地，最后选择在村庄靠后山地段的两亩土地上建设设施。因该地段靠近村庄后山、环境幽静、周边空旷，可建设凉亭等活动场所，供村庄村民聚集活动。同时，该地段交通便利，便于老年人及子女往返村庄家中。但该地段上的两亩土地已承包给村庄两户村民。

在当前农村集体土地征收补偿安置制度还有待完善的情况下，村委会干部与村民商谈回收该两亩土地承包权、经营权存在困难。商谈初期，该两户村民不同意将自身承包的土地使用权及经营权回收。村委会干部实施动员、劝说等"简约治理"①手段，最终这两户村民表示，愿意出让承包的集体土地使用权。村委会干部在征求该两户村民补偿价格意见后，实施民主决策程序，召开村委会会议进行表决，经过投票一致决定以每亩 1 万元价格进行补偿。访谈中，访谈对象 HT 村村主任 HBH 谈到："因为我们是大姓的村庄，我们村干部的决策，村民一般都会同意，大家都很团结，我们这个村庄都没有出现过什么纠纷，没有出现过上访，也因此，我们村才被评为'全国文明村庄'以及'福建省文明村'"②。在慈善幸福院发展中，为满足老年人自我养老需要，HT 村村委会还计划继续回收慈善幸福院周边的 4 亩土地，用于入住老年人的种植、养殖活动等，从而获得相应的收入、改善伙食。村委会再次召开全体村民大会，讨论回收该 4 亩村集体土地使用权的问题，最终获得同意。

（二）XC 村供给慈善幸福院建设用地

XC 村随着中青年劳动力外出务工及求学，村庄"留守""空巢""孤寡"等老年人数量日益增多，老年人机构养老需求问题日益凸显。在 J 区民政局和该镇党委、政府指导支持下，XC 村积极响应上级关于养老、

---

① 黄宗智：《集权的简约治理——中国以准官员和纠纷解决为主的半正式基层行政》，《开放时代》2008 年第 2 期。
② 访谈资料来自 2019 年 6 月 7 日在 HT 村村委会对村主任 HBH 的访谈。

孝老、敬老的方针政策，充分利用各项惠民政策，建立慈善幸福院。目前，慈善幸福院周边绿化及门前广场、荷花池、木栈道和凉亭等基础设施正逐步完善。

慈善幸福院建设之初，村委会将设施建设用地选址于村庄靠后山地段，主要因为该地段地理位置好、地势较高。即便该区域发生洪灾，洪水也无法到达慈善幸福院，能够避免老年人被淹没的风险。另外一方面是因为该地段不偏僻，有利于村民及老年人子女随时出入慈善幸福院探望，促进老年人与外界的沟通、交流。但该地段建设用地已承包给村庄村民，村委会依照村庄土地管理制度，召开村民代表大会以及村委会会议讨论，通过相应的流程、环节，制定集体土地征收补偿标准方案等，与承包土地经营权、使用权的村民进行协商谈判，成功回收村集体土地。

XC村村委会按照上级有关部门要求，不断完善入住老年人日常生活质量。村委会依据村庄入住慈善幸福院老年人的养老需要，流转慈善幸福院门前5亩土地，并拆除猪栏、鸭舍11间，投资资金20多万元，修建池塘、木栈道、凉亭，并种植花卉、树木等，进一步美化周边设施，打造舒适生活环境，让入住老年人时刻感受"入院如家"的温馨与幸福感。村委会还拟探索创立"以慈善养老，以土地养院"的新模式，计划提供一块土地供慈善幸福院老年人种植粮食、蔬菜，不仅可以丰富老年人的生活，还能增加额外收入，实现有钱养老，有地养院，为慈善幸福院发展提供动力支持，让慈善幸福院真正成为农村老人稳固、可靠、宜居的"幸福宝地"。

第二节 村委会供给慈善幸福院资金及人力

一 村委会供给慈善幸福院资金

村集体经济组织承担有为村民提供养老服务职责，慈善幸福院是行政村机构养老设施，在发展建设中，依据J区相关规定，村集体经济组织需要依据经济现实条件，投入相应的设施建设资金与运营发展资金，相关案例如下：

（一）HT 村村委会供给慈善幸福院资金

1. HT 村发展村集体经济

近年来，HT 村将实施乡村振兴战略作为重要任务，认真落实村庄总体规划，将村庄打造为多彩齐放的历史文化名村，带动村集体经济和群众收入"双增收"。具体措施为：一是以党建带村建，促进村庄可持续发展。充分发挥村党员干部在村庄建设中的"排头兵"角色作用，将加强党风建设与党支部班子建设作为村庄建设的前提，贯彻落实党务、村务公开和民主管理工作，加强"四议两公开""六要工程""六位一体"等制度实施；创新开展党员与贫困户"双联"工作，让"党员致富户"与贫困户"结对子""帮穷亲"；规范开展"三会一课"制度，广泛开展"主题党日"活动，树立共产党员先进形象；注重对"土专家""田秀才""新农人"等乡村人才培育力度，积极培育民俗工艺、民俗产品和农村手艺传承人，通过招智引贤，吸引有用人才助推乡村振兴。

二是围绕"三个融合"，推进产业振兴。坚持做好生产、加工、休闲游融合，带动群众增产增收。全村现有花生种植面积 350 多亩，年产干花生 35 吨，年产值 150 余万元；现有甘蔗 80 多亩，亩产值 8000 多元；建设古法榨糖坊，2018 年产值达到 80 余万元，安排 20 余名群众在糖坊再就业，通过甘蔗种植、食糖生产、糖业物流和食糖销售，实现一、二、三产业融合；成立村果蔬合作社及 N 市 S 有限公司，建立帮扶机制，帮助农户解决资金、技术和销路等问题；种植茶叶 400 余亩，年产值达 320 多万元，且依托 C 茶厂龙头企业，实现制、产、销一体化，进一步提升产品附加值；在乡村旅游业发展上，将游客体验古法榨糖传统文化与农业特色产品销售相结合，将参观古民居、古官道与亲水平台观光相结合，吸引游客到村庄观光旅游，"以农带旅，以旅助农"，有效带动群众增产增收。

2018 年，HT 村集体收入达到 11.6158 万元，村人均纯收入为 1.6830 万元。2018 年，HT 村成功向上级争取"一事一议"财政以奖代补 300 万元，拟打造乡村振兴示范村项目工程。实施亲水平台建设、古街改造、污水管道下地、中心广场改造及村庄卫生整治等项目，进一步打好农文旅休闲旅游牌，拓宽群众增收渠道。HT 村以高起点、高标准、高定位的建设要求，着力打造党建强、环境美、产业兴、乡风优和农民富的乡村振兴示范样板村。

2. HT 村投入慈善幸福院设施建设资金

村集体经济组织是慈善幸福院建设发展的主要资金来源渠道，需要为设施建设投入一定数量资金。HT 村村委会组织召开村民大会，在公开慈善幸福院建设发展相关信息及面临的问题基础上，要求全体参会村民讨论如何解决慈善幸福院村集体经济投入等问题。经过村民代表大会投票表决等决策机制，村民代表一致投票同意按照需要从村集体经济中适量支出经费建设、发展村庄慈善幸福院。

HT 村虽然目前集体经济年均收入较少，为 10 万元左右，但村民基于村集体现有经济基础以及对乡村振兴战略实施村集体经济发展的良好预期，都积极支持村集体经济投入发展村庄慈善幸福院。因此，在慈善幸福院设施建设中，村委会参照福建省农村幸福院项目相关财务管理制度，按照慈善幸福院设施建设需要投入相应经费。

3. HT 村投入慈善幸福院运营发展资金

据统计，HT 村慈善幸福院运营发展平均每年需要支付员工薪酬、电、煤气、水、闭路电视和老年人伙食等费用约 38.10 万元。其中，员工薪酬年均支出为 7.20 万元，电费为 2.40 万元、煤气费为 0.36 万元、水费为 0.42 万元、闭路电视费为 0.20 万元、设备维修费为 0.72 万元、接受慈善幸福院日间照料和入住服务老年人的伙食费成本支出为 26.8 万元（见表 4-2）。在区民政局、区慈善总会、老年人及子女等多主体共同出资下，HT 慈善幸福院发展基本实现收支平衡以及可持续发展。其中，村集体经济组织每年大致对慈善幸福院发展投入 10 万左右（见表 4-3），占运营发展总资金投入的 25.89%。

表 4-2　　　　　HT 村慈善幸福院运营发展经费成本情况　　　　单位：万元
（2021 年 1 月 1 日）

项目	员工薪酬	电费	煤气费	水费	闭路电视费	设备维修费	伙食费	合计
资金	7.2	2.4	0.36	0.42	0.20	0.72	26.80	38.10

资料来源：N 市 CX 镇 HT 村村委会提供。

表4-3　　　　　　　　HT村慈善幸福院运营发展注资情况　　　　　　单位：万元

(2021年1月1日)

经费用途	经费来源渠道	经费名目	金额	总计
运营管理经费	村委会	运营管理经费补助	10.00	38.62
	区慈善总会	运营管理经费补助	7.50	
	区民政局	运营管理经费补助	5.52	
	老年人及家庭	伙食费	15.60	

资料来源：N市CX镇HT村村委会提供。

（二）XC村村委会投入慈善幸福院资金

1. XC村发展村集体经济

以前，XC村村庄缺乏发展经济主导产业，村民主要依靠零售茶叶、蔬菜等维持生计，人均年收入不足千元。近年，村庄以党建引领生态文明建设，以"绿盈乡村"建设为抓手，积极打造"生态美、百姓富"新农村，具体措施为：

一是打造"七好"特色村庄。按照村庄规划好、建筑风貌好、环境卫生好、配套设施好、绿化美化好、自然生态好和管理机制好的"七好"目标，积极完善村庄内基础设施建设，大力实施"一革命四行动"，着力改善村庄内人居环境，也取得明显成效。借助"美丽乡村"政策导向，立足村情，因地制宜，投入资金1000多万元，先后建设太极广场、西边木栈道、墙体立面改造、改水改厕、村庄绿化等20多个基础设施。大力实施"厕所革命"，已实现全村农户卫生厕所和水冲式卫生公厕全覆盖；先后投入37.60万元，采用"化粪池+微动力"集中式处理，铺设近3公里污水管网，管网末端建设微动力污水处理池，日处理能力达60吨，有效净化处理全村生活污水。此外，XC村投放50多个干湿分离垃圾桶，建立两座垃圾分类亭、对生活垃圾进行干湿分离，做到日产日清，极大改善和提升村庄人居环境。2019年5月，该村被列为全国农村人居环境整治暨"厕所革命"现场会观摩点。

二是发展乡村休闲旅游。XC村成立N市T农庄旅游发展有限公司，在盘活村集体土地中，加强对旅游发展的管理和运行，积极开展户外拓展项目，加大对村庄历史文化和景点挖掘，提升村庄旅游品牌。不断完善食宿功能，启动竹林休闲木屋和民宿项目，动员鼓励群众自行经营农家乐和民宿，建设摄影基地和农家乐，引进书画院、写生基地、太极拳比赛和培训基地等项目，迎来外地游客，逐步形成"乡村游、生态游、休闲游"的旅游特色品牌，每年为村集体创收逾10万元。

三是推广生态种植模式。XC村村委会整合50户种植散户于2014年成立C水果种植专业合作社。先后投入20余万元，对果园内的水池、生产便道、人行便道、水管进行配套设施升级，制定生产管理制度，进一步规范果园生产。目前，CT自然村果园标准化建设已初具规模，夏有200亩夏橙，秋有50亩红心蜜柚，冬有20亩桔柚与芦柑，并采用先进技术组织生产，减少农药使用，实现基本不施化肥，降低生产成本，更减少对环境的污染，生态效益较为显著。2018年，全村水果年产量达205吨，综合产值100万元。

XC村在培育旅游主导产业的同时，深入挖掘本地优势资源，开拓产业引领、基础先行、文化助魂的多元化发展方式，带动村民脱贫致富，努力打造生产发展、生活富裕、生态良好的文明村庄，仅2019年，村财收入就达23.50万元、农民人均纯收入1.92万。村庄建设发展成效得到了政府和社会的高度认同，如2000年，XC村被全国绿化委员会评为"千佳绿化村"，2008年被评为"省级家园清洁示范村"。村庄还获得"第二批国家森林乡村""福建省森林村庄"等荣誉称号。2016年，村党支部被评为该市先进基层党组织。霍溪流域旅游景点太极漫客村在2019年被列入"福建省乡村振兴试点村"。

2. XC村投入慈善幸福院建设发展资金

2016年至今，XC村村集体平均每年收入达20多万元，基本能够确保村庄慈善幸福院运营发展的部分资金投入。村庄慈善幸福院建设合计投入建设经费120多万元，包括设施建设、设备购买等费用。投入的经费以政府出资居多，省民政部门给予7万元"以奖补助"，区民政部门给予20万元"以奖补助"，市扶贫办给予村庄"五保户"老年人危房改造合计45万元补助；市、区慈善总会捐赠20万元外，其余的28万元建设资金主要为村集体出资，村集体出资占总投入的23.30%（见表4-4）。

目前，我国农村财务制度主要为"村财乡管"，即各村组将财务账册及凭证交由乡镇专门会计机构管理，采取由各村组上报财务凭证，经审核后入账公示的做法。村集体经济组织在投入资金发展慈善幸福院中就面临一些问题，如村集体各类经费的使用都是专款专用，并无相应的专项经费用于慈善幸福院发展。因此，村委会在投入经费中，都需要召开村民代表大会以及村两委会议表决通过。

表4-4　　　　　XC村慈善幸福院设施建设资金情况　　　　单位：万元
2021年1月1日

经费用途	经费来源渠道	经费名目	金额	合计
建设经费	省民政局	设施建设以及设备购买费用	7	120
	区民政局	设施建设以及设备购买费用	20	
	市扶贫办	"五保户"危房改造费	45	
	市和区慈善总会	养老服务设施建设费	20	
	村委会	设施建设补助费	28	

资料来源：N市J区BD镇XC村村委会提供。

XC村慈善幸福院无专门财务账号。访谈中，XC村支部书记WYZ谈到，"如果慈善幸福院有自己的独立账户就好了，这样一来，一旦政府给老年人相关的补贴，如"五保户"老人补贴补助等，就可以直接进入慈善幸福院账号，直接使用。但是现在这些经费都进入了村委会账户，进入后就无法挪用到慈善幸福院使用。慈善幸福院也只有有了独立账号，村集体才能将相关的经费划拨至慈善幸福院使用。"[1] XC村召开村民大会，采用表决通过形式，讨论将村集体部分经费投入于慈善幸福院建设中，也获得了村民代表大会以及村两委会议的通过。

XC村慈善幸福院设施建设，按照上级相关文件要求，需要实施招投标流程。当时村庄还专门邀请建筑公司进行建设经费预算，预算结果为，合计需要投入经费320多万元。村委会并未一次性持有全额建设费用，因

[1] 访谈资料来自2021年2月4日在XC村慈善幸福院对XC村村支部书记WYZ的访谈。

此，村庄采用"自建"方式建设慈善幸福院，以便于边建设边筹集资金。村庄自 2015 年开始建设慈善幸福院设施，市扶贫办划拨 45 万元给村庄 30 位"五保户"老年人，作为危房改造费用，村委会将此资金整合作为慈善幸福院设施建设经费，该笔经费极大推进了村庄慈善幸福院设施建设进程。至 2016 年开始，慈善幸福院开展瓷砖铺设等内部装修工作。

至今，XC 村已运营发展慈善幸福院五年左右，村委会将集体经济收入部分投入于慈善幸福院运营发展，基本能够实现收支平衡。因村集体经济基本能够实现稳步增长，村民也积极支持集体经济部分投入慈善幸福院发展。

XC 村慈善幸福院实施规范财务管理制度，规定如下：一是有关单位为慈善幸福院捐款捐物及民政部门、政府的援款等均应入账。二是实行"一支笔"审批制度，所有开支均需报院长审批，重大支出需院务委员会集体讨论，并报上级批准。三是支出凭证（除老人生活费开支发票外）必须符合国家规定，并有经手人、证明人和领导签字，财会人员方可报账。四是严禁挪用公款，严禁以任何名义、任何理由将公款借给或者变相借给个人。五是院里所有的固定资产都要登记造册，其他财产有财产表并列入移交。六是财会人员应妥善管好敬老院的款、物等。出现公款被盗应由出纳赔偿。七是财会人员要忠于职守，严格执行财务纪律和财务政策，正确履行《会计法》赋予的权利和义务，为院理好财，当好家。八是院长在财务开支审批中，要严格按照财务纪律办事，五保金只能用于院民生活，不得挪作他用。不得滥发奖金、补贴和实物。同时，为促进慈善幸福院稳定、健康、和谐的发展，XC 村慈善幸福院推行财务公开公示制度。

公开的原则为：一是依法公开原则，财务公开依照《预算法》《会计法》等法律法规执行。二是真实公正原则。公开内容应当真实可靠，围绕群众关心的热点问题，不回避矛盾，不推卸责任，实事求是。三是注重实效原则，要从实际出发突出特点，简洁明了，讲求实效，防止形式主义。四是方便群众有利监督的原则。方便群众知情，方便群众办事，便利于人民群众对财务的监督。

公开的内容为：财务公开包括财务计划和经费收支情况。其中，财务计划包括财务收支计划，资产购建计划，基本建设和收益分配等内容。经费收支情况包括财政投入资金与行政业务支出等一切资金的收支情况。

公开的形式为：一是公布地点要公众化，以便全面接受社会和干部的监督。二是公布内容要具体化，真正让群众看得清。三是热点问题要专门化，以便群众及时参与监督。四是财务公开的时间要与公开的内容相适应。

（三）BZ 村村委会投入慈善幸福院资金

1. BZ 村发展村集体经济

BZ 村地处 N 市 J 区 CX 镇。《福州三山志》有记载，BZ 村始于宋代，但一次次战火让村庄建了又毁，毁了又建，1723 年（清雍正元年）建村。1958 年成立大队，1984 年改为村委会。2004 年 12 月确立为少数民族行政村，是典型的山区农村，辖两个自然村，8 个村民小组，190 户，750 人。其中，"低保户" 25 人，"五保户" 3 人，少数民族 50 户、260 人，常驻 256 人，现有党员 22 名，教育程度为大学者有 5 人。村庄地域面积 5000 多亩，其中，耕地 440 亩、茶叶 65 亩、桑叶 2 亩、山林 4635 亩，主产稻谷、茶叶，林业以松、杉、毛竹为主。村庄经济发展较为单一，农民收入较低，无集体经济收入，主要劳动力外出务工，少部分村民在村内从事种植茶叶、茭白维持基本生活，村庄人均年收入为 7035 元。小杂货店 3 间，年销售值约 8 万元。医疗站、教学楼各一所，古建筑有祠堂 2 间、宫 1 座。村庄山多地少，传统的农业经营模式已难以维续，村委会正计划加大基础设施建设、改变村容村貌，实现产业振兴，积极打造休闲旅游少数民族特色古村，发展乡村旅游经济。

2. BZ 村投入慈善幸福院建设发展资金

BZ 村建设慈善幸福院合计投入经费约 205 万元，幸福院建筑面积 549 平方米，共有 3 层，2020 年 9 月开始运营，内设有观影设备、公园、健身器材、厨房、餐厅、宿舍和内置卫生间等，还购买有热水器、冰箱、电扇和桌椅等设备。目前，入住老人共 20 人。近几年，村庄在上级部门领导的支持下，获得了各类资金政策资助，加大投入村庄基础设施建设，完成村庄若干基础设施建设及相关配套设施建设，村容村貌得到部分改善。村庄慈善幸福院由所在镇党委书记负责挂钩分管，相比原来为乡镇镇长分管建设发展成效明显提高。村庄慈善幸福院运营发展经费一年大致需要投入 20 万元左右，主要来源于接受服务的老年人缴费。但是单一依靠老年人缴费显然不够，村委会还需为慈善幸福院投入一些资金，该市政府民政部门也给予相应补贴。该村村主任 ZX 在外积极寻找捐赠资源，通过区域企业家获得捐资捐赠，如 N 市新能源企业家以及其他的一些企业家、村庄乡贤或者因为认识该村庄主任而进行捐赠，或者通过该市或区慈善总会推荐对该村慈善幸福院进行捐资捐赠。村庄主任办有企业，访谈中，BZ 村慈善幸福院院长 ZF 介绍，"村主任大致 46 岁左右，他本身是企业家，热爱村庄养老等公益事业，他开始上任至今，最为明显的是村庄慈善幸福院的建设发展取得成效。但是，目前村庄干部正面临换届，不知道村主任是否愿意继续担任，如果他继续担任，那么村庄慈善幸福院一定发展很好。"① 如在一次 N 市慈善总会对该村慈善幸福院现场慰问中，举行爱心企业捐赠仪式，据统计，N 市新能源科技有限公司捐赠该村慈善幸福院设备 7.6 万元，该村爱心人士捐款 3 万多元。

该村慈善幸福院院长为村委会会计，工资大致为每月 1000 多元，慈善幸福院还聘请有保洁员、炊事员负责慈善幸福院管理和运行事务，两者的工资也为每月 1000 元左右。村庄有一些村民志愿者，只要慈善幸福院有需要帮忙，只要他们有时间，他们都会积极出力。村庄老年人子女等家庭成员虽然未为慈善幸福院捐款，但是他们经常送一些自家种植的蔬菜等农产品到慈善幸福院。目前，慈善幸福院正面临配备齐全相关设施设备，对相应的经费投入存有需求。

（四）LLHJ 村投入慈善幸福院资金

该村建有一个水电站，水电站实施股份合作制度，村集体持有股份，获得一些收入，另外，村庄持有一些种植茶叶的林场，通过出租获得收入。村庄有 13 个自然村，人口 790 人，分布在山上各地，基本为"空壳"村，目前，在村村民有 200 多人、但多数为老年人，有四分之三的

---

① 访谈资料来自 2021 年 2 月 6 日在 BZ 村慈善幸福院对院长 ZF 的访谈。

村民外出务工。村慈善幸福院，合计有3层，10间面积平均为8平方米的房间，合计有22个床位，还有面积为30平方米的集体厨房和集体活动室，现已入住8位老年人。

村庄慈善幸福院建设阶段，合计投入130多万，建设时，该村与另外一个行政村合并在一起为一个行政村，因此，由两个行政村村委会各出资5万元。当时，该村一座旧楼拆除，村委会获得10万多元赔偿，所以双方一致认为，既然村庄慈善幸福院要动工发展，那就各自都出力，因为他们认为哪怕两个村委会各自出5万元，合计10万元也是一种出力。村委会干部后来积极到该市区政府各部门争取资源，当时区民政局副局长，也是现该村所在镇的党委书记，负责统筹处理资金。

慈善幸福院院长为N市人大代表，自他接手管理慈善幸福院院长职务工作以后，为慈善幸福院新设了一个账户，有利于汇集来自政府、社会和村集体投入的资金。

二 村委会供给慈善幸福院人力

J区慈善幸福院设施建设方式多样，12个村庄积极探索设施建设模式，基本形成村委会代建或者由村委会负责公开招投标等模式。一些村庄慈善幸福院，在建设起步阶段能够一步到位筹集资金，便按照政府相关的制度文件规定要求，实施招投标制度，由具有资质的建筑建设公司负责建设，村委会则负责按照合同约定支付资金，组织村民出工出力参与慈善幸福院设施建设，如BZ村慈善幸福院建设便采用招投标建设方式。

村委会代建模式需要村委会对设施建设投入相应的人力资源，因J区慈善幸福院管理办法主要参照福建省农村幸福院管理办法，因此，在实施自建设施模式中，村委会是慈善幸福院承接主体，需要对慈善幸福院建设、发展等供给相应的人力资源，以HT、XC两村为例，具体如下：

（一）HT村供给慈善幸福院人力

1. HT村供给慈善幸福院设施代建人力

HT村慈善幸福院设施建设主要由村委会以分期推进方式代建。在建设中，村委会组织村民免费出力代建，合计分3期推进。其中，在一期建设中，村委会、党员、老年人协会、妇代会和志愿者等村民都积极免费充当慈善幸福院设施建设的木工、水泥工、钢筋工、浇铸工等。据统计，村民合计参与建设有527人次，建设时数合计4216小时。在慈善幸福院设施二期建设中，村庄村民参与建设合计416人次，建设时数合计3328小时。在三期建设中，村庄村民合计参与建设有434人次，建设时数合计3472小时（见表4-5）。HT村村委会是慈善幸福院设施建设质量的社会组织监督第三方，除了负责提供建设用地、组织村民按进度施工外，还负责跟进、监督施工中出现的新问题，做好慈善幸福院建设的施工进度与建设计划进度的衔接工作。

表4-5　　　　HT村慈善幸福院设施建设村民参与情况

（2021年1月1日）

项目	慈善幸福院设施建设		
建设期数	一期	二期	三期
村民（人次）	527	416	434
总时数（小时）	4216	3328	3472

资料来源：N市J区CX镇HT村村委会提供。

2. HT村提供慈善幸福院发展的人力支持

慈善幸福院发展需要村委会组织相应的人力资源投入，尤其是在慈善幸福院管理服务方面。HT村村委会征求部分村民意见，召开村"两委"工作会议，经过讨论决定由村支部书记（兼村主任）兼任慈善幸福院院长，聘请两名专职人员负责购买食材、烹饪、卫生保洁等事务性工作。

慈善幸福院院长主要负责矛盾纠纷排查、应急事件处理等安全稳定工作，访谈中，访谈对象HT村村委会干部HZX谈到："村里的老人集中在一起住，聚在一起人多嘴杂，话多矛盾就多，村书记当院长就比较好，书记每周都会选固定时间到幸福院给老人开会，关心他们，问他们最近都有什么事情啊，这样一来，老人间的问题和矛盾就变少了很多。"① 慈善幸福院配有老年人摔伤等应急警报开关设备，并成立有镇派出所民警、村两委干部、老年人家属等成立的老年人应急事件处理小组，参与应急事件管理工作。聘请区慈善总会会长兼任服务业务发展顾问，负责提供慈善幸福院人力资源、服务内容供给以及服务对象选择等业务发展指导。

慈善幸福院服务工作具有特殊性，工作量大且对服务人员的专业技术技能及奉献精神等都有较高要求。HT村大部分中、青年劳动力外出务工或求学，村庄出现"空壳化"。老年人对医疗服务具有需求，HT村村委会安排乡村医生每周工作日定期到慈善幸福院为老年人提供免费医疗服务，还组织村庄老年人协会成员和较为空闲的村民等"内生型"志愿者经常到慈善幸福院陪伴老年人聊天、制作手工艺品，参与种植、养殖等活动，为老年人提供日常照料、心理支持和精神慰藉，但这仍无法满足慈善幸福院对养老服务人力资源的需求，HT村村委会联系J区慈善总会帮忙提供志愿者开展服务。

村委会安排村庄老年人协会以及村民等负责慈善幸福院管理服务质量监督工作。费孝通认为，"在传统的小农社会中有一种权力，既不是横暴性质，又不是同意性质；既不是发生于社会冲突，又不是发生于社会合作，它是发生于社会继替的过程，是教化性的权力"②，费孝通所指便为"长老统治"。老年人协会会长负责慈善幸福院管理工作质量监督，访谈中，访谈对象村委会干部HZX就监督效果谈到："协会会长在我们村里有威望、说话有分量，德高望重又公正、工作人员每天去市场买菜回来都要给他看，他主要看食材的质量，幸福院里其他老人也都听他的。"③

（二）XC村供给慈善幸福院建设发展人力

XC村采用自建方式建设慈善幸福院，总体上，主要是由村庄村民积极志愿参与，但是涉及到一些技术技能活，需要由专业人士参与且耗费

---

① 访谈资料来自2019年5月12日在HT村村委会办公室对干部HZX的访谈。
② 费孝通：《乡土中国》，华东师范大学出版社2018年版，第68页。
③ 访谈资料来自2019年5月12日在HT村村委会办公室对干部HZX的访谈。

一定的时间，村集体则给予支付工费。村庄村民为建设慈善幸福院，都能够发挥志愿帮扶精神作用。

　　XC 村在供给慈善幸福院发展人力资源方面，与 HT 村相类似，聘请多名工作人员负责慈善幸福院事务工作，不同之处在于 XC 村慈善幸福院对工作人员的职责规定更为明确，相关规定如下：一是服从院长分配，热爱本职工作，熟练掌握专业技能，树立全心全意为院民服务的思想；二是自觉遵守院内规章制度，不断提高服务质量，对院民体贴周到，尽心尽职，不擅离职守，有事需请假；三是认真做好院民的日常服务，按等级标准做好护理，做到不怕脏，不怕苦，不怕累，勤劳肯干，任劳任怨；四是尊老爱幼，视院民为亲人，服务热情周到，协助院长调解院民中发生的矛盾和纠纷，教育院民以院为家，做院民的知心人；五是负责室内外卫生清洁，做到卫生天天打扫，室内东西摆放整齐统一，保持院容整洁美观；六是协助院民搞好个人卫生，经常为院民洗晒衣、被子，协助行动不便的院民洗澡、理发、梳头、剪指甲，养成良好卫生习惯，促进院民身心健康；七是搞好安全保卫以及防火、防盗工作，夏季做好防暑降温，各季做好防寒保暖，管好、用好各种电器设备，保证使用安全；八是管理好院内花草树木，搞好环境绿化；九是加强公共财产管理，慈善幸福院的房屋、床位、活动室的桌椅、电视机等均属集体财产，认真登记造册，明确专人保管，责任到人。为规范管理慈善幸福院日常生活，XC 村还专门设立慈善幸福院管理小组，根据院内老人生活及管理要求制定相应的管理制度，并利用"6+6"党员责任制，设立慈善幸福院责任区，选定专门党员对责任区的治安、安全措施、环境保护等提供强有力的保障。

　　慈善幸福院对老年人做了《养老服务机构承诺书》，具体内容如下：为维护入住老年人合法权益，保障入住老年人生命财产安全，慈善幸福院郑重承诺如下：一是承诺已了解养老服务机构管理相关法律法规和标准规范，承诺开展的养老服务符合《养老服务机构基本条件告知书》载明的要求。二是承诺按照诚实信用、安全规范等相关国家和行业标准开展养老服务，在养老服务机构中杜绝欺老虐老，不正当关联交易、非法集资等损害老年人合法权益和公平竞争市场秩序的行为。三是承诺不以举办养老服务机构名义从事房地产开发。不利用养老服务机构的设施场地开展与养老服务无关的活动,不改变养老服务机构的养老服务性质,主动接受并配合民政部门和其他有关部门的指导、监督和管理。

承诺不属实或者违反上述承诺,愿意依法承担相关法律责任。

XC 村慈善幸福院发展中,重视接受服务的老年人之间开展互助服务,如慈善幸福院实施的院民互助制度如下:一是经常组织开展有益于身心健康的文体活动,增进相互之间的沟通和友谊,努力培养团结互助精神;在院民之间开展互助活动。年龄相对小一点、身体条件相对好一点的院民帮助关照年龄大、身体差的院民;三是身体较差、行走不便的院民若需购物时,应请人帮助代购;四是院民看病时,必须有人护送到医院医务室诊治,并帮助拿药。

第三节 村委会动员老年人接受服务

慈善幸福院能否可持续发展,重要前提为村庄老年人是否愿意接受服务。长期以来,农村老年人受传统家庭养老文化影响,较少愿意接受机构养老。因此,在发展慈善幸福院中,老年人及子女对慈善幸福院养老的准确认知需要一个漫长的过程,也需要村委会村干部开展相应的动员工作,促使老年人及子女尽早接受机构养老新观念。

以往的研究表明,农村村干部可以利用"情感连带"关系,动用各种私人关系,将亲情、友情、人情和面子等日常生活原则引入正式权力的行使过程中,促进国家相关制度政策落地,以及实现基层组织的治理目的。如孙立平等展现的华北地区定购粮的征收过程就是一个典型案例,乡村干部将诸如人情、面子、常理等日常生活原则和民间观念充分地引入,"舍硬求软"实现国家的政策目标[1]。苏力通过研究的案例,展示了

---

[1] 孙立平、郭于华:《"软硬兼施:正式权力非正式运作的过程分析——华北 B 镇收粮的个案研究"》,《现代化与社会转型》,北京大学出版社 2000 年版,第 65 页。

在国家权力的边缘地带，国家司法权力如何与乡民进行互动①，促进司法在乡村社会落实。马明洁发现，在改革开放后国家动员能力严重弱化的表面现象下，国家对基层社会的动员能力依然潜在，乡镇干部、村干部基于与农民之间的利益共同体，使得山东某乡政府工作人员成功动员农民种植"洋香瓜"、实现"逼民致富"②。应星通过研究一个西南水电站移民集体上访的事件过程，发现国家与农民的关系不是一种抽象的、空洞的关系，农民的问题如何进入国家与社会关系，哪些因素能够进入这种关系，哪些因素不能进入这种关系，是和行动联系在一起③。J区12个行政村村委会均实施不同的动员措施，推进村庄老年人及子女接受慈善幸福院养老观念，接受服务，相关案例具体如下：

（一）HT村村委会动员老年人接受慈善幸福院服务

在传统农村社会关系中，有一种持"伦理本位"观的学术传统。梁漱溟"伦理本位"观强调各种关系对于人的重要性，这种关系即是伦理④。金耀基、黄光国、翟学伟等学者也遵循此"伦理本位"理论传统，并从文化角度构建中国社会关系的解释模式。金耀基认为，"关系、人情和面子是理解中国社会结构的关键性社会—文化概念"，他将中国人与人之间的关系分为属于特殊的"伦"的关系和不在"伦"的范围内的非特殊关系，前者需要儒家伦理道德即"施"与"报"的义务来维持，后者需要"人情"来维持交换。社会关系的维持是在人情交换的不完全平衡中实现，"人情"规范了社会性人际关系，是一种"制度化的规范"⑤。翟学伟利用"人缘""人情"和"人伦"三个概念来建构中国人际关系的基本模式，认为上述三者构成"三位一体"的中国人际关系特质，是

---

① 苏力：《送法下乡：中国基层司法制度研究》，中国政治大学出版社2000年版，第92页。
② 马明洁：《权力经营与经营式动员——一个逼民致富的案例》，《清华社会学评论》2000年第1期。
③ 应星：《大河移民上访的故事：从讨个说法到摆平理顺》，生活·读书·新知三联书店2001年版，第96页。
④ 梁漱溟：《中国文化要义》，上海人民出版社2005年版，第102页。
⑤ 金耀基：《金耀基自选集》，上海教育出版社2002年版，第32页。

中国人为人处事的基本模式①。

费孝通提出著名的"差序格局"理论,主要用于形容传统农村社会关系,该理论用"亲属"、"地缘"两大社会关系概括农村社会关系,认为"亲属"关系主要是根据生育和婚姻事实所发生的社会关系,从生育和婚姻所结成的网络,可以一直推出去包括无穷的人;在稳定的社会里,"地缘"是"血缘"的投影,地域上的靠近可以说是"血缘"上的亲疏反映,区位是社会化了的空间②。为动员老年人接受养老服务,HT村村委会主任沿着农村"差序格局"社会关系中与"己'由近而远的关系路线,不断动员家庭中有老年人的近亲血缘亲戚、好友等支持老年人接受服务。同时,村委会在村庄中加强子女赡养父母的养老责任、村集体经济组织助老职责等村规民约内容宣传,并在宣传中融入了新时期农村养老新思想、新观念以及《中华人民共和国老年人权益法》等,促使老年人及子女改变养老观念、促进子女支持父母接受养老服务,减少和杜绝以往在其他村庄出现老年人入住慈善幸福院却被子女叫回去的类似现象的出现。

在尝试接受慈善幸福院服务中,老年人及子女将慈善幸福院提供的日间照料、入住服务等与在自家就餐、居住等相比,认为日间照料就餐服务类似于"老年人食堂",免费又方便,正如访谈中,HT村慈善幸福院老年人HCX谈到,"我们老年人在子女家里吃饭,有的时候就一直坐着等,不知道他们什么时候开始吃饭,也不好意思先去吃饭。有的时候子女家里来了客人,我们也不好一起坐上去和他们吃饭、怕不方便,主要是我们老年人吃的菜子女也不好煮,我们需要吃一些比较软的菜。"③慈善幸福院环境舒适、安全有保障,入住老年人可经常得到村庄内、外志愿者提供的心理支持、精神慰藉等服务、生活充满活力,老年人还可在慈善幸福院周边新增的4亩土地上进行种植蔬菜、养殖鸡鸭家禽等,在重要节假日老年人还可以将蔬菜以及鸡鸭等劳动成果带回子女家团聚。

---

① 翟学伟:《人情、面子与权力的再生产》,北京大学出版社2005年版,第92页。
② 费孝通:《乡土中国生育制度》,北京大学出版社1998年版,第107页。
③ 访谈资料来自2021年3月2日在HT村慈善幸福院对老年人HCX的访谈。

HT 村绝大部分老年人基于成本、收益对比考虑，都"理性选择"到慈善幸福院接受养老服务。但因慈善幸福院设施空间有限，无法同时为村庄具有入住需求的所有老年人提供入住服务，目前，HT 村慈善幸福院正实施老年人入住预约登记制度。

（二）XC 村村委会动员老年人接受慈善幸福院服务

XC 村村委会主任以身作则、积极发挥带头示范作用，将母亲送入了慈善幸福院。在农村社会关系中"从己向外推以构成的社会范围是一根根私人联系，每根绳子被一种道德要素维系着。社会范围是从"己"推出去的，而推的过程里有着各种路线，最基本的是亲属：亲子和同胞，相配的道德要素是孝和弟。"（费孝通，2018）① XC 村委会主任通过此举向村庄村民表明，入住慈善幸福院接受机构养老并不影响"孝"的传统美德，以此促使老年人及子女等改变对慈善幸福院为"五保户"等特殊老年人群体养老场所的错误认知。

入住慈善幸福院老人最多的时候为 33 位。目前入住的老年人数量和以前差不多，该村主任认为，慈善幸福院未充分聚集人气，主要是因为缺乏负责人经营管理，他们寄望于市领导对各个行政村慈善幸福院实施提质增效措施。

该村慈善幸福院并非对所有的老年人都开放，接受他们入住，他们对附近其他行政村庄老年人就拒绝他们的入住申请。访谈中，XC 村村支部书记 WYZ 谈到，"不是所有的老人都可以入住，只有本村老人才可以入住。我们办幸福院是有意义的，现在周边很多人想来我们村庄，说是愿意交 800 元或者 1000 元的伙食费给幸福院，但是我们都不接收他们，因为我们这里接收每个老年人的成本大致一个月需要投入 750 元，然后我收我们村庄老年人的伙食费为 300 元，我们需要贴一些钱，因为他们是本村的村民，我们是为了本村的老年人有一口热饭吃才开办的。如果接受其他村的老年人，我们需要贴很多钱啊。"②

目前，该村中的"五保户"老年人已经由政府安排到其他地方的机

---

① 费孝通：《乡土中国》，华东师范大学出版社，2018 年版第 68 页。
② 访谈资料来自 2021 年 2 月 4 日在 XC 村慈善幸福院对 XC 村支部书记 WYZ 的访谈。

构养老。因该市全面铺开农村幸福院提质增效工作，政府为农村"五保户"老年提供机构养老，访谈中，该村支部书记 WYZ 谈到，"今年这个市委书记说要开一个常委会，要将这个农村幸福院全面铺开，市人大来调研下看看需要什么制度。现在好像这个农村的'特困户''五保户'他们都收走，给一个地方的幸福院包办了，目前政府给'特困户'老年人一个月政策补助有 1300 元，好像还不止，他们机构一个月就拿 300 元给这些老人，其他的政府给的钱全部被他们机构收走。'五保户'由那个机构供养，那个机构在市区里面。"①

（三）LLHJ 村村委会动员老年人接受慈善幸福院服务

LLHJ 村慈善幸福院于 2013 年开始建设，至今已发展 8 年多，但在运营中，并无实质性的发展成效，总体规模与成立之初并无实质差别，尤其在人气聚集方面，和以前相差不大，在管理方面质量会好一些。据 ZXL 院长介绍，在慈善幸福院建设阶段，为了学习先进的管理经验，他曾经到 HT 村慈善幸福院以及 XC 村慈善幸福院参观，学习该两村慈善幸福院在食堂方面如何管理，请教炊事员如何制作饮食、如何满足老年人就餐需求等，以及请教 HT 村慈善幸福院负责人如何运营发展慈善幸福院。据此，再针对自身村庄慈善幸福院情况进行构思。他认为，之所以没有实现发展质量质的飞跃，是因为慈善幸福院聚集的老年人数量偏少，因为农村老年人比较随意，老年人存在有的时候来慈善幸福院就餐、有的时候又不来的问题。

LLHJ 村慈善幸福院在经营发展中，面临最大的问题便是动员老年人接受服务的问题，正如访谈中，院长 ZXL 谈到，"因为我们的村庄是在山上，目前最主要的是人气的问题，比如说你现在有 20 位老年人需要吃饭，我们需要煮菜，那这样大家的菜就一起煮，阿姨去买菜也便宜，只不过炒多一点、炒少一点，有什么区别呢。但是，在煮菜方面，阿姨现在感觉很难做，现在出现一个问题啊，就是老人高兴的时候来，不高兴的时候就不来，今天来，明天又跑到哪里去了，我们都不懂，有的时候啊，为了找他们吃饭，我们就到处去找，不知道他们又跑到哪里去了，

---

① 访谈资料来自 2021 年 2 月 4 日在 XC 村慈善幸福院对 XC 村支部书记 WYZ 的访谈。

可能去其他村庄他们的亲戚家了。"①

对于老年人来说，白天到慈善幸福院就餐不需要缴纳费用，只有入住才需要缴纳每个月320元的费用。在J区的12所慈善幸福院中，每个慈善幸福院实施的收费标准都不统一，但是该院长认为，每个村庄慈善幸福院都需要贴钱，都是对老年人象征性收取费用的。

该幸福院院长认为，J区农村敬老院主要设置在乡镇，但是一些乡镇有设置，一些并未设置，也并非所有的"五保户""鳏寡"等都可以入住敬老院。对于老年人而言，更适应村庄慈善幸福院。因此，该村慈善幸福院对于邻近村庄想申请入住的老年人，无论是哪个村委会或者自然村，只要老年人能够自理、只要愿意来，都愿意接收。因为他认为，具有自理能力的老年人，可以自由走动，在精神上健康，幸福院基于慈善，他认为多来几个入住老年人，都能接受，即便慈善幸福院贴钱接受入住也无所谓。但是，他也认为，数量如果过多也不行，毕竟慈善幸福院空间容纳能力及运营成本承担能力有限。此外，他认为，之所以挑选具有自理能力的老年人入住，是因为该村慈善幸福院在医养结合养老服务等方面还存在不足，毕竟地处山区，对于失能、高龄等老年人的照护条件还不是特别好，该类老年人对慈善幸福院管理及服务能力要求高，慈善幸福院无法接收他们的全托要求。访谈中，院长ZXL继续谈到，"有一位老人去年来住了一段时间，就回去了，因为他来了半年以后就生病了，有点痴呆，智力和精神上有点问题，后来，住在这里以后，不知道走到哪里了，找不到。"②

但该村慈善幸福院对村庄外老年人入住实施较为严格的措施，如要求老年人需要由家属或者村干部负责陪同办理入住手续，为确保老年人生病或者出其他问题的时候可以找到他们充当第一联系人，以便安排他们将老年人及时接回去或者送老年人到医院治疗。据院长介绍，该慈善幸福院曾经发生过一个案例，有一位外村老年人，她未抚养亲生子女，而养育了其他人的子女，但是到了她老了以后，该两群

---

① 访谈资料来自2021年3月4日在LLHJ村慈善幸福院对院长ZXL的访谈。
② 访谈资料来自2021年3月4日在LLHJ村慈善幸福院对院长ZXL的访谈。

子女的家庭都有负责她养老的义务责任。但是她的亲生子女对她的态度并不好。老年人在慈善幸福院摔倒头部直流血，慈善幸福院将老年人摔倒的视频等发给她亲生子女，希望他们了解到并非慈善幸福院导致老年人摔倒，而是老年人自己不小心摔倒。但是老年人的亲生子女都未回复电话。因此，慈善幸福院希望此类老年人如果申请入住，应有相应的对接联系人负责。

该村慈善幸福院对村庄的老年人尤其是"孤寡""空巢"等老年人，尽量动员他们到慈善幸福院入住。从村庄的治理角度而言，需要动员此类老年人到慈善幸福院入住，尤其J区台风活跃，在台风来临的季节，村委会需要开展村庄特殊人员的管理及登记等排查工作，减少台风造成的人员伤亡，尤其需要确保老年人安全。访谈中，慈善幸福院院长ZXL继续谈道，"有一个'孤寡'老人，台风来的时候，就他一个人落在破房子里面，我们要去背他出来，把他用车拉回来，台风来了，又是拉不走啊，我都去背呀，没办法，当时开的就是这辆车，我们这辆车还好，因为这个村庄的道路全部硬化，在我负责的时候全部都硬化了，我将老人背到村委会来，然后买东西回来给他吃。所以说，如果一些'孤寡'老人，我们就需要动员他们到这里集中入住"。①

村庄老年人之所以不愿意入住，是因为他们认为，自己还能够在自然村庄田地中种菜，有两三亩地可以耕种，还可以在山上自由活动、干农活。该院长认为，山里的老年人与城市中的老年人不一样，城市中的老年人原来都是有工作单位，他们有职务及职称等，文化教育程度高，养老意识比较强。山里的老年人，长期在山沟里生活，白天在山上干活、种菜，习惯了该类生活方式。该院长继续谈道，"从经济的角度来说，老年人自己在家里吃饭等的伙食费，按照目前的物价水平，老年人使用320元经费远远不够。但是如果他们到慈善幸福院，我们就可以给他们多补贴一些，让他们可以很好生活。只要我们多到外面跑一些项目，获得一些资金，就可以补贴他们用。"②

---

① 访谈资料来自2021年3月4日在LLHJ村慈善幸福院对院长ZXL的访谈。
② 访谈资料来自2021年3月4日在LLHJ村慈善幸福院对院长ZXL的访谈。

院长认为，如果村庄这些老年人能够来入住，那么有二三十人的规模，慈善幸福院也能够很好开展管理工作。虽然慈善幸福院在硬件实施、餐饮等各个方面都比老年人居家好很多，但是老年人及子女的意识不到位，导致他们不愿接受慈善幸福院的服务。实际上，一些老年人的子女在村庄中，家庭中有人，但是大部分老年人子女外出务工，家庭中并没有人照顾老年人。老年人独自在村庄家中，如果遇到生病等，他们都不知给谁打电话。如果老年人愿意来到慈善幸福院，可以和其他老年人在一起打牌、聊天等，慈善幸福院也愿意出价收购老年人种植的蔬菜。访谈中，该院院长 ZXL 谈道，"我和老年人说，你种的菜，你自己要是不煮，可以卖给我们食堂啊，便宜点卖给我们，你自己种白菜也好，干啥也好，可以赚点钱，思想上也有个寄托。"①

该村与另外一个行政村 HX 村原来为同一个行政村，由于 HX 村的自然村已经达到 30 多个，因此，后来便调整划分为两个行政村，即 LLHJ 和 HX 两个行政村，但是两村在土地、林地等各类资源方面都存在交叉，虽然形式上已经划分为两个行政村，但资源还未完全划分。院长 ZXL 谈道，"我们是属于跟子女分家一样，虽然分了，但是，其实还是连在一起的感觉。"② 此类情况在 J 区中并不多见。

第四节 小结与讨论

本章第一节主要描述村集体建设慈善幸福院。包括村委会决策慈善幸福院建设，供给慈善幸福院建设用地等。J 区村集体在发展慈善幸福院中，重视开展村庄老年人机构养老需求调查，重点以 HT 村、XC 村等多个村庄慈善幸福院为例，描述他们坚持"以民为本"服务理念，对村庄老年人机构养老需求等展开调查，全面掌握村庄老年人的性别、年龄、居住方式、健康水平和经济状况等情况，村委会与 J 区慈善总会、民政局等多方进行多次讨论，共同论证建设发展慈善幸福院的必要性。

---

① 访谈资料来自 2021 年 3 月 4 日在 LLHJ 村慈善幸福院对院长 ZXL 的访谈。
② 访谈资料来自 2021 年 3 月 4 日在 LLHJ 村慈善幸福院对院长 ZXL 的仿谈。

本节还描述村委会供给慈善幸福院建设用地,实施集体土地所有权转让决策与法定程序,获得村集体成员的同意及支持。与持有集体土地承包权、经营权的村民协商,获得他们的同意出让土地,并签订相应的土地承包权、经营权回收协议。重点描述 HT 村、XC 村供给慈善幸福院建设用地,村委会干部通过实施动员、劝说等"简约治理"方式,获得村民同意出让承包的集体土地使用权,召开相应会议进行表决,经过投票决定土地征收补偿价格方案。

本章第二节主要描述村委会供给慈善幸福院建设及发展的资金、人力资源。在慈善幸福院建设发展中,J 区依据农村幸福院相关规定,要求村庄依据集体经济现实情况,投入相应的设施建设及运营发展资金。HT 村将乡村振兴战略实施作为重要任务,打造多姿多彩的历史文化名村,发展村集体经济。村委会通过法定程序,从村集体经济中适量支出经费投入慈善幸福院建设,每年大致投入 10 万元左右运营发展,促进慈善幸福院运营发展收支平衡以及可持续发展。XC 村以党建引领生态文明建设,以"绿盈乡村"建设为抓手,打造"生态美、百姓富"的新农村,促进村集体经济发展,如 2019 年该村村财收入达 23.5 万元,确保有充裕经费投入慈善幸福院建设发展,在建设阶段该村投入 28 万元,占总投入的 23.3%,在发展阶段适当投入经费,确保慈善幸福院实现收支平衡。村庄慈善幸福院还实施规范的财务管理制度。BZ 村集体经济薄弱,村委会正计划加大基础设施建设,改变村容村貌,实现村庄产业振兴,打造休闲旅游少数民族特色古村,发展乡村旅游经济。该村慈善幸福院建设发展经费,主要依靠政府相关部门资金政策,以及市区慈善总会汇集资金注资。LLHJ 村集体经济也较为薄弱,仅持有水电站部分股份以及茶叶林场。在村庄慈善幸福院建设发展中,经费主要依靠政府部门投入,以及村庄乡贤汇集社会资源等注入,村庄慈善幸福院设立有独立账户。

本节还描述村委会供给慈善幸福院人力。一些村庄通过招投标的方式实施"代建"慈善幸福院模式,村委会主要按照合同约定负责支付资金,以及组织小部分村民出工出力参与设施建设,如 BZ 村慈善幸福院建设就实施"代建"模式。但大部分村庄慈善幸福院都实施"自建"

模式，由村委会负责代建，村委会干部积极动员村民免费出力，发挥农村非正式互助精神，如 HT 村慈善幸福院设施建设就由村委会分期推进代建。在管理人力方面，由村支部书记兼任慈善幸福院院长，并聘请两名专职人员负责购买食材、烹饪、卫生保洁等事务性工作。XC 村慈善幸福院也实施"代建"的建设模式，主要由村干部组织村庄村民积极志愿参与，但是在涉及一些技术技能工作方面，村委会则给予专业人士支付相应工费。村庄村民基本都能够发挥志愿帮扶的精神及作用，建设村庄慈善幸福院设施。XC 村与 HT 村相类似，也聘请多名工作人员负责慈善幸福院事务工作，不同之处在于该村重视老年人之间的互助服务，以及重视村民入院为老年人提供服务，积极吸纳村庄志愿者，壮大村庄志愿者服务队伍。

本章第三节主要描述村委会动员老年人接受慈善幸福院服务。在农村发展慈善幸福院中，老年人及子女对慈善幸福院养老的准确认知需要有一个漫长的过程，这就需要村干部开展相应的动员工作，促使老年人及子女尽早接受村庄机构养老新观念思想。HT 村干部积极开展动员工作，村委会主任沿着农村"差序格局"社会关系中与'己'由近而远的关系路线，不断动员家庭中有老年人的近亲血缘亲戚、好友等支持老年人接受慈善幸福院养老服务。同时，村委会在村庄中加强子女赡养父母的养老责任、村集体经济组织助老职责等村规民约内容宣传，并在宣传中融入了我国新时期农村养老新思想、新观念以及《中华人民共和国老年人权益法》内容等，促使老年人及其子女养老观念改变，促进子女支持父母到慈善幸福院接受养老。同时，在尝试接受村庄慈善幸福院服务中，老年人及子女将慈善幸福院提供的日间照料、入住服务等与在自家就餐、居住等相比，大多认为提供的日间照料就餐服务类似于"老年人食堂"，免费又方便。XC 村干部在动员老年人接受慈善幸福院服务的过程中，村委会主任以身作则、积极发挥带头示范作用，将母亲送入慈善幸福院，促进村庄慈善幸福院老年人入住率提升。该慈善幸福院老年人入住最多的时候达到 33 名，该村将未来老年人入住率的提升，寄望于市领导对各村庄幸福院实施提质增效措施。但该村慈善幸福院并非对所有村庄的老年人都开放，如他们对附近其他行政村庄老年人的入住申请就进行拒绝。LLHJ 村慈善幸福院成立至今已有八年多，但是村庄慈善幸福院在老年人入住方面，入住率偏低。院长在动员老年人接受慈善幸福院服务方面存在困难，原因在于村庄老年人经济条件较差，无法支付相应的三五百元入住缴费，他们大部分都需要通过种田等劳作实现自我养老。慈善幸福院院长重点动员"孤寡""空巢"等老年人入住，以减少村庄在治理方面的压力，尤其是在台风频发的季节，保障该类老年人的生命安全。该村接受其他行政村少量老年人入住，但是，对入住程序实施的严格要求，如要求老年人需要由家属或者村干部对接办理入住手续，确保老年人生病或者出其他问题的时候可以找到第一联系人。

第五章 慈善总会发展行政村机构养老

第一节 慈善总会建设慈善幸福院设施

一 慈善总会概况

(一) 中华慈善总会

中华慈善总会成立于1994年，是经中国政府批准依法注册登记，由热心慈善事业的公民、法人及其他社会组织志愿参加的全国性非营利公益社会团体。总会常设有办公厅、党委办公室、筹募部、项目部、对外联络部、财务部和新闻办公室等机构。目前，总会在全国拥有260多个会员单位。以发扬人道主义精神，弘扬中华民族扶贫济困的传统美德，帮助社会上不幸的个人和困难群体，开展多种形式的社会救助工作为宗旨。

中华慈善总会成立至今，始终坚持恪守总会宗旨，积极倡导慈善意识，努力开拓慈善工作服务领域，广泛动员社会力量，多方筹措慈善资金，配合政府有关部门在紧急救援、扶贫济困、安老助孤、医疗救助、助学支教等方面做了大量工作，取得了显著成绩。近几年，中华慈善总会特别注意发挥自身特有的涵盖面较为宽泛的特点，开展救灾、扶贫、安老、助孤、支教、助学、扶残、助医八大方面几十个慈善项目，逐步形成遍布全国、规模巨大的慈善援助体系。截至目前，直接募集慈善款物共折合人民币40多亿元，救助数以千万计的困难群众。中华慈善总会秉持公开、公正、依法、自律的财务理念，社会公信力稳步提升，实行严格的财务制度和审计制度，聘请国际知名的毕马威国际会计师事务所进行年度财务审计，开展的许多重大募捐活动都接受国家审计署审计，并随时接受社会监督。

中华慈善总会不断加强对外联络工作，与港澳台、海外的许多公益慈善机构建立良好的合作关系，共同实施多项合作项目，得到国际慈善组织的普遍认同。如1998年，中华慈善总会加入国际联合劝募协会，成为该组织中唯一的中国会员。作为我国最大、最有影响力的慈善组织之一的中华慈善总会，成为联系海内外华人和国际友人，共同促进我国慈善事业稳步发展的一条重要枢纽。

(二) 福建省慈善总会

福建省慈善总会是中华慈善总会的重要会员单位，近年在募集资金、发展公共服务方面发挥了重要作用。如2013年，福建省慈善总会开辟资金筹募渠道、推进慈善工作网络建设、慈善项目实施和开发等，共募集18.364725亿元，其中，省级慈善总会募集4352.74万元；中华慈善总会给予药品救助等实物折款1.965905亿元；各市、县（市、区）级慈善总会募集善款合计15.963546亿元（含物折款），包括Q市共筹集7.6378亿元，居全省第一，F市共筹集近3.2440亿元。2013年，福建省慈善总会共支出15.690851亿元（含物折款），共实施慈善项目2500多项，直接惠及160万多名群众。福建省慈善组织网络不断扩大，截至2014年2月，在福建省93个市、县（市、区）级行政区中，已成立86个慈善组织、覆盖率达到92.5%。2014年，福建省慈善总会第三届理事会第二次会议提出，将扩大福建省农村慈善养老试点范围，计划建设30座"慈善幸福院"，并初步筛选在F市L县、N市J区、P县和Z县等地试点。

福建省慈善总会发展J区慈善幸福院试点工作，慈善总会会长等领导多次召开相关会议研究J区慈善幸福院建设情况，并亲临现场调研。如福建省民政厅QW副厅长，ZRS副厅长，TR处长，福建省慈善总会常务副会长AGQ，秘书长WCH，时任副会长XHN、LZH、CHL等领导多次深入J区农村多所慈善幸福院，对村庄慈善幸福院设施选址、建设和发展管理等工作，提出许多指导性意见与建议。如2019年，福建省慈善总会常务副会长 AGQ 一行就到 J 区慈善幸福院开展调研，N 市慈善总会副会长等陪同调研，AGQ 针对 J 区慈善幸福院发展管理工作等主题召开座谈会，仔细观看 J 区慈善幸福院建设工作纪实宣传片，调研运营管理的财力保障、安全保障、服务提升、院务管理和收入状况等，高度肯定慈善幸福院安装的"智慧安防系统"，认为该系统为入住老年人安全健康提供保障，同时指出 J 区将养老与慈善相结合开展的慈善幸福院项目取得了良好成效，在福建省起到带头示范作用，赞赏 J 区慈善总会不辞艰辛的努力和付出，表示福建省慈善总会将一如既往支持 J 区慈善幸福院项目建设，希望 J 区慈善总会继续努力，加强指导帮助，注重后续管理服务，创新创收方式，让慈善幸福院发展越来越好。

（三）J 区慈善总会

J 区慈善总会是一个经 J 区民政局批准依法注册登记，由热心慈善事业的公民、法人及其他社会组织组成，是 J 区区委、区政府直接领导的非营利性公益社会团体。J 区慈善总会的宗旨为，发扬人道主义精神，弘扬中华民族扶贫济困的传统美德，组织开展慈善活动，为社会弱势群体提供救助。任务是动员和组织社会力量捐资捐赠、聚集慈善基金，资助兴办慈善事业和社会公益事业；促进协调灾害事件中的救济工作，帮助孤、老、病、残和贫困等生活困难群体，加强同国内外、省内外及港、澳、台湾地区慈善团体的联系与合作，组织热心慈善事业的志愿者队伍，宣传开展各类社会慈善活动。

J 区慈善总会成立于 2011 年，现有专、兼职工作人员 13 名，内设办公室、项目部、志愿者部、财务部、募资部和会员部 6 个部门，法定代表人 LTS 为退休公务员。目前，J 区慈善总会成立有 20 个慈善专项基金和 200 个慈善微基金，募集善款合计 7000 多万元，组织开展 50 多个慈善志愿服务公益项目，直接救助困难群众 2 万多人次，惠及困难群众 10 多万人次和 270 多个村庄，发展 25 支慈善志愿服务队和 700 多名慈善志愿者。2014 年，获得中华慈善总会授予的"中华慈善组织突出贡献奖"；2016 年，获得中国社会组织评估授予的五星级社会组织荣誉称号。

二　J区慈善总会建设慈善幸福院设施

（一）J区慈善总会选择村庄试点慈善幸福院

J区慈善幸福院项目还处于试点阶段，能够纳入参与试点的村庄数量极为有限，至今合计发展有12个行政村慈善幸福院试点项目。J区慈善总会高度重视合作试点村庄的选取，认为目前我国城乡养老、医疗等公共服务资源具有二元性，农村公共服务资源远远滞后于城市，农村老年人尤其是山区农村老年人，养老需求无法得到满足，需要加强支持和帮助。同时，J区慈善总会认为，随着我国实施"美丽乡村"建设、"乡村振兴"战略，国家对农村建设发展投入力度加大，但各村庄之间也存在公共服务资源发展不均衡、不平衡等问题。如一些农村集体经济基础虽不好，但有很多市级领导挂钩，这些村庄村委会办公楼中经常挂有很多项目和基地的牌子，持有各类型项目，也即村庄公共服务资源相对丰富，该类村庄便不适合作为慈善幸福院试点。访谈中，J区慈善总会负责人LTS谈到："虽然这类村庄存在一旦挂钩领导换掉，村庄项目便存在无法得到有效实施，项目可持续发展受到影响的风险，村庄资源慢慢会变少，但是这些村庄无论怎样都比那些经济差的村庄都好很多，那些村庄才更需要我们的支持。"[①] 还有一些村庄具有良好的经济基础与资源，足够供给老年人养老服务等，J区慈善总会也不会选择此类村庄合作试点慈善幸福院项目。J区慈善总会主要选择村集体经济基础薄弱，获得政府等相关公共资源较少，老年人具有真正养老需求的村庄，作为合作单位共同试点慈善幸福院项目。事实上，J区发展12所慈善幸福院的村庄，大部分都是此类村庄。

（二）J区慈善总会选择村干部试点慈善幸福院

村干部在村庄公共服务发展中扮演着重要角色，需要发挥主动性、积极性，整合村庄内、外闲置社会养老资源以及政府养老资金等政策资源，如动员村庄村民出资、出力共同参与慈善幸福院建设发展工作；对

[①] 访谈资料来自2020年9月8日在J区慈善总会办公室对慈善总会负责人LTS的访谈。

村庄老年人及子女宣传，动员他们接受慈善幸福院机构养老新思想新观念，动员子女支持老年人到慈善幸福院获得日间照料或入住。J区慈善总会在开展村庄慈善幸福院试点中，高度重视村庄干部在合作发展慈善幸福院项目中的作用，认为如果村干部相应能力与责任心缺乏，则无法为村庄慈善幸福院入住老年人提供切实的养老服务，将使得慈善幸福院项目最终沦为"形象工程"，难以实现可持续发展；如果村庄干部能力和责任都较强、发展慈善幸福院的理念及思路都比较先进，那么选择该类村庄试点发展慈善幸福院，则可以为老年人提供机构养老保障。因此，J区慈善总会在选取合作村庄试点慈善幸福院项目中，除了考察村庄集体经济情况外，还重点考察村干部的能力、责任心、发展理念、思路等。

随着J区一些村庄慈善幸福院试点项目的顺利发展，J区BD镇的XL村、HT镇的TH村、CX镇的BZ村、FL镇的ED村等十多个村庄的村干部都积极联系J区慈善总会，积极争取合作试点村庄慈善幸福院项目。J区慈善总会重视对村干部的考察，访谈中，J区慈善总会负责人LTS谈道："我们在选取合作试点村庄中，遇到一些村庄的干部来找我们争取资金支持，我们会对村干部发展慈善幸福院养老服务的理念和思路等进行了解，主要考察村干部是否具备为村庄老年人服务的思维和理念，因为有的村干部根本就不懂如何发展慈善幸福院，不懂如何为老年人提供服务，那么他们可能是因为看到其他的村庄发展这个不错，也跟着来要支持，但还没有想清楚到底怎么开展。"① J区慈善总会负责人LTS认为，如果村干部具备为村庄老年人提供养老服务的科学思路和理念，村庄慈善幸福院往往能够取得良好的发展成效。访谈对象慈善总会负责人LTS继续谈道，"我们发展慈善幸福院不是为了建设一个形式上的慈善幸福院'空架子'，不是为了政绩，也不是为了完成上级的指标与任务，这些我们在和村干部的聊天中，都可以获得他们的想法，他们主动来找我们争取资源，我们主要从这些方面去考察他们的想法和思路，如果遇到一些

---

① 访谈资料来自2020年9月8日在J区慈善总会办公室对慈善总会负责人LTS的访谈。

村干部建设发展慈善幸福院理念不对，我们会对他们进行指导与引导。"①J区慈善总会选取合作试点慈善幸福院项目的12个村庄，村干部的综合素质与能力都较强，在建设发展中，既能够与民政局、扶贫办等政府部门进行良好沟通，获得相应资金等政策支持，又能够很好地组织村民共同出资出力建设发展慈善幸福院，能够成功动员老年人接受日间照料或者入住的服务。

（三）J区慈善总会考察村庄实际养老需求

J区慈善总会在选取村庄合作试点慈善幸福院项目中，重视考察及掌握村庄老年人实际养老需求。J区慈善总会认为，虽然目前J区大部分农村中的中、青年劳动力外出务工，老年人无法跟随子女到城市共同居住生活，即便老年人到城市中生活、也无法在城市中获得充裕的养老服务。农村中需要养老服务的老年人类型，主要为"空巢"、失能、半失能等特殊老年人群体，他们普遍面临医疗、护理等照护不足问题，需要心理支持、精神慰藉以及日常照料等服务，尤其是当他们出现生病或者摔倒等应急事件时，子女等家庭成员往往不在身边，无法及时为他们提供照料及送医等。但各个村庄老年人构成情况及实际养老需求情况有所不同，即各个村庄老年人总体养老需求具有异质性，因此，J区慈善总会在选取合作试点村庄中，重视对村庄老年人养老需求的考察，即对村庄建设发展慈善幸福院项目必要性的论证。如一些村庄老年人数量比较少，"空巢""孤寡"等老年人群体数量有限，就不具备发展慈善幸福院项目的必要性，此类村庄老年人对机构养老需求不足，即使建设慈善幸福院，也无法确保慈善幸福院可持续发展，相反，更容易使得慈善幸福院项目沦为"形式化"工程。访谈中，J区慈善总会负责人LTS谈道，"有的一些村庄很小，没有几个老年人，都是'空巢'老年人，这样的村庄发展慈善幸福院是没有意义的，因为人数少，最后我们如果建设了幸福院，结果是没有老年人来入住。我们现在资源稀缺，就需要将这些宝贵的资源投入到那些老年人多且有实际的养老需求的村庄中，不是每个村庄都要

---

① 访谈资料来自2020年9月8日在J区慈善总会办公室对慈善总会负责人LTS的访谈。

去建设和发展慈善幸福院,不要一刀切发展慈善幸福院,而是需要因村制宜,一村一策。"①

J区慈善总会在选取12个行政村试点慈善幸福院中,合作试点前期,都参与村庄老年人养老需求调查,并依据各个村庄老年人数量,包括老年人性别、年龄、文化程度、经济状况、家庭结构以及健康状况等情况,和村庄干部一起判断、分析村庄老年人实际养老需求,以及论证试点慈善幸福院项目的必要性,实现科学化决策村庄建设发展慈善幸福院。

(四)J区慈善总会参与村庄慈善幸福院设施选址

我国行政村主要由自然村落构成,行政村或者由单一自然村落构成、或者由多个自然村落构成,生活于村庄的村民对于自然村落的界限感较为明显,他们认为处于同一自然村落的村民为"自己人",因为在生活中经常与同一自然村落中的村民交往、相互之间的了解更多、信任感更强。相较而言,与同一行政村但不属于同一自然村落村民之间的社会关系亲疏感次之,即与他们之间的亲疏程度,与相互间居住空间的地理距离有一定的相关性。

J区慈善总会重视慈善幸福院设施建设用地选址工作,与各合作村庄村干部以及政府相关部门工作人员一起开展选址工作。J区慈善总会认为,设施选址首先应该考虑行政村内部的自然村落布局情况,选址较为适合设置于同一行政村的两个或者多个自然村落之间的中间地带,从而避免将选址偏向某一自然村庄。偏向某一自然村落的选址容易导致其他自然村落的老年人担心到慈善幸福院接受服务遭受排斥,从而影响他们到慈善幸福院接受服务的的积极性。访谈中,J区慈善总会负责人LTS继续谈道,"慈善幸福院如果设立在村庄中大自然村落,小自然村落的老年人到那里养老,看到里面的老年人大部分都是来自大自然村落,他们就有压力,怕被排斥、被欺负,也就不太愿意去那里养老了,

---

① 访谈资料来自2020年9月8日在J区慈善总会办公室对慈善总会负责人LTS的访谈。

所以说，这个幸福院的建设地址选择非常重要。"① 因此，J区慈善总会在参与慈善幸福院设施选址中，主要兼顾到行政村大、小自然村落布局情况。

J区慈善总会还认为，慈善幸福院设施选址必须具有便利性，必须设立于方便老年人及子女出入的位置，因老年人随着年龄的增长，身体机能日益衰退，行走功能走向衰弱，便利的位置有利于他们频繁往返于慈善幸福院及子女家庭之间，也方便子女等经常到慈善幸福院探视老年人。J区慈善总会与村干部在考察设施选址中，通常都会征求老年人的意见和建议，征求他们对选址位置的要求，对选址位置便利性以及周边环境等的看法及意见。其次，J区慈善总会与村委会在选址中，还重点考虑将慈善幸福院设置于与村庄小学校舍、医疗室等场所相接近的区域，便于聚集村庄村民，提升慈善幸福院周边人气。如J区慈善总会和J区CX镇HT村村委会在开展慈善幸福院设施选址中，就共同决定选择村庄靠后山地段的两亩土地，因该地段环境幽静、地理位置便利、周边场地空旷，方便老年人及子女经常出入，方便村民白天带小孩到慈善幸福院凉亭打牌，晚上到慈善幸福院门口小广场跳舞等，慈善幸福院老年人受此感染、生活也将更加充实。

第二节　慈善总会供给慈善幸福院人力

J区慈善总会选取合作试点开展慈善幸福院项目的村庄大多为"空壳"村庄，村庄中大部分中、青年劳动力外流。慈善幸福院养老服务工作具有特殊性，工作量大且对服务人员的医疗、护理等专业技术技能及奉献精神等都有较高要求。以村落为边界，村庄慈善幸福院的"内生型"志愿者显然不足，对村落外部"外人"② 即"外源型"志愿者人力资源

---

① 访谈资料来自2020年9月8日在J区慈善总会办公室对慈善总会负责人LTS的访谈。

② 何朝银：《革命中的差序格局——以土改时期的义序为例》，《东南学术》2019年第1期。

存在大量需求。因此，J 区慈善总会大力发展区域志愿者服务队伍，具体措施及做法如下：

一 J 区慈善总会组织志愿网络
（一）慈善总会志愿队伍

网络是社会资本的重要构成，是一种通过对"体制化关系网络"的占有而获取的实际的或潜在的资源的集合体。这种"体制化的关系网络"是与某个团体的会员制相联系的，获得这种会员身份就为个体赢得"声望"，并为进而获得物质的或象征的利益提供了保证①。

J 区慈善总会发展志愿会员单位及志愿者成员，积极动员政府科层制组织网络中的发改、财政、文化、体育、团委、妇联和工商联等相关职能部门、企事业单位加入慈善总会会员单位。我国政府组织遵循科层制设立，科层制政府以严格的组织体系为前提，以稳定的组织交割、完备的规章制度为基础，具有一套成熟而有效的约束和监督机制②。近年我国政府鼓励发展志愿服务，2019 年 1 月，习近平总书记在天津考察时就对志愿服务做出重要指示；同年 7 月，习近平总书记在致我国志愿服务联合会第二届会员代表大会的贺信中，再次对志愿服务作出指示，激励引导广大人民群众自觉践行为人民服务理念追求。

J 区政府相关职能部门、企事业单位及成员、社会自由职业者等在 J 区慈善总会的动员以及国家领导的激励下，大部分主动加入 J 区慈善总会，成为会员单位或者个人成员。慈善总会对加入的单位会员或者个人会员设有一定的条件及要求，即会员需要具备一定的条件并履行相应的义务及享受相关的权利。J 区慈善总会要求申请加入总会的会员，必须具备如下条件：一是拥护 J 区慈善总会章程；二是愿意履行会员义务，自愿申请加入总会；三是热心慈善事业，愿意为慈善事业作贡献；四是实施会员入会程序；五是提交入会申请书，并经常务理事会或授权机构讨论

---

① Bourdieu P, "Le Capital Social：Notes Provisoires", *Actes Rech. Soc*, No. 31（1980）, pp. 2—3.

② 韦伯：《儒教与道教》，洪天富译，江苏人民出版社 1995 年版，第 92 页。

通过才发放会员证。

J区慈善总会要求会员需要履行相应的义务，具体为：一是执行慈善总会决议；二是维护慈善总会合法权益；三是参加慈善总会组织的有关活动，完成慈善总会分配的工作任务；四是按时缴纳会费；五是向慈善总会反映情况，提供有关资料。

J区慈善总会对会员规定可享受的权利有：一是总会的选举权、被选举权和表决权；二是参加慈善总会的活动；三是取得慈善总会服务的优先权；四是对慈善总会工作的批评建议权和监督权；五是入会自愿、退会自由。J区慈善总会规定，会员退会应当书面通知总会，并交回会员证，会员无正当理由一年不缴纳会费或者不参加J区慈善总会开展的活动，视为自动退会；会员如有违反国家法律法规或严重违反J区慈善总会《章程》的行为，按照《章程》规定予以除名。

成立至今，J区慈善总会共建立有由1000多名志愿者组成的25支志愿者队伍，志愿队伍名称分别为"金色年华""爱心车队""爱满人间""环三兴港""时代爱心""慈心善行""天天向善"等，他们通过为慈善幸福院老年人送上服务，成为偏僻村庄老年人亲切的陪伴。

（二）慈善总会志愿管理制度

J区慈善总会对志愿者会员单位及成员实施激励表彰管理制度。每年重要节日，慈善总会都推动J区区委、区政府表彰优秀的志愿单位和个人，如2018年，在J区慈善总会推动下，区委、区政府就对表现突出的33家企业（单位）、21名企业家、12支慈善志愿者服务队和39名慈善志愿者等进行表彰，具体为对"S科技股份有限公司""X科技有限公司"等33家企业（单位），ZYQ、ZYW等21名企业家、"金色年华""爱心车队"等12支慈善志愿者服务队，FMH等39名慈善志愿者等进行表彰。2019年，在J区慈善总会成立周年庆典中，区委、区政府对志愿单位和志愿者颁发年度"慈善楷模奖""慈善贡献奖""慈善技能奖"和"慈善精金奖"等多个奖项。

如对2010—2019年表现优异的"N市职业中专学校""N市第四中学"等10家单位，"七彩阳光"、"温馨善意"等14支慈善志愿者服务队、XSP、LWL等82名慈善志愿者进行表彰，其中，授予S茶叶公司"爱心企业"荣誉牌匾，因其在2019年"敬老助老"慈善公益活动，乐于奉献爱心、宣传慈善文化，营造人人敬老的社会新风尚，承担企业社会责任。

在疫情特殊时期，J区慈善总会还联合X科技有限公司，在J区区长HBL、N市民政局局长YLH以及区领导HBH、LXP、LXC、CLS、WMS等的带领下，分别到N市医院、N市中医院、N市康复医院、N市人民医院、FD市医院和FD市中医院等6所医院慰问60多位援鄂抗疫医疗队志愿队员，为他们每人分别送去1万元慰问金，颁发抗疫纪念品和荣誉证书，授予他们"慈善突出贡献奖"荣誉称号。J区慈善总会积极营建浓厚的区域社会慈善文化氛围，如在全国公益慈善报等媒体上宣传慈善总会先进典型慈善项目及志愿者事迹等，通过宣传增强志愿者的"价值理性"[①] 追求及志愿身份认同。

二 J区慈善总会供给慈善幸福院人力

（一）普通时期慈善总会供给慈善幸福院人力

J区慈善总会志愿者队伍成员主要为来自各行各业的相关人士，如有来自机关、团体、企事业单位工作人员，有新闻、教师、医护等行业成员及各界爱心人士，他们因爱心相聚，成为慈善志愿者。慈善总会为加强对志愿者的管理，根据志愿者专长，将志愿者分门别类组建为25支具有特色的志愿者服务队伍，并给予相应的命名。志愿者队伍对应J区16个乡镇街道开展志愿服务，服务内容涵盖扶贫开发、文化宣传、环境保护、科学普及和医疗问诊等领域，开展高质量志愿服务。

据统计，从2011年成立到2021年1月，J区慈善总会志愿者参与慈善公益活动数量达7万多人次，帮助全区300多个村庄及社区困难群众2万多人次，投入志愿服务时间合计达30余万小时。访谈中，J区慈善总会副会长WMX谈道，"我们总会与一些思想先进的爱心人士，特别是一

[①] 韦伯：《社会学的基本概念》，顾中华译，广西师范大学出版社2005年版，第23页。

些爱心企业家，跟志愿者们一步一个脚印，穿梭大街小巷，走遍乡村海岛，一边帮助困难群众，一边宣传慈善事业，用行动感动越来越多的人们参与到我们的慈善队伍中。许多志愿者身兼数职，在开展志愿服务中，从未叫过苦、喊过累，他们原本可以在节假日好好休息，却依然在走村入户的山路上行走，助学调查、助困走访、义演义诊，在向善而行的道路上，他们不分彼此，义无反顾。"[1]

J区慈善总会对志愿者开展志愿精神及技术技能培训，组织志愿者队伍与J区12所慈善幸福院开展"结对"服务，组织成员按照各自专长为慈善幸福院老年人提供医疗、护理、理发等专业服务，如来自卫生部门的志愿者负责为老年人提供医疗、保健等服务；来自团委、妇联等部门的志愿者负责为老年人提供文化娱乐活动等服务。志愿者的爱心、耐心、无私的奉献精神，以及医疗护理等相关技术技能，保障了服务老年人质量。以J区卫计局"白衣天使"慈善志愿服务队为例，该支志愿服务队自成立以来，参与30多场的慈善志愿服务活动。访谈中，"白衣天使"志愿者LXK谈道，"当初去做志愿者本来是任务参与，但在参与过程中觉得这么做有意义，是应该做的，也就转换为自觉行动，就坚持下去，农村老年人非常需要我们提供养老服务。"[2]

"金色年华"慈善志愿服务队，由志愿者FMH组建，在2014年初，该负责人年逾7旬，带领着一群和他年龄相仿、喜欢唱歌的歌友和家人一起加入了慈善总会志愿者队伍，组建该志愿队伍。5年多来，他组织带领这些人均年龄70多岁的老队员，常年在J区先锋广场为民众服务，用歌声、用小手传递着大爱，参与慈善情暖万家，敬老院慰问，爱心捐助以及义演、义诊等一系列志愿活动。每逢到农村幸福院以及慈善幸福院慰问，他们都带上演出器材，为农村老年人送上美妙的歌声。他们看到老人们开心、自己也觉得快乐。大部分志愿者在退休后投身慈善事业，他们都自己出资购买乐器，开展各类义演活动，为偏远乡村和幸福院老年人送去各种文艺节目。他们的志愿奉献精神以及文艺服务成为J区慈善

---

[1] 访谈资料来自2019年12月6日在J区慈善总会办公室对副会长WMX的访谈。
[2] 访谈资料来自2019年12月6日在J区慈善总会办公室对志愿者LXK的访谈。

工作的一道亮丽风景线，不仅让 J 区的老年人，贫困家庭享受到精神滋养，更让整个 N 市的老年人也感受到慈善温暖。

J 区慈善总会志愿者实施各种宣传措施，积极汇集社会志愿人力资源，服务慈善幸福院老年人，以"汇友爱心""天天向善"慈善志愿者服务队联合慰问 HT 村慈善幸福院为例，这两队志愿者主要通过微博、微信等方式向社会发布招聘志愿者信息，如信息内容为："项目地点为 CX 镇 HT 村慈善幸福院；服务类别为敬老服务、社区服务；服务对象为'孤寡'老人'残障'人士；招募日期为 2018-07-29 至 2018-07-30；项目日期为 2018-07-29 至 2018-07-30；发布日期是 2018-07-29；服务时间为 2018 年 7 月 30 日早上 7：30-12：30；志愿者保障主要为提供饮水志愿服务工具，其他志愿绶带；岗位为志愿者；计划招募 30 名；岗位主要为老年人提供理发，打扫卫生、包饺子服务；岗位条件为具有爱心、有责任心。"通过该方式，"汇友爱心""天天向善"志愿者慈善服务队汇集社会志愿者资源，联合慰问 CX 镇 HT 村慈善幸福院老年人，为老年人送去大米、油、菊花茶、沐浴露、洗发露、牙膏等生活用品；志愿者们为老年人清理房间卫生，清洁电风扇，洗衣服等，有的志愿者还为老年人剪头发，和老人们一起包饺子，让老年人感受到温暖和幸福。又如 2020 年 9 月，"聚艺乐善""金色年华"慈善志愿者文艺演出小分队，来到 BZ 村慈善幸福院，以《迎国庆中秋，情暖慈善幸福院》为主题，献上一场精彩的文艺演出。J 区委常委、统战部部长 CXY 出席活动。在幸福院里，志愿者们和老人们亲切交谈，详细询问老人们身体生活情况，为他们分发牛奶、油、大米等慰问品。老人们脸上洋溢着开心的笑容，饱含深情地表达了对党和政府的赞叹和感激，称赞党和政府视群众为亲人，视群众的事为家事，事事为百姓着想，称赞党的好政策。当天，现场还进行爱心企业捐赠仪式。

J 区慈善总会为慈善幸福院提供人力服务，提升了老年人的获得感幸福感安全感。以 HT 村为例，截至 2021 年 1 月 1 日，志愿者为幸福院提供的服务合计有 9834 人次，服务时长有 29000 多小时（见表 5-1）。

表 5-1　HT 村慈善幸福院运营发展中慈善总会志愿服务人力资源供给情况
（2021 年 1 月 1 日）

项目	慈善幸福院项目运营发展养老服务供给					
年度（年）	2015	2016	2017	2018	2019	2020
志愿者（人次）	1056	1248	1440	1728	2016	2346
总时数（小时）	3168	3744	4320	5184	6048	7022

资料来源：N 市 CX 镇 HT 村村委会提供。

（二）新冠肺炎疫情期慈善总会供给慈善幸福院人力

2020 年新冠肺炎疫情期间，情况越是危急，慈善总会越凝聚社会爱心力量，当好防疫一线工作人员的贴心人。从 2020 年 2 月 4 日开始，LWJ、WMX、YP 等慈善总会领导班子成员，放弃休息时间，带领 ZHQ、YW、LTS、PML、GHZ、HSZ 等多名志愿者深入医院、高速路口、环卫处、乡镇和社区等，为奋战在一线的工作人员送去关怀和帮助。其中，常务副会长 WMX 带领志愿者先后前往村镇、社区、农村幸福院、慈善幸福院、福利院、孤儿院等开展慰问活动。

J 区慈善总会志愿服务队伍"环三兴港""民建同心""爱心帮帮""天天向善""金色年华""春草阳光""慈心善行"和"相约绿音"等主动捐款捐物，以不同方式贡献力量，彰显志愿服务队的爱心善意和责任担当。其中，"蕉城新闻"志愿者服务队在第一时间响应新闻应急处置方案，除夕当天便组织志愿者队员到岗就位，深入第一线，用镜头记录 J 区疫情阻击战战况，报道战线上的感人事迹，为广大民众释疑解惑，平息谣言造成的"抢米风波"。"爱满人间""向善奔跑"等志愿者服务队提前结束假期，组织志愿队员协助村居干部开展入户摸底排查、疫情统计工作，动员志愿者捐款捐物、报名参加一线防控工作人员慰问活动。

J 区慈善总会发起捐款倡议，其中，YXJ、PML、WZS、FMH、PLP、ZKF、YTS、CSH、CZ、SXS 等志愿者带头发起募捐接龙行动，短短几个小时之内，便筹集爱心款 6 万多元。访谈中，志愿者 PML 自豪地说道，

"能为防控一线提供帮助,能为防疫工作奉献力量,我觉得很有意义"①。虽然加入J区慈善总会仅一年多,但志愿者PML在疫情期间贡献的爱心却不少,她不仅带领"爱心帮帮"志愿者服务队带头捐款,还利用自身和团队的资源帮助购买口罩、消毒液和蛋糕等物资,经常与慈善总会工作人员一起深入派出所、高速路口检疫站、动车站等,以及到慈善幸福院等开展送温暖、献爱心活动。

在国内防疫物资严重短缺,口罩、消毒液等被抢购一空,甚至出现脱销的情况下,J区慈善总会工作人员联合志愿者,在筹募工作中多方联动,竭尽所能采购口罩、酒精和消毒液等物资。组织他们骑着摩托车走向大街,挨个询问药店和超市;组织他们利用自己的资源和关系网络,从线上到线下、从国内到国外,购买防控物品。

第三节 慈善总会供给慈善幸福院资金

一 J区慈善总会募集资金

J区慈善总会汇集资金、物资等资源,积极发动社会各界爱心人士、区内外企业家等慷慨捐资捐赠,至2021年1月1日成立有20多个慈善专项基金和200多个慈善微基金,累计募集善款7000多万元,将相关资金、物资等资源投入于慈善幸福院、农村幸福院等农村养老以及教育等公共服务领域,履行慈善总会公共服务职责。

(一)J区慈善总会利用"特殊信任"募集资金

J区慈善总会负责人LTS在退休前夕,基于J区党组织希望他挑起筹建J区慈善总会工作,承接起建设发展慈善总会的责任,他接受担任慈善总会负责人。自负责工作以来,他从未领取过工资,也几乎没有休息日,在慈善总会筹建期间,他甚至利用亲戚对他的"特殊信任",说服家人、朋友和亲戚,募款合计十多万元,投入于慈善总会的成立发展工作。

民营企业家是J区慈善总会获得捐赠收入的重要资金来源渠道。为获得N市本地籍在地民营企业家支持,J区慈善总会通过该类企业家的亲

---

① 访谈资料来自2020年9月7日对志愿者PML的电话访谈。

属、朋友等人际关系网络，对企业家开展捐资捐赠宣传、动员等工作。此类企业家基于对亲朋好友"血缘""业缘"等人际"特殊信任"，大多愿意接受动员、捐资捐赠。为获得在外办企业的本地籍企业家捐资捐赠，慈善总会负责人 LTS 拖着带病的身体，利用周末等假日时间，带领慈善总会筹备组成员到上海、苏州、西安等 J 区籍贯企业家相对集中的城市，宣传慈善理念，希望他们捐资捐赠支持家乡农村养老以及教育事业发展。该类企业家基于对慈善总会工作人员同乡"地缘"的"特殊信任"，大多能够积极捐资捐赠。如 N 市上海商会的一位企业家 LQ，原来只答应捐款几十万，但是见到 J 区慈善总会会长 LTS 及多位成员多次到上海等地开展劝捐工作，很受感动，决定以她个人及母亲的名义合计捐 200 多万，并且在不到半个月的时间内捐款全部到账。J 区慈善总会对该类 J 区籍企业家实施的"精英路线"募款方式，取得良好成效。如在 J 区慈善总会成立大会当天，J 区籍企业家共认捐 860 万元，远远超过 J 区慈善总会原来预估的 100 万元捐赠数量，经过不懈努力，至慈善总会成立时，到账善款达到 2300 多万元。

全国慈善总会网络也是 J 区慈善总会获得捐资捐赠的重要载体与路径。省、市和区级慈善总会同处全国中华慈善总会组织系统，处同一组织系统便于 J 区慈善总会共享相应的募款资源。如一些热心捐赠、乐于奉献的企业家经常委托福建省慈善总会或者 N 市慈善总会中的熟人、老乡等帮忙寻找适合的助老捐赠项目。J 区慈善总会获得该类信息后，经常主动对接契合该类企业家捐资需求的项目，及时回应他们对熟人和老乡人际"特殊信任"，获得相应的捐资资源。

（二）J 区慈善总会利用"制度信任"募集资金

国外相关法律对捐赠者可以获得税收优惠激励早有规定，我国与捐赠相关的企业税收法对此也有相应规定，即捐赠可以获得减税，企业捐赠当年的税前扣除额在比较捐赠额与年度会计利润的 12% 大小之后确定，如果捐赠额大于与企业捐赠当年年度会计利润的 12%，则依据年度利润的 12% 扣除，如果小于 12%，则依据实际捐赠额扣除。如 2016 年，我国颁布的《中华人民共和国慈善法》规定，如果企业当年的捐赠额大于当年年度会计利润的 12%，无法将捐赠额全部从当年应纳税所得额度中扣除时，企业可以将之前未享受税前扣除的捐赠额向后累计结转三年。

当前我国并非所有的慈善组织都具有公益性捐赠税前扣除资格，J区慈善总会是被政府认定为具备公益性捐赠税前扣除资格的慈善社会组织。因此，只要企业家向J区慈善总会捐赠，便可以享受税收优惠。慈善总会在动员企业捐资捐赠中，积极宣传《中华人民共和国慈善法》相关优惠激励制度，进一步调动企业家捐资、捐赠积极性。在落实企业税收法及《中华人民共和国慈善法》等相关规定基础上，还实施为捐赠者颁发荣誉证书等相关激励制度。如针对一些捐赠数目较大，对区域社会发展贡献较大的企业家颁发荣誉证书，给予该类企业家相应的精神奖励，为J区慈善文化发展营建良好的氛围。

一些企业家具有主动捐资、捐赠老年人群体的捐赠意向，基于对慈善总会等组织的"制度信任"，主动要求J区慈善总会帮忙寻找适合接受捐赠的老年人，满足自身定向捐资捐赠需求。J区慈善总会对此进行积极回应，及时帮助他们寻找适合接受捐赠的老年人，有效对接捐赠方与受捐赠方之间的需求。还有一些作为拟受捐赠方的老年人，在私下联系好具有捐赠意向的企业家、双方达成捐赠与被捐赠一致意向后，便主动委托J区慈善总会负责管理捐赠资金。J区慈善总会对此实施捐赠资金免费管理制度，为双方提供服务，进一步提升区域慈善组织"制度信任"。访谈中，J区慈善总会负责人LTS对此谈道，"将捐赠资金交给我们管理，可以减少捐赠与受捐赠方之间的捐赠资金支付、收取等事务性工作，我们不向他们收取捐赠款的管理经费，对他们来说也很有好处，因此，他们都很信任我们。"①

（三）J区慈善总会利用"普遍信任"募集资金

利用人际关系中的"特殊信任"以及"制度信任"等，对本地籍企业家实施"精英路线"募款方式，虽然可以在短期内汇集一定数量的资

---

① 访谈资料来自2020年9月8日在J区慈善总会办公室对慈善总会负责人LTS的访谈。

金及物资,但是具有较大不稳定性,容易受企业家个人状况及区域乃至全国社会经济发展大环境因素影响。J区慈善总会在实施"精英路线"募款方式的同时,利用区域社会中的"普遍信任",大力实施微基金等"众筹路线"募款方式,汇集社会资源。如J区慈善总会将J区南环路打造成"慈善一条街",鼓励沿街店铺参与各类慈善活动,安排慈善志愿者服务队驻扎该街道中的先锋广场和"慈善爱心屋"两个慈善文化阵地,长期开展慈善公益活动;J区慈善总会在"爱心一条街"实施"爱心一元捐""爱心储罐"等微基金募款方式,并相应出台《爱心商家评选办法》《慈善蕉城"爱心一元捐"项目管理办法》等多项捐款管理规章制度,规范慈善项目资金管理,募款取得良好成效,相关案例如下:

1. 众筹募资方式

(1)"爱心一元捐"公益活动

在J区闻名的"慈善一条街"中,许多企业和商铺等都是"爱心一元捐"活动的参与者。所谓"爱心一元捐"公益活动,即指顾客在店铺内每消费一次,商铺都会返还一元钱给顾客,经由顾客投入到店铺"爱心一元捐"募捐箱中。J区慈善街上的商家、企业及顾客等,基于对慈善事业的"普遍信任",都积极参与"爱心一元捐"公益活动,形成商家热心慈善事业、员工积极参与公益活动、群众乐意奉献爱心的区域浓厚慈善氛围。"爱心一元捐"活动实施至今,参与人数合计达30多万人次。

(2)"爱心储罐"公益活动

J区慈善总会基于慈善理念,精心设计充满人性化的慈善储罐"爱心储罐"。2012年,"爱心储罐"一经推出,短短几天内,就走进J区千家万户,J区民众积极认领,至今,已被认领一万多个。每个爱心储罐都设有编号,慈善总会实施现场开罐的方式,将全部募款资金登账入册,在网络上公开。慈善总会在为爱心储罐捐款人发放的"爱心存折"中,盖有"天天向善慈善专用章",给予捐款人良好的精神激励,也促进捐款人对慈善事业的"普遍信任"。正如美国的社会学家福山认为,社会资本应该是"诚实、互惠、互相信任,信任的作用像一种润滑剂,它使一个群体或组织的运作更有效"①。

(3) "爱心一日捐"公益活动

2011年底,J区慈善总会会长正忙碌筹建慈善总会工作,在一次偶然的机会中得知,有一位名叫ZH的12岁小女孩患上急性淋巴白血病,入住省协和医院已有一个多月,花费了十多万元医疗费,后续治疗费用至少还需要50多万元。ZH家庭贫困,面临无钱医治的困境。J区慈善总会会长LTS决定发动社会力量进行募捐。他将自己作为第一位捐款人,积极动员社会爱心人士捐赠,爱心人士陆续将善款汇入慈善总会专项救助账户。慈善总会会长又与闽运出租汽车公司发起"闽运的哥一日捐"公益活动,参与活动的爱心的士司机都将一天的运营收入全部捐献给ZH,最终,参与慈善"爱心一日捐"的人数达到了2万多人次。2012年3月20日,慈善总会会长LTS带着9万多元的爱心资金,冒雨驱车将来自社会各界的爱心资金交给ZH的母亲,ZH的疾病也因此得到及时救助与康复。

总之,在普通时期,J区慈善总会通过上述各类公益活动的众筹方式,汇集社会资金,再将资金投入帮助区域慈善幸福院"孤寡""五保户"等老年人养老等帮扶工作。

2. 新冠肺炎特殊时期众筹募资

在新冠肺炎疫情特殊时期,J区慈善总会积极实施疫情防控募款行动。为了打赢这场没有硝烟的战争,慈善总会领导根据J区区委、区政府和疫情防控工作领导小组的工作部署,以身作则、率先垂范,数月来亲临一线现场,组织工作人员和志愿者全力阻击疫情。如2020年1月26日,慈善总会领导带领工作人员率先捐款,发起"抗击新冠肺炎疫情"募捐倡议,志愿者及爱心企事业单位、爱心人士积极捐款。截至该年3月底,J区慈善总会累计收到善款善物124.62万元(其中,善款93.06万元,善物价值31.56万元)。具体为:J区慈善总会内部700多名志愿者参与捐赠活动,集资购买16万元的物资;X科技有限公司带头履行企

---

① 福山:《信任:社会美德与繁荣的创造者》,李宛容译,台湾立绪文化事业有限公司1998年版,第67页。

业社会责任，捐赠 60 万元；福州 SD 学校捐赠 20 万元；MD 茶业有限公司定向捐赠 5 万元；SQ 集团乘用车福建分公司组织员工和志愿者捐赠 1.32 万元；JB 派出所党支部和 N 市 YZ 协会党支部分别捐赠 1.07 万元、7226 元；区人大代表 ZZS 和政协委员 ZSM 夫妻花费近 5 万元购买口罩、皮肤黏膜消毒液等物资，用实际行动践行慈善大爱精神。

福建省 H 购物广场有限责任公司向防疫一线提供物资，帮助 J 区慈善总会采购慰问物资，为周边群众提供生活基础物资，以爱心折扣价满足困难群众和老年人的购买需求，并无偿捐赠 2 万元物资。J 区幸福西饼蛋糕店 LYJ 和其他 6 名志愿者连夜赶做、包装 600 份蛋糕，捐送在高速路口检疫站的防疫人员。XQH、ZKF、FYL 等爱心人士利用自身资源，高价购买口罩、防护服和消毒液等物资，为防疫工作人员提供关爱和帮助……抗疫期间，还有无数感人事迹。志愿者 HMG 女士，一位 83 岁的老人，她将省吃俭用攒下的 1 万元养老钱捐出去；J 城中学学生 CJX 也将自己攒存的 4000 元压岁钱捐出来，访谈中，她谈到："疫情期间，作为学生，无法像白衣天使们那样与病毒作斗争，但我也想为国家出一份力。"①

（四）J 区慈善总会利用文化影响力募集资金方式

1. 慈善法律制度文化

优良传统文化是一种重要的社会资本，我国具有"尊老爱老"传统文化及乐善好施的慈善文化，文化对慈善资源的汇集具有强大的影响力。为深入学习宣传、贯彻《中华人民共和国慈善法》，弘扬中华民族扶贫济困传统美德，践行社会主义核心价值观，J 区慈善总会举办各类相关主题的公益活动。如 2019 年，J 区慈善总会联合摄影家协会举办"慈善蕉城"摄影大赛活动，活动从部署宣传、作品征集到作品评选历时 3 个多月，合计征集 1000 多个摄影作品。通过摄影家协会评选小组评分，再进行综合平衡，最终确定一等奖 1 名、二等奖 2 名、三等奖 5 名、优秀奖 25 名，推动区域慈善文化氛围提升。

2015 年 11 月，在审议慈善法草案时，草案规定每年 9 月 5 日为中华

---

① 访谈资料来自 2020 年 9 月 10 日对志愿者 HMG 的电话访谈。

慈善日，2015年12月，对慈善法草案二次审议稿进行修改完善，新的修改稿拟规定"中华慈善日"为每年9月5日。2016年9月1日实施的《中华人民共和国慈善法》规定，每年9月5日为"中华慈善日"。它的设立旨在客观认识并动员全体公民、非政府组织和利益相关者，通过志愿者和慈善活动帮助他人，为建构社会主义和谐社会、弘扬中华民族乐善好施、扶弱济困的传统美德，积极营造良好的社会风尚。J区慈善总会结合"中华慈善日"主题，深入学习宣传、贯彻落实慈善法，推动J区慈善事业健康有序发展。在每年的9月5日慈善日，都举办"中华慈善日"主题系列活动，动员J区全体市民、非政府组织等参加助老志愿者慈善活动。如2018年9月1日，J区慈善总会主办、J区各慈善志愿者服务队承办、N市艺术馆、N市晚报等协办的以"慈善让生活更美好"为主题的第三个"中华慈善日"公益晚会。

2. J区慈善传统文化

XL村是N市首个"慈善文化教育基地"，是"N市慈善扶贫第一村"，也是N市ZR县慈善名人郑宗远故里。明嘉靖年间，ZR县与外界交通不畅、道路险远、匪徒出没，自古便有"行道难甚于蜀道难"之说。仙岭"愚公"郑宗远举家之力、开山破土、修路架桥，被授予"七品冠荣身""德义兼隆"的荣誉称号，XL村建有全省慈善文化教育基地。

近年来，N市慈善总会大力推行"慈善+"创新模式，深入挖掘全省慈善文化教育基地、德义兼隆的"明朝愚公"郑宗远事迹和村民乐善好施传统，在该基地中定期举办慈善文化节活动，大力宣传郑宗远乐善好施事迹，以节庆促进本土慈善文化宣传，以节庆培育慈善理念，发挥慈善文化影响力、汇集慈善资源。如2019年5月13日，第四届N市慈善文化节就在ZR县开幕，N市人民政府副市长HJL、N市政协副主席LGP，各主办单位领导及各界慈善志愿服务队、慈善工作者相聚XL村参加活动，300多名来自全市各界的慈善家、爱心人士欢聚一堂，携手传播正能量，文化节以"弘扬慈善精神，培育慈善文化"为主题，由N市慈善总会与ZR县相关部门联办。一支支精彩动人的舞蹈，一首首优美动听的歌曲，一个个引人入胜的节目，赢得观众热烈的掌声和欢呼声，现场还举行"我慈善我快乐我健康我长寿"签名、慈善文艺义演、"XL村慈善幸福院"揭牌、"艺术人生，展示风采"、"崇敬慈善人物，弘扬慈善精神"、慈善文创展演、慈善斋和慈善义卖义捐等系列活动，让爱心人士、游客充分感受到XL村浓郁的慈善氛围。

J区慈善总会不断创新慈善活动，丰富慈善活动内涵，努力将慈善文化节办成慈善总会工作交流、慈善人物评选表彰、慈善典型培育传播的节庆活动，把XL村打造成集观光、旅游、教育为一体的慈善文化实践基地，借助郑宗远热心慈善公益的优良传统传播，进一步弘扬慈善文化。据统计，自2013年开始举办本土慈善文化节活动，J区慈善总会通过活动合计筹资1200万元，建成郑宗远慈善广场，大力弘扬中华"善"文化，营造浓厚的慈善文化氛围，先后接待全国各地游客1200批次、合计7万余人，有效促进慈善文化传播，全面带动慈善文化建设。

二 J区慈善总会供给慈善幸福院资金

J区慈善总会通过"特殊信任""制度信任""普遍信任"等，实施"精英路线"及"大众路线"募款方式，汇集物资、资金等社会资源。如2018年，J区慈善总会第二届理事会第二次会议在美伦大饭店召开，会议公布J区慈善总会在省市慈善总会、机关企事业单位及爱心单位人士共同努力下，全年慈善捐款收入达到505.8万元。J区慈善总会将捐款资金投入于"情暖农村慈善幸福院"，"重阳尊老敬老"等多个助老慰问慈善公益项目中；2019年，J区慈善总会第二届董事会第三次会议上，J区慈善总会副会长WMX报告2019年的成绩单时，公布该年度慈善总会慈善资金总收入为631.4万元，捐赠物资折合人民币有63.92万元，J区慈善总会围绕创建"慈善蕉城"目标，紧密围绕区委、区政府精准扶贫中心工作，将相关资金投入于"情暖慈善幸福院"等助老慈善项目中。

2013年，N市慈善总会对J区6个村庄试点的慈善幸福院设施建设分别都补助9万元资金，同年，在省慈善总会负责人YJS亲自关怀下，J区6个慈善幸福院获得建设补助总资金达120万元。目前，J区慈善总会根据各慈善幸福院实际运营情况，每年给予每所慈善幸福院补助2万—3万元，J区慈善总会还和区工商联共同牵头，组织区各商会（含异地商会）与农村慈善幸福院开展"一对一"结对帮扶，给予农村慈善幸福院资金、物资支持，确保各慈善幸福院都能够实现"建得起、住得好、可持续"发展。以HT村慈善幸福院为例，市慈善总会合计给予HT村慈善幸福院养老服务设施建设费5万元支持；J区慈善总会将HT村慈善幸福院纳入其与福建省慈善总会合作开展慈善幸福院试点单位，合计给予该幸福院设施建设费75万元，每年给予7.5万元管理服务费。J区慈善总会履行了上为党委、为政府分忧、下为困难群体解愁、协助化解社会矛盾，促进社会和谐稳定的社会责任和义务。如LLHJ村慈善幸福院在建设过程中，得到了省慈善总会的鼎力相助，不仅给予20万元资金补助，同时还获得其帮助协调有关单位给予支持。2015年，该村村委会对此特立功德碑铭记。

第四节 小结与讨论

本章第一节主要介绍慈善总会的简况及慈善总会建设农村慈善幸福院设施。描述中华慈善总会在全国拥有260多个会员单位网络，逐步形成遍布全国、规模巨大的慈善援助体系，在开展救灾、扶贫、安老、助孤、支教、助学、扶残、助医等方面发挥重要作用。其中，福建省慈善总会提出，将扩大农村慈善养老试点范围，初步筛选在N市J区、P县等县市开展试点工作。J区慈善总会成立20个慈善专项基金和200个慈善微基金，募集善款7000多万元，组织开展50多个慈善志愿服务公益项目，直接救助困难群众2万多人次，惠及十多万人次和270多个村庄，发展25支慈善志愿服务队和700多名慈善志愿者。J区慈善总会在发展慈善幸福院中，主要选择村庄集体组织经济基础薄弱，相关公共服务资源较少的村庄；选择村庄干部能够整合社会、政府和村集体等养老资源，能够促进老年人及子女改变养老旧观念、接受机构养老新观念，能够动员老年人接受服务，能够动员村庄村民出资、出力参与慈善幸福院发展，责任心、能力都较强的村庄。慈善总会和村干部共同调查掌握村庄状况，分析村庄老年人机构养老需求,将慈善幸福院设施建设选址定于同一行政村的自然村落之间、具有便利性,方便老年人及子女出入,或者选择设置于与村庄小学校舍、医疗室等场所相接近的区域。

本章第二节主要描述J区慈善总会组织志愿网络以及J区慈善总会供给慈善幸福院人力情况。J区慈善总会大力发展区域志愿者人力服务资源队伍,构建会员制志愿组织网络,实施会员制制度,对申请加入的单位会员或者个人会员设立一定的条件,要求履行一定义务以及给予相应的权利。成立至今,J区慈善总会合计建立了由1000多名志愿者组成的25支志愿者队伍。志愿者队伍开展志愿服务数量达7万多人次,帮助全区300多个村庄社区困难群众2万多人次,志愿服务时间达30余万小时。尤其在疫情期间,志愿者开展大量的爱心善意和责任担当凝聚社会爱心力量活动。J区慈善总会对志愿者开展志愿精神及技术技能培训,组织志愿者队伍与J区12所慈善幸福院开展"结对"服务,组织志愿者按照各自专长为慈善幸福院老年人提供医疗、护理、理发等专业服务,与政府、村委会等主体共同供给慈善幸福院服务人力资源,提高老年人晚年生活质量,以HT村慈善幸福院为例,慈善总会志愿者组织都提供了大量的志愿服务。J区慈善总会对慈善志愿队伍实施表彰等激励制度,在每年重要节日,都推动J区区委、区政府共同表彰优秀志愿单位和志愿者个人。在疫情特殊时期,J区慈善总会领导亲自带领志愿者为慈善幸福院提供服务。

本章第三节主要描述J区慈善总会募集资金以及供给慈善幸福院资金。J区慈善总会实施"精英路线"募款方式,利用爱心人士、企业家等对亲属朋友等的"特殊信任",动员在地企业家及本地籍在外企业家捐资捐赠,募集物资和资金等资源。此类企业家基于"血缘""业缘"等人际关系"特殊信任",较多愿意接受动员,积极捐资捐赠。慈善总会网络也是J区慈善总会获得捐资资源的重要载体与路径,J区慈善总会利用社会对慈善总会的"制度信任",获得捐资捐赠资源。国外以及我国企业税收法等相关法律,对捐赠者都有相应的激励制度规定,J区慈善总会利用捐赠税收减免的制度规定获得相应的捐赠。J区慈善总会还实施"众筹路线"募款方式，在普通时期，将 J 区蕉城南环路打造成"慈善一条街"，并在"爱心一条街"开展"爱心一元捐""爱心储罐"等公益活动，募集社会资金；在疫情特殊时期，J 区慈善总会继续开展募集口罩、消毒液等物资及捐款，为慈善幸福院建设和发展等提供资金支持。J 区慈善总会还利用慈善法律和慈善文化的影响力募款，深入学习宣传、贯彻慈善法，举办各类活动，挖掘发扬光大区域慈善文化传统。J 区慈善总会将募集的相应资金投入建设发展慈善幸福院，也获得了试点村庄的认同和感谢。

第六章　家庭发展行政村机构养老

第一节　家庭建设发展慈善幸福院

家庭参与慈善幸福院发展

家庭养老是农村老年人主要养老方式，具有精准性和低成本的优势，可为老年人提供经济支持、日常照料和精神慰藉等①。尽管 J 区老年人入住行政村慈善幸福院可以获得服务，也切实减轻了子女的负担，但子女依然是老年人养老的主要责任主体，需要积极参与慈善幸福院发展。在 J 区 12 个行政村发展慈善幸福院中，老年人及子女都通过不同方式参与建设及发展工作。

（一）加入应急事件处理小组

老年人在慈善幸福院生活中，因为身体机能衰弱的原因，经常出现摔倒、突然昏厥等紧急事件，对慈善幸福院管理工作带来风险与挑战。紧急事件的成功处理需要子女等家属的积极参与及配合。因此，一些行政村慈善幸福院成立应急事件处理小组。如 HT 村慈善幸福院就组建了由子女、HT 村所在镇派出所民警、慈善幸福院工作人员以及村干部等组成的紧急事件处理小组。之所以将子女等家庭成员纳入小组，正如访谈对

---

① 穆光宗：《中国传统养老方式的变革和展望》，《中国人民大学学报》2000 年第 5 期。

象 HT 村村干部 HY 谈到的，"子女们加入到应急事件处理小组，因为他们知道老年父母的身体情况，能够准确判断老年人因为什么原因摔倒，到底是血压高还是其他的原因，作为子女，他们比其他人更清楚父母的身体状况，所以，我们的小组成员如果接到应急报警，民警就赶到现场，工作人员一般就马上联系老年人子女，让他们赶到现场提供老年人身体健康方面的准确信息。"①

（二）缴纳慈善幸福院服务费用

为父母接受慈善幸福院服务缴纳相应的费用，是子女履行对父母养老责任的重要方式。参照福建省农村幸福院相关管理制度，J 区行政村慈善幸福院对接受日间照料的老年人，一般免收午餐伙食费用；对入住老年人，则收取低于伙食成本的费用。以 HT 村为例，该村慈善幸福院对不同类型的老年人实施不同的入住收费标准，即根据不同经济状况的老年人实施不同的收费标准，如对"空巢"老年人收取的费用标准为每月 500 元；对"低保户""五保户"和失能、半失能老年人收取的费用标准为每月 400 元。访谈中，该村 HY 继续谈道，"村庄的老人，每个的情况都不太一样，有的老人没有子女，自己也没有收入，这样的老人就需要我们多补贴一些，少和他们收一些钱。还有一些老人，他们的子女有钱，他们自己经济也好，能够出得起这个钱，那我们就可以和他们多收一些。慈善幸福院未来要发展，一定要收费，不然没有那么多钱可以投入。"②当前入住该村慈善幸福院的老年人合计有 29 位，他们的类型分别为："空巢"老年人 14 位，"低保户"老年人 3 位，"五保户"老年人 10 位，失能半失能老年人 2 位。按照慈善幸福院对老年人群体实施的收费标准，入住的"空巢"老年人，每年合计支付 7000 元；"低保户""五保户"和失能、半失能老年人，每年合计支付 6000 元。据此，入住的 29 位老年人平均每年支付慈善幸福院伙食费用合计 15.6 万元，占慈善幸福院年均运营资金投入的 40.39%，接近于运营发展成本投入经费的一半。

老年人对入住村庄慈善幸福院普遍感到较为满意，正如访谈中，HT

---

① 访谈资料来自 2020 年 12 月 3 日在 HT 村慈善幸福院对村干部 HY 的访谈。
② 访谈资料来自 2020 年 12 月 3 日在 HT 村慈善幸福院对村干部 HY 的访谈。

村村主任 HTB 谈道的，"老人们能住在现在这样像宾馆一样的慈善幸福院里，他们都很开心，幸福院建成后，村里报名想住的老人就有 40 多个，还有一些隔壁村的老人也跑来和我们说，他们想来我们村庄幸福院住，他们都觉得这里居住条件好。"① 但目前，J 区慈善幸福院大多数仅限于为本村户籍老年人提供养老。一方面因为，慈善幸福院设施建设及发展的部分经费由行政集体经济组织出资，本行政村户籍集体经济组织成员才有资格获得服务。另外一方面，是因为行政村慈善幸福院空间有限，既无法同时容纳本行政村需要入住的老年人，更无法容纳外村户籍具有机构养老需求的老年人。也因此，HT 村慈善幸福院目前正实施面向本村户籍老年人的入住预约制度。此外，HT 村村干部还考虑到，本行政村内的老年人与村外的老年人之间社会关系较为疏远，若在一起入住，相互之间容易产生摩擦，对慈善幸福院管理工作也将带来难度。

（三）为老年父母提供探视陪伴

经常探视及陪伴入住慈善幸福院的年老父母，也是子女对年老父母履行养老责任的重要体现。子女平时忙于工作，大多只有在节假日或者空闲时间才有空就近到慈善幸福院探望父母，了解他们在慈善幸福院的饮食和作息等情况，和他们谈论家庭生活，并为他们打扫卫生、洗衣服等，让在慈善幸福院的老年父母也可以获得亲情陪伴，提升他们的精神愉悦感。

老年人自身也是实现养老的重要主体。J 区慈善幸福院推行自助养老，实施劳动互帮、生活互助，劳动能力强的老年人负责从事种菜、种果、养鱼等户外作业，劳动能力弱的老年人承担做饭、搞卫生等室内家务工作，身体较为健康的老年人结对帮助体弱多病的老年人，互相帮助解决困难。如在干体力活时，男性老年人帮助女性老年人；做家务活时，女性老年人帮助男性老年人，因此，许多入住慈善幸福院的老年人，都经常在慈善幸福院土地上从事种植、养殖等劳作，正如访谈中，XC 村村支部书记 WYZ 谈到的，"最近我们村庄正规划给慈善幸福院划地，用于老年人种粮食、蔬菜，这样不仅可以丰富老年人的生活，还能增加他们的额外收入，改善慈善幸福院的伙食，实现老年人有钱养老，有地养院，

---

① 访谈资料来自 2019 年 6 月 7 日在 HT 村村委会办公室对村主任 HTB 的访谈。

也可以为慈善幸福院可持续发展提供动力支持。"① 在节假日期间,老年人如果回子女家,还可以从慈善幸福院带回一些自身参与种养殖的鸡、鸭家禽和蔬菜等劳动成果,与子女共同分享。

(四)老年人慈善幸福院养老获得感

为深入了解 J 区慈善幸福院发展成效,本研究设计了调查问卷对上述 12 个行政村中曾接受过或正在接受慈善幸福院服务的老年人展开抽样问卷调查。主要调查他们在慈善幸福院获得日间照料或入住服务的幸福感和获得感等事实资料。本研究合计发出 350 份问卷,回收 320 份问卷,回收率为 91%,其中,有效问卷有 306 份,问卷有效率为 87.4%。样本老年人的结构比例(见表 6-1 和图 6-1)。

表 6-1　　　　问卷调查样本性别、年龄和文化程度分布情况

性别		年龄			文化程度				
男	女	60 及至 70 岁	70 及至 80 岁	80 岁及以上	小学以下	小学	初中	高中/中专	大专以上
98	208	176	92	38	222	42	20	13	9
32.1%	67.9%	57.5%	30.1%	12.4%	72.6%	13.7%	6.5%	4.3%	2.9%

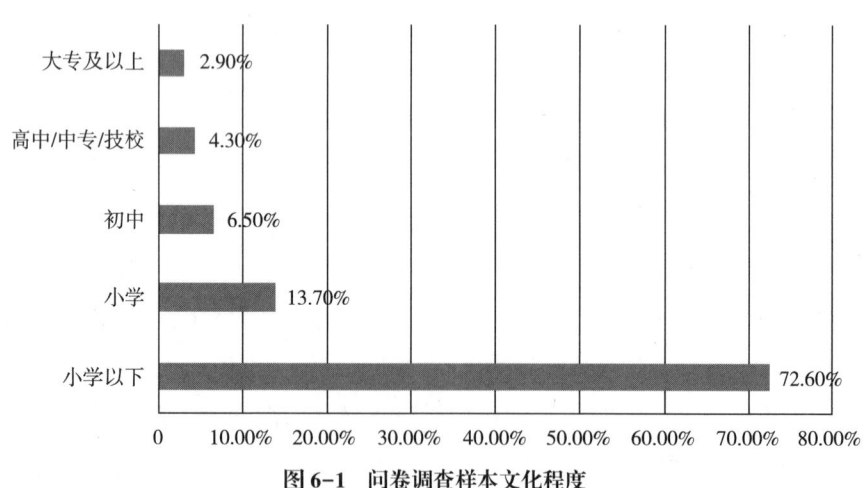

图 6-1　问卷调查样本文化程度

---

① 访谈资料来自 2021 年 2 月 4 日在 XC 村慈善幸福院对村支部书记 WYZ 的访谈。

第六章　家庭发展行政村机构养老

（五）老年人获得慈善幸福院养老服务程度

调查数据显示：对"您获得慈善幸福院养老服务情况如何"的问题，有138人选择"很多"的选项，占样本总数的45%；有63人选择"较多"的选项，占总比为20.8%；有49人选择"一般"的选项，占总比为16%；有33人选择"很少"的选项，占总比为10.7%；有23人选择"没有"的选项，占总比为7.5%（见图6-2）。调查发现，老年人因获得日间照料、入住服务的方式不同，获得服务程度也不一。

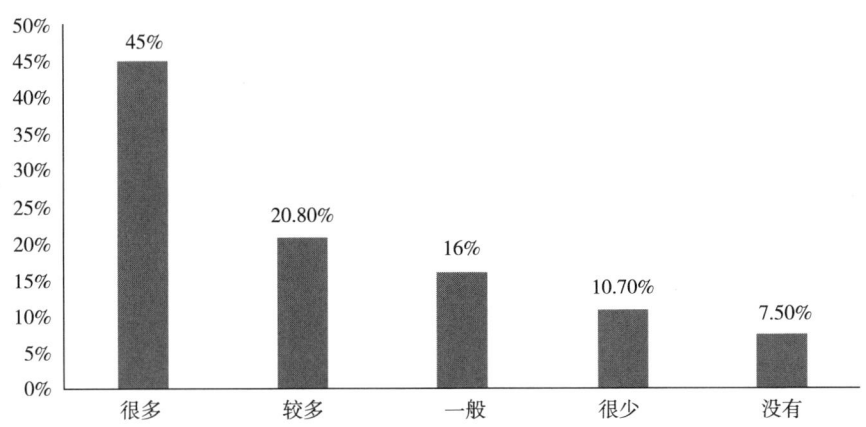

图6-2　老年人获得慈善幸福院养老服务程度

（六）老年人对慈善幸福院养老服务满意度

调查数据显示：对"您对慈善幸福院养老服务满意程度如何"的问题，有250人选择"很满意"的选项，占样本总数的81.6%；有43人选择"较满意"的选项，占总比为14.1%；有7人选择"一般"的选项，占总比为2.3%；有6人选择"较不满意"的选项，占总比为2.0%；没有人选择"很不满意"的选项（见图6-3）。调查发现，因慈善幸福院在村庄中实现"从无到有"发展，老年人对慈善幸福院养老服务满意程度普遍很高，并希望继续发展。

（七）老年人慈善幸福院受益情况

调查数据显示，对"慈善幸福院养老服务您有哪些受益"的多选题，排在第一位的答案是"改善了精神面貌"，有306人选择此项，占样本总

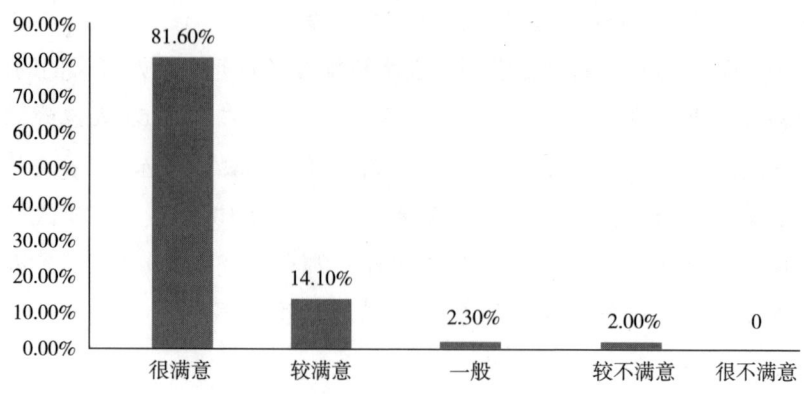

图 6-3　老年人对慈善幸福院养老服务满意度

量的 100%；第二位是"获得了养老物质保障"，有 299 人选择此项，占比为 97.7%；第三位是"获得更多关怀尊重"，有 298 人选择此项，占比为 97.5%；第四位是"提升了养老意识"，有 297 人选择此项，占比为 97.2%；第五位是"养老设施变好了"，有 296 人选择此项，占比为 96.8%（见图 6-4）。调查发现，老年人普遍从慈善幸福院养老服务中受益，最直接的受益即为改善了精神面貌。

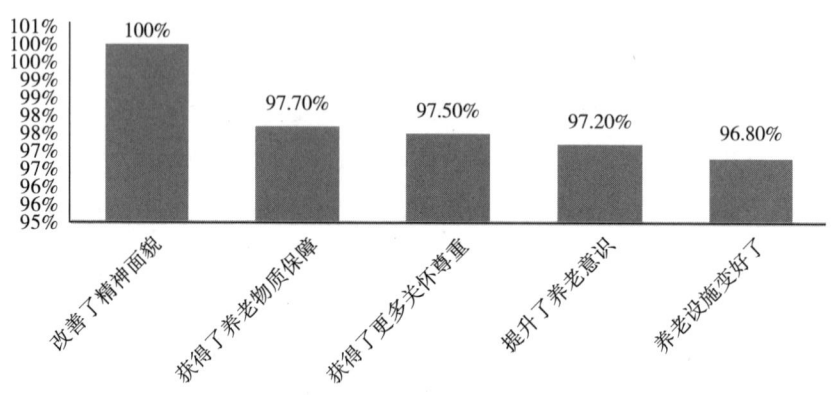

图 6-4　老年人慈善幸福院受益情况

（八）老年人对慈善幸福院养老服务提供主体的认知

调查数据显示，在对多选题"您认为谁为您提供了慈善幸福院养老服务"，老年人选择的答案，排在第一位的是"党和各级政府"，有297人选择此项，占样本总量的97.1%；排在第二位的是"村集体村委会"，有277人选择此项，占总比为90.5%；排在第三位的是"慈善总会等"，有266人选择此项，占总比为86.9%；排在第四位的是"子女及其他亲属"，有198人选择此项，占总比的63%（见图6-5）。调查发现，老年人对慈善幸福院提供的养老服务普遍表示感谢。

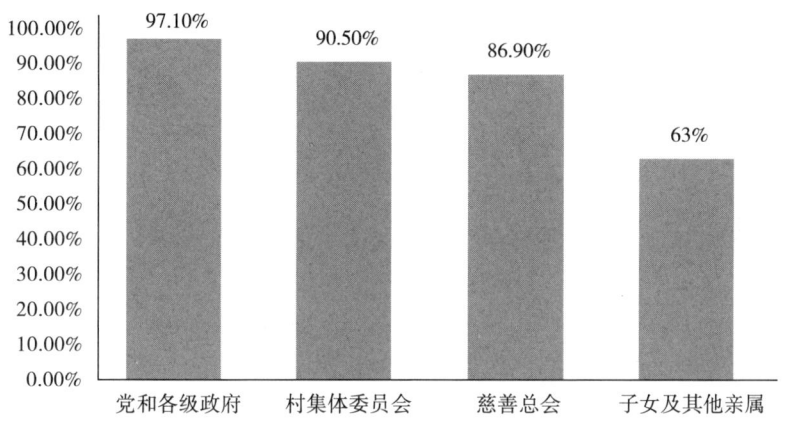

图6-5 老年人对慈善幸福院养老服务提供主体的认知

（九）老年人面临多元化多层次养老服务需求

调查数据显示，在"您排在前十位的养老服务需求分别是哪些？"的多选题中，老年人选择的答案中，排在第一位的为"经济支持"，有294人选择此项，占样本总量的96.2%，说明在经济欠发达地区的农村，老年人养老的物质基础并不厚实，普遍面临养老物质资源不足的问题，需要政府和社会继续给予关注、支持；并列排在第二位的分别是"医疗照护健康"和"心理支持"需求，分别都有292人选择此两项答案，占比均为95.5%，选择两类答案的主要为高龄、患有慢性疾病及失能半失能老年人，他们对医疗和心理等健康养老服务提出更为迫切的需求；排在第三位的是"生活照料家政服务"，有286人选择此项，占比为93.6%；排在第四位的是"精神慰藉"需求，有284人选择此项答案，占比为92.8%；排在第五位的是"紧急救援"，有280人选择此项，占比为

91.6%。总体上,选择"生活照料家政服务、精神慰藉和紧急救援"需求的主要为"空巢""独居"和"孤寡"等经济困难特殊老年人群体。排在第六位的是"爱好培养"需求,选择此项答案的主要为低龄、健康老年人群体,因为他们有足够的时间与精力走出家门,培养自身兴趣爱好,希望提升自身价值感,有278人选择此项,占比为90.8%。排在第七位的是"旅游健身",合计有276人选择此项,占比为90.3%,选择此选项的主要为低龄、健康老年人和部分自身及子女经济较好的老年人。排在第八位的是"政策咨询",合计有190人选择此项,占比为62.1%,总体而言,老年人都较为关心国家的养老保障、村庄选举等政策制度。排在第九位的是"社区参与",有70人选择此项,占比为23%;排在第十位的是"临终关怀",有36人选择此项,占比为12%,主要为健康状况很差的老年人(见图6-6)。

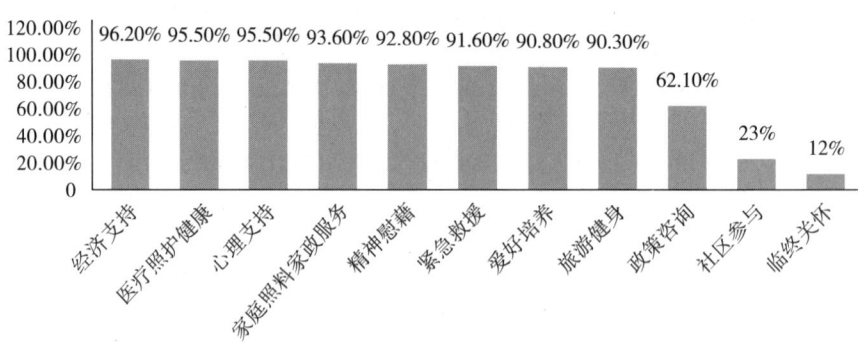

图6-6 村庄老年人多层次多样化养老需求

第二节 老年人获得慈善幸福院服务

农村老年人与城市老年人在机构养老服务需求内容方面具有差异性,农村老年人机构养老需求在物质及精神需求方面,主要面临物质经济条件薄弱、心理支持及精神慰藉较少、医疗保障及服务缺乏、安全保障不足等问题。相较而言,城市老年人在物质层面的需求,基本得到满足,主要面临兴趣爱好培养、人际交往和社会参与等养老需求,这也决定了J

区行政村慈善幸福院提供的养老服务内容，与城市社区养老机构提供的服务具有差异。目前，J 区行政村慈善幸福院为老年人提供的养老服务主要有两种方式，一是日间照料服务方式，主要面向行政村低龄、健康等类型老年人；二是入住服务方式，主要面向村庄"空巢""孤寡"和"五保户"等经济困难特殊类型老年人。

一 老年人获得慈善幸福院物质支持

我国对农村老年人养老的经济支持主要为，为 60 岁及以上老年人提供城乡社会养老保障金，以及为 80 岁及以上老年人提供高龄补贴。除此之外，农村老年人养老经济来源主要为依靠自身积蓄以及子女提供的经济支持。

农村老年人面临机构养老需求，目前也具有多元选择，如他们可到城市中接受机构养老，但城市机构养老服务收费普遍较高，当地收费标准平均为每月三千至五千元之间，少部分农村老年人及子女具备此经济条件，大部分则不具备。老年人如果接受行政村慈善幸福院养老服务，则只需要支付低于伙食成本价的养老服务费，即大致只需缴纳 300 至 400 元的入住及伙食等费用。可见，行政村慈善幸福院为老年人提供的物质照顾等成本支出远远超过他们所缴纳的费用，即慈善幸福院为老年人提供了一定程度的养老物质保障，正如访谈中，XC 村村支部书记 WYZ 谈道的，"我们办慈善幸福院，主要是为老年人提供一口热饭吃，可以让他们有一个家的感觉。"[①] 以 BZ 村为例，该村目前总共有 25 名老年人入住慈善幸福院，该村庄老年人总数合计有 50 位，即有一半的老年人入住，其余老年人主要随务工子女迁入城市生活。该村慈善幸福院对接受服务的老年人，不管接受的服务是入住方式、还是午餐等日间照料方式，统一收取 400 元的服务费用，老年人在此即可获得一日三餐的饮食保障。

XC 村慈善幸福院实施类似的办法，重点服务好本村"孤寡""留守"老年人，为他们提供三餐、衣食住行等服务，仅向他们收取每人每月 300 元的费用，该费用内容包括伙食费、住宿费、水电费等，具体收费为：入住慈善

---

① 访谈资料来自 2021 年 2 月 4 日在 XC 村慈善幸福院对村支部书记 WYZ 的访谈。

幸福院楼层为二楼单人间，床位费为每人 150 元，餐饮费为每人 150 元，每人每月收取费用合计为 300 元；入住慈善幸福院楼层为三楼双人间，床位费为每人 150 元，餐饮费为每人 150 元，每人每月收取费用合计为 300 元。

XZY 村慈善幸福院总共有 21 位老年人入住，年龄最大的老年人为 89 岁，最小的为 74 岁，其中，"五保户"老年人有 11 位，"五保户"老年人的服务费用主要由政府财政负责供养，"空巢"老年人的入住费用为每月 400 元。访谈中，XZY 村慈善幸福院院长 GXZ 谈到："我们在慈善幸福院中配备了两名管理人员，主要为老年人提供就餐、生活照顾、日间休息和休闲娱乐等服务，当然这样还不能够满足慈善幸福院管理工作需要，还需要更多的人一起参与进来。"① XZY 村慈善幸福院干净清爽，院内的食堂、卫生间、活动室等设施齐全，老年人对入住慈善幸福院接受养老服务，获得感普遍较强，访谈中，该村慈善幸福院老年人 CZB 满面笑容地谈到，"一个月只交 400 元，包三餐，还有人照顾我们，我们住在这里感觉很安逸、很自在。"② "以前，一个人生活的时候，有一顿没一顿地，在慈善幸福院生活，不仅吃得好、睡得好，还有同龄人聊天、下棋，心情自然舒畅。"③ 访谈中，HT 村村主任 HTB 也认为，慈善幸福院实行用餐共享，即平均只要交纳 3 元即可享用一荤一素一汤的爱心午餐，老年人参加劳动半天便可免费享用一次午餐，贫困户、"低保户"老年人免费用餐，基本实现了"东家拿米、西家拿菜，你露一手，我来一勺，美美与共"。据统计，2019 年以来，HT 村老年人至慈善幸福院午餐就餐达到 1.3 万余人次。

入住行政村慈善幸福院，老年人还可以经常获得 J 区慈善总会组织的慰问活动，慈善总会 25 支志愿者队伍与行政村慈善幸福院实施"一对一"结对服务，在慰问中，社会爱心人士为慈善幸福院提供大米、食油及棉被等各类慰问品，以及捐赠现金。以 XC 村为例，该村慈善幸福院曾获得 N 市民政局与 J 区慈善总会联合开展的"情暖慈善幸福院"慰问活

---

① 访谈资料来自 2021 年 3 月 2 日在 XZY 村慈善幸福院对院长 GXZ 的访谈。
② 访谈资料来自 2021 年 3 月 2 日在 XZY 村慈善幸福院对老年人 CZB 的访谈。
③ 访谈资料来自 2021 年 3 月 2 日在 XZY 村慈善幸福院对老年人 CZB 的访谈。

动,市民政局局长、区慈善总会会长、区慈善总会常务副会长、J区"慈善蕉城"创建办副主任、J区慈善总会"聚艺乐善""爱心帮帮""相约绿音""青春风采"4支慈善志愿者服务队、以及N市奥美嘉文化发展有限公司爱心员工等合计50多人参加慰问活动。慰问组一行为慈善幸福院赠送大米、食用油和糕点等生活必需品,并与老人们亲切交谈,询问关心他们的身体与生活状况,听取他们对慈善幸福院管理运作、民政工作等方面的意见和建议。市、区慈善总会经常组织的慰问活动,为慈善幸福院老年人生活提供一定程度的物质支持,这改善了慈善幸福院老年人的伙食条件。正如访谈中,J区慈善总会负责人LTS谈道,"社会爱心人士慰问中给的大米、油等物资,是生活必需品,也是一种经济(支援),如果没有这些捐赠的物资,慈善幸福院就得花钱去购买。"① 在2020年新冠肺炎疫情特殊时期,J区慈善幸福院还获得特殊物资捐赠,如J区慈善总会工作人员及志愿者组织开展防疫慰问活动,他们冒着被感染的风险,将防控物资、慰问品、口罩和消毒液等物资送到各行政村慈善幸福院老年人手中,帮助老年人清洗洗衣机、打扫卫生和宣传防疫知识等。正如访谈中,LLHJ村慈善幸福院院长ZXL谈到抗疫初期,"我们真地想了很多办法,就是买不到口罩,后来社会爱心人士赠送我们了,我们终于拿到了,太感谢他们了。"②

二 老年人获得慈善幸福院精神慰藉

慈善幸福院不仅从物质层面为农村老年人提供"生活有保障"的养老支持,还在精神层面满足农村老年人"故土难离"的要求,让老年人尽量实现"老有所养""老有所乐""老有所用",让慈善幸福院真正成为农村老年人稳固、可靠的"幸福宝地"。老年人在慈善幸福院获得的心理支持、精神慰藉等服务,主要来自于老年人之间开展的互助、慈善幸福院提供的管理服务,以及社会志愿者提供的志愿服务等。

---

① 访谈资料来自2020年9月8日在J区慈善总会办公室对慈善总会负责人LTS的访谈。
② 访谈资料来自2021年3月4日在LLHJ村慈善幸福院对院长ZXL的访谈。

（一）老年人自助及互助的精神支持

自 J 区慈善幸福院试点以来，深受农村老年人喜爱，他们在慈善幸福院中，经常围在一起下象棋，谈家常，共话邻里情，暖意充盈，精神面貌得到极大改善。

大部分村庄老年人认为，慈善幸福院有干净整洁的餐厅、活动室、起居室等，让他们耳目一新。他们在医疗室里忙检查，凉亭里畅快交谈，活动室里互相切磋，放映室里观看电视剧……他们活跃在慈善幸福院乐园的各个角落。慈善幸福院环境清幽美丽，空气沁人心脾，房间明亮舒适，饭菜香甜可口，服务细致入微，活动丰富多彩。正如访谈中发现，HT 村 85 岁的老人 HYC 在健身器械上来回运动，丝毫不显疲态。据他介绍，两年前他曾前往福州儿子家中住一段时间，在那里他发现出门都找不到说话的人，由于不习惯城市的生活方式，他便主动要求返回村庄慈善幸福院养老。儿子只好同意他的要求，他谈到："在这里大家都说本地话，聊聊家常，很开心。在外地儿子家里，自己不会说普通话、和外地人不好沟通，也不认识其他的人，回来住在这里，感觉舒心多了。"[①] 访谈中，HT 村慈善幸福院年过古稀的老年人 CSF 谈道，"没有想到我这个岁数，还有这样的福气。对于我们这些'独居'的老人来说，幸福院就像是家一样，住进来后，我们的心比过去安定多了，以前我们很担心生病的时候没有人发现，没有人知道，没有人照顾，现在住在这里，生病了可以随时叫医生、随时拿药。"[②] 访谈中发现，该村还有一部分老年人，白天在慈善幸福院活动、聊天，打牌或在健身器材上活动，在幸福院食堂吃饭；晚上的时候回家，因为他们喜欢睡觉，回家就早早入睡。

（二）慈善幸福院管理服务的精神支持

J 区大部分慈善幸福院对护理员具有相应要求，以 XC 村为例，该村慈善幸福院对护理员形成制度化管理，内容如下：对待老人要像对亲人一样，不打骂、不虐待老人；每天为老人收拾床铺，随时换洗衣服、枕套、被罩、床单，每天早晨为不能自理的老人洗脸，确保老人眼角不出

[①] 访谈资料来自 2020 年 12 月 14 日在 HT 村慈善幸福院对老年人 HYC 的访谈。
[②] 访谈资料来自 2020 年 12 月 14 日在 HT 村慈善幸福院对老年人 CSF 的访谈。

现眼屎，手不出现污渍；要求洗衣物、保持衣物整洁，倒垃圾；2小时为不能自理的老人翻身一次，查看老人身体状况，一旦出现任何意外情况立即通知负责人，由负责人直接通知老年人家属；护理员需每2小时巡视一次房间，老人有特殊要求，需要做到随叫随到。慈善幸福院还为老人提供规范的日常服务，以XC村为例，（见表6-2），具体内容如下：

表6-2　　　　　XC村慈善幸福院老年人日常服务

序号	服务时间	服务内容
1	6：30-7：15	清理卫生，给老人喂水，做好老人的餐前准备工作洗手，带围裙准备好餐具，喂老人吃食前药，做好喂饭工作。
2	7：15-7：30	送饭，分饭。
3	7：30-8：00	喂饭，餐后清扫卫生，倒垃圾，喂老人餐后药。
4	8：00	清理各个房间，观察老人、发现问题及时处理，解决不了及时汇报，督促老人讲卫生。
5	8：30	开始晨护，晨护包括整理床单及室内卫生等卫生项目。
6	9：00-10：30	给老人喂水，吃水果等，让需要上床的老人先吃。
7	10：30-11：00	收拾房间。
8	11：00-11：45	清理卫生，给老人喂水，做好老人的餐前准备工作，洗手带围裙准备好餐具，喂老人吃餐前药，做好喂饭工作。
9	11：45-12：30	午餐，饭后清扫卫生、倒垃圾，喂老人餐后药。
10	12：30-14：30	老人午休时间护理员要做好巡视工作，排泄物要随时处理，洗刷小物品（如水杯、手巾等）。
11	14：00-14：30	为老人打热水、打水洗脚。
12	14：30-15：30	喂水，喂水果等，做好晚护工作，且老人搞好个人卫生等。
13	15：30-16：00	做好交接班。
14	16：00-16：45	清理卫生、给老人喂水、做好老人的餐前准备工作洗手，带围裙准备好餐具，喂老人吃餐前药，做好喂饭工作。
15	16：45-17：30	晚餐时间，饭后清扫卫生，倒垃圾。
16	17：30-19：00	清理老人小物件（包括水杯、小手绢、围裙）。
17	19：00	巡视房间，询问老人需求，协助老人做好晚睡工作、翻身，巡视房间再看老人是否已休息，倒便器，再次翻身。
18	23：00	巡视房间、查看老人是否有异常，倒便器、翻身。

慈善幸福院除了为老年人提供规范的日常服务外，还为老年人提供免费的文化娱乐等服务，以 XC 村为例，该村慈善幸福院为老年人提供的免费服务项目，包括电视观看、棋牌室、体育设施活动、文化娱乐活动、老年大讲堂、健康问诊、社工支持和心理慰藉等服务。

（三）志愿文化娱乐服务的精神慰藉

J 区慈善幸福院老年人经常获得志愿者文化娱乐服务，如 J 区慈善总会志愿服务在对 12 所行政村慈善幸福院开展"一对一"结对中，经常提供丰富多彩文艺演出活动，志愿者还制作多媒体收音机赠送老年人，收音机收录有慈善公益歌曲和群众喜爱的闽剧、京剧等经典曲目；为老年人演奏慈善公益、红色经典歌曲等；一部分志愿者到慈善幸福院为老年人整理房间、打扫卫生，陪伴老年人聊天，制作小礼物送老年人，为老年人提供日常照料。志愿服务队甚至还针对农村老年人精神寂寞问题，开展本土化文艺活动服务，让老年人重拾旧趣。如志愿者表演拉二胡、吹唢呐等特色活动，传唱红色、原生态采茶山歌等活动。以 HT 村慈善幸福院为例，自 2019 年以来，获得区慈善总会组织的"我和我的祖国""感恩母亲节""重阳寄深情"等主题体验活动 70 余场，让老年人参与其中，乐在其中，让慈善幸福院成为快乐的地方。

老年人精神文化生活也因此不断得到丰富，访谈中，HT 村老年人 HYC 谈道，"在这里吃住方便，日子过得十分舒适，平时都很热闹，有志愿者的节目看，不会很无聊，如果在家里，就没有什么事情做，电视也看不懂，每天都在数时间过日子。"① 该村 86 岁的老年人 HGZ 在慈善幸福院已经生活 3 年多，空闲的时候，他喜欢到棋牌室里与同伴下棋。访谈中，他谈道，"儿子一家一直都在外务工，我在幸福院里生活，这里有伴，可以一起娱乐休闲，还可以经常看志愿节目表演，很开心。"②

J 区慈善总会志愿服务队通过系列文化娱乐志愿服务活动，不仅让慈善幸福院中的老年人进一步感受到党和政府的关怀及社会温暖，更激励更多爱心单位、爱心人士等开展慈善幸福院服务，政府相关部门就经常

---

① 访谈资料来自 2020 年 12 月 14 日在 HT 村慈善幸福院对老年人 HYC 的访谈。
② 访谈资料来自 2020 年 12 月 14 日在 HT 村慈善幸福院对老年人 HGZ 的访谈。

为慈善幸福院老年人提供精神慰藉服务，开展弘扬敬老爱老的传统美德，以及弘扬爱国、进步、民主、科学的五四精神等主题志愿活动，如 2019 年 5 月 6 日，HB 镇 HJ 学校团委组织学生走进 HT 村慈善幸福院，开展"青春心向党·建功新时代"主题活动。按照带队教师的分工安排，有的学生帮助慈善幸福院清扫院落、擦洗桌椅；有的学生帮助老年人整理房间、叠被子、捡纸屑；还有的学生为老人梳头、捶背、按摩……学生们还为慈善幸福院的老人们表演精彩的节目，他们认真的劳动与动情的表演换来了老人们开心的笑脸，为慈善幸福院裹上一层浓浓的温情。类似的文化娱乐等志愿精神慰藉服务，在一定程度上改善了老年人的精神状态和心态，增强了老年人的幸福感和满足感，也培养了青少年的尊老、敬老优秀美德，服务社会、奉献爱心优良品质。

三 老年人获得慈善幸福院安全保障

入住慈善幸福院能够确保老年人安全，是推动老年人入住的重要因素。尤其是"空巢""孤寡"等老年人群体，如果存在记忆力衰弱、身体机能衰退等问题，在独居时极其容易发生摔倒、滑倒等紧急事件，因为该类老年人缺乏共同居住人在现场进行及时救护处理，单独居住时生命安全难以得到有效保障。如果他们入住慈善幸福院，不仅居住条件好安全有保障，还可获得管理、服务人员的相应照料。正如访谈中，BZ 村慈善幸福院院长 ZF 谈到，"老人喜欢到慈善幸福院，因为那里的条件及房子都比他们家里的房子漂亮很多，那里的房间都建好，也装修好了，比他们的房子新很多，你看村里他们的那些房子，都非常破旧，都是老房子，住在那里很不安全，存在倒塌的危险，现在住到慈善幸福院肯定比他们家里的房子好很多。"①

以 LLHJ 村为例，该村慈善幸福院依山傍水、环境优美，院内有长凳石椅，环绕着绿树鲜花，设置有各类健身休闲器材，每个房间卧室都配备有线电视、电热水器等，入住慈善幸福院的老年人安全感普遍有所提升。正如访谈中，LLHJ 村 85 岁高龄老年人 HDF 称赞，"在土坯危房里住

---

① 谈资料来自 2021 年 2 月 6 日在 BZ 村慈善幸福院对院长 ZF 的访谈。

了大半辈子，压根儿没想到有一天能住上这么好的房子。每个月我还可以领取'五保金'和高龄保险金，感谢党和政府，感谢这么好的时代！"① 他谈道，入住该村慈善幸福院之前，他一直孤身一人住在破旧的老房子里，每逢雨天，泥水横流，吃住都成问题。其他的老年人也介绍到，如今 HDF 住在慈善幸福院舒适的单间里，平日玩伴也多，精神愈发矍铄。访谈中，HT 村村主任 HTB 谈道，"老人们能住在这样像宾馆一样的慈善幸福院里，很开心，慈善幸福院建成后，村里报名入住的老人就有 40 多名，还有邻村的老人也跑来报名，老人们都表示幸福院居住条件好，让他们离家不离村，这是非常有意义的。""有的乡镇曾建有敬老院，但入住率都不高，'落叶归根'的传统思想让很多贫困老人不愿意离开村庄，到其他地方养老，现在村里把慈善幸福院直接建在家门口，他们当然兴高采烈搬新家了。"②

J 区共有 10 所慈善幸福院陆续安装智能烟雾报警器、电气火灾报警器、燃气泄漏报警器等系列智慧消防智能设备，进一步保障了行政村慈善幸福院老年人的生命财产安全。如 HT 村慈善幸福院就为入住老年人的床铺安装应急开关设备，一旦老年人出现摔倒等事件，便可以迅速启动床铺上的设备开关。该村慈善幸福院成立有应急事件处理小组，该设备与村庄干部、该镇派出所民警等联网，村干部及派出所工作人员在接到设备报警声后，便及时赶往现场，对老年人开展紧急救护等工作，也会在第一时间通知老年人子女等家属到达现场协助处理。以 YQ 村为例，该村慈善幸福院负责老年人一日三餐的厨房管理员 LK 谈道，"一天下午，她正在幸福院打扫卫生，接到指挥消防平台工作人员的电话，说平台后台显示我们村幸福院厨房燃气设备出现泄漏报警，让我赶紧去查看下。我挂断电话，赶到厨房，发现煤气正在泄漏，我就立即关掉煤气灶阀门。"③ 事后她发现，原来慈善幸福院中有一位老年人在使用完煤气灶之后，忘记关闭煤气阀门。访谈中，她继续谈道，"我们幸福院安装智慧消

---

① 访谈资料来自 2021 年 2 月 6 日在 LLHJ 村慈善幸福院对老年人 HDF 的访谈。
② 访谈资料来自 2019 年 6 月 7 日在 HT 村村委会对村主任 HTB 的访谈。
③ 访谈资料来自 2021 年 2 月 6 日在 YQ 村对慈善幸福院管理员 LK 的访谈。

防燃气报警器这么久，这还是第一次出现报警，不过这个报警非常有效，可以防范安全事故发生，如果真的发生事故，后果真不堪设想。"①

J区农村慈善幸福院都实施严格的消防安全管理制度，以 XC 村为例，该村慈善幸福院实施消防安全制度内容如下：一是要求配齐、配足灭火器材并能够熟练使用灭火器材，做到专人负责，定期检查保养，更换灭火剂，定期开展消防宣传教育及消防业务培训。二是严禁占用慈善幸福院防火间距、堵塞消防通道，不得在室内超负荷堆放物品，严禁在室内存放易燃易爆物品，确保安全。三是要求慈善幸福院每日必须进行防火检查。四是要求消防巡查工作由专人负责，并建立巡查日志。五是要求对每日巡查情况做详细记录，形成巡查日志，并由巡查人员签字。六是要求巡查人员认真负责，在巡查中发现火险隐患立即上报，并力争做到当场妥善处置。在隐患未解除之前，要求采取积极措施，不能让隐患酿成火灾事故。七是要求每日防火巡查的内容包括：用火用电有无浪费情况，安全出口、疏散通道是否通畅、用电照明是否完好，消防设施、器材是否在位完整，以及确认其他消防安全情况。

J区慈善幸福院还实施严格管理制度，以 XC 村为例，该村慈善幸福院实施的活动室管理制度，具体内容如下：一是要求凡参加活动的人员，必须拥护中国共产党的领导、热爱社会主义、爱国家、爱集体，相互之间尊重、帮助、团结友爱。二是要求严格遵守各项规章制度，不得采用各种方式赌博或变相赌博。三是要求养成良好的卫生习惯，不随地吐痰，不携带宠物入室，保证室内整齐清洁。四是要求爱护各种器材、设施等公共物品，活动室内的公共物品一律不准外借，如有弄坏或丢失则需要照价赔偿。五是要求树立文明娱乐之风，不准吵嘴、打架，以免影响他人活动。六是要求不得携带幼童入室，特殊情况携带幼童者，大人要尽管教之责，注意保护公共物品和维护公共卫生；七是要求在活动室活动期间，首先保证老年人的活动，其他人可在保证老年人活动的前提下，经管理人员同意后再开展娱乐活动；八是要求保证活动人员的身心健康，凡患传染病者，必须自觉回避活动。

---

① 访谈资料来自 2021 年 2 月 6 日在 YQ 村对慈善幸福院管理员 LK 的访谈。

慈善幸福院还实施老年人守则制度，以 XC 村为例，该村慈善幸福院实施的老年人守则制度内容如下：一是要求老年人积极参加有利于健康的社会活动，不传不信任何邪教组织活动，遵守慈善幸福院各项规章制度。二是要求老年人团结友爱，不说不利于团结的话，不做不利于团结的事。三是要求老年人以院为家，热爱集体，爱护公共财产。四是要求老年人不准擅自更换灯泡或擅自接电，以防造成触电事故。五是要求老年人不准骂人、打架，以防造成摔伤事故。六是要求老年人不准在床上躺着吸烟，不准私自生火，以防造成火灾等事故。七是要求老年人不准过量饮酒，以防造成醉酒伤人等事故。八是要求患病老年人不得单独上街，以防病倒途中或遇车祸，不准私自外出，外出需要请假、佩戴院民身份牌并说明去向，以防走失。九是要求老年人不准吃变质食物，以防食物中毒。十是要求老年人不准私自购买、存放农药等有毒物质和易燃易爆物品。十一是要求老年人不准私自购买或私藏刀具、铁棍之类。

四 老年人获得慈善幸福院医疗服务

医养结合服务是养老服务的重要内容，也是国家发展养老服务的重要目标。农村慈善幸福院发展面临最大的问题，即无法提供充裕医疗资源有效满足老年人医疗养老服务，这也导致农村慈善幸福院的老年人主要为能够自由活动的健康老年人群体。村庄失能、半失能老年人虽然具有入住需求，但慈善幸福院因医生及护士等专业人员缺乏，无法提供医疗、护理等专业照护。以 BZ 村为例，该村庄合计有 50 多位老年人，其中，20 多位老年人到慈善幸福院接受日间照料或入住服务，年龄约 60 岁左右，基本都未达 80 岁。行政村慈善幸福院医疗条件有限，村庄尽量整合医疗资源为老年人提供服务，如该村联系到一名志愿医生在该村慈善幸福院开展医疗服务。该医生在 N 市开药店，每个月都到慈善幸福院为老年人提供服务。

以 XC 村为例，该村慈善幸福院与 BD 镇卫生院签订家庭医生服务团队，每月定期组织医生到慈善幸福院为老年人开展健康体检服务，实时掌握老年人身体健康状况，并根据老年人健康状况及"平衡膳食"制定一日三餐食谱，保障老年人饮食营养及健康。HT 村与乡镇卫生院、村卫生所挂钩，在慈善幸福院中设立医疗室，室内配备老年人常见"高血压""高血糖""高脂肪"等"三高"慢性疾病常规治疗药物。组织村庄卫生诊所医生 HJY 定时到慈善幸福院为老年人提供坐诊及体检服务。访谈中，HJY 医生谈道，"如果发现老年人身体有一些小问题，医疗室的常用药都是免费给老人，如果有大的问题，我们再帮他们联系医院，但是老年人一般都是小的问题，大的问题如果有，我们也处理不了。"① 实际上，他已坚持为该村慈善幸福院义诊 4 年，幸福院医疗室门牌上留有他的电话号码，只要老年人有需要，他随叫随到。ZY 村慈善幸福院和该院所在乡镇的卫生保健院、村医疗所密切联系，定期邀请医生到慈善幸福院为老年人体检和普及健康知识，不仅教老年人各种疾病防范于未然的知识，还帮助老年人治疗小病痛。

J 区慈善幸福院实施严格的卫生管理及保健制度等，注重对老年人的健康管理服务。以 XC 村为例，该村慈善幸福院实施的卫生管理制度，具体内容如下：一是要求保持居住环境整洁、舒适，增强老年人身体健康。要求每位院民自觉维护慈善幸福院室内外卫生，保持院内整洁、卫生、舒适。二是要求室外要明确卫生区 3 天打扫一次，每个区的环境卫生都要明确专人负责。三是要求室内环境卫生由院民自行打扫，坚持一天一小扫，3 天一大扫。需要经常擦拭门窗，需要经常打扫食堂，消毒餐具，有序放置生活用品。四是要求个人讲究卫生，房间整洁。勤洗衣物，勤洗澡，勤洗勤晒被子、蚊帐。五是要求室内垃圾一律送往统一规定的垃圾池，不准随意堆放。六是要求保持室内外整洁，不准接受院外人员在本院内存放物品。七是要求抓好食堂卫生管理，注意饮食卫生，谨防病从入口。八是要求慈善幸福院管理人员每月组织一次卫生评比，挂流动红旗，奖励先进，查找不足，确保居住环境整洁卫生。

该村慈善幸福院还实施规范的卫生保健制度，具体内容如下：一是要求房间通风干净，公共场所保持整洁；水沟、下水道保持畅通、清洁；二是要求定期消毒公共区域，防止疾病传染；三是要求个人卫生做到

---

① 访谈资料来自 2020 年 12 月 14 日在 HT 村慈善幸福院对 HJY 医生的访谈。

"五勤",即勤洗手、勤剪指甲、勤洗澡、勤理发和勤换洗衣服。禁止随地吐痰、乱丢烟头、随地大小便,保持良好卫生习惯;四是要求定期给老年人讲授有关心理护理、饮食护理、自我保健和常见疾病护理等知识,提高自我防护能力;五是要求对发生紧急情况的老年人及时采取救治措施,如发现有病危病重的老年人,应立即联系医院并安排专车护送到医院、及时治疗。

慈善幸福院对老年人普及养生知识,传承养生之道、防病于未然,如 XC 村慈善幸福院为老年人宣传四季养生知识,具体内容如下:春季运动养生保健是恢复身体"元气"的最佳时节,应该进行适当的运动,如散步、慢跑、体操、太极拳等,保持体内生机,增强免疫力与抵抗力;夏季运动以温和运动、以少许出汗为宜,避免运动量过大、出汗过多、损伤心阴,可以选择练太极拳、自然养生操、与自然的阴阳消长相吻合,可谓夏季最佳的养心运动之一。秋季天气干燥,秋季养生要注意养阴。秋天养阴,第一,要多喝水,以补充夏季丢失的水分。第二,多接地气,秋季要多走进大自然怀抱,漫步田野、公园,有助于养阴。第三,避免大汗淋漓。汗出过多会损人体之"阴",因此,秋季锻炼要适度。冬季御寒加衣要适量,每天健身很重要,疾病疼痛要预防,多喝开水,保持精力良好,开窗通风空气佳,硬冷食物要减少,夜晚入睡要提早。慈善幸福院通过宣传上述相关的养老保健知识,以及普及老年人慢性病预防知识和常见病干预手段等常识,提高老年人养生意识和身心健康水平。饮食健康也是影响老年人健康的重要因素。老年人如果在自己或者子女家中居住养老,因饮食习惯以及节俭等原因,容易经常吃隔夜饭,影响健康。J 区慈善幸福院注重对老年人饮食健康管理,餐饮标准每餐 5 元左右,饭菜如果吃不完,便及时倒掉,杜绝因向老年人提供隔夜饭而产生的问题。

慈善幸福院老年人还经常获得医疗志愿服务,以 LLHJ 村为例,2020年,N 市人民医院义诊服务队志愿者一行 14 人,与 J 区老区办、老区建设促进会领导和工作人员一道,深入革命老区 LLHJ 村,为慈善幸福院老年人义诊,免费送医送药。"平常要赶路到城关,挂个号请专家看病,很不方便。现在专家下来帮我们免费义诊，真是太好了！"① 在现场就诊的 LK 谈道。义诊服务队志愿者涉及多个临床和医疗科室，医院工会主席、素有"超声神探"美誉的超声科主任 CJB 带领内科、外科、妇产科、五官科、针灸理疗科、超声科以及护理、药学等多科室的专家骨干，开展量血压、咨询、义诊、彩超检查、赠送药品等医疗服务。附近村庄许多群众闻讯纷纷赶来问诊咨询，医务人员一一详细询问他们的身体状况，耐心细致诊治病情，认真解答关于常见病、多发病的预防诊治问题，讲解卫生保健、饮食安全等卫生知识，送医送药，宣传普及健康知识，免费赠送药品并指导用药。

第三节　小结与讨论

本章第一节主要描述老年人家庭建设发展慈善幸福院。首先，描述 J 区老年人家庭参与行政村慈善幸福院建设发展。尽管老年人入住慈善幸福院获得养老服务，也切实减轻了子女的养老负担，但子女依然是老年人养老的主要责任主体。他们通过不同的方式参与行政村慈善幸福院建设发展，具体方式有：一是加入慈善幸福院应急事件处理小组，以 HT 村为例，该村慈善幸福院将老年人子女等纳入紧急事件处理小组。二是为父母缴纳慈善幸福院养老服务费用。为老年父母缴纳养老服务相应费用，是子女对年老父母履行养老责任的重要方式。J 区行政村慈善幸福院对接受日间照料的老年人，一般免收午餐伙食费用；对入住的老年人，收取低于伙食成本的费用。三是为老年父母提供探视陪伴。经常探视及陪伴入住慈善幸福院的年老父母，是子女履行养老责任的重要体现。子女平时忙于工作，只有在节假日或空闲时间，到慈善幸福院探望父母，了解他们饮食及作息情况，和他们谈论家庭生活，并适当为他们提供生活照料服务，让老年父母获得亲情陪伴。老年人自身也是养老的重要主体。J 区农村慈善幸福院推行自食其力、劳动互帮措施，对不同身体状况及性别的老年人，实施不同的劳动分工。慈善幸福院老年人经常从事种植、

---

① 访谈资料来自 2021 年 2 月 6 日在 LLHJ 村慈善幸福院为对老年人 LK 的访谈。

养殖等劳作，尽力实现自食其力。

　　其次，本节描述了老年人慈善幸福院养老获得感。描述问卷调查获得的老年人慈善幸福院获得感情况。老年人对养老服务获得感总体较高，但因为获得养老服务方式有日间照料、入住两种类型，因此，获得不同方式养老服务的老年人，获得感也不尽相同。老年人对慈善幸福院养老服务满意度也较高，因慈善幸福院在农村中实现"从无到有"发展，老年人普遍表示满意且希望继续发展。老年人慈善幸福院受益情况为，改善了自身精神面貌，获得了一定程度的养老物质保障等。老年人对慈善幸福院养老服务提供主体认知较为准确，基本能够正确识别"党和各级政府""村集体村委会""慈善总会""子女及其他亲属"等是主要的提供主体，并对相关主体表示感谢。老年人面临多元化、多层次养老服务需求，按照需求重要性排列分为"经济支持""医疗照护健康""心理支持""生活照料家政服务""精神慰藉""紧急救援"等。

　　本章第二节主要描述老年人获得慈善幸福院养老服务。J区慈善幸福院为老年人提供的日间照料服务，主要面向行政村内低龄、健康等类型老年人；提供的入住服务，主要面向"空巢""孤寡"和"五保户"等经济困难特殊类型老年人。农村老年人获得的养老经济支持主要有：60岁及以上老年人城乡社会养老保障金、高龄老年人高龄补贴。除此之外，主要依靠自身积蓄以及子女提供的经济支持养老。老年人接受行政村慈善幸福院养老服务，只需要支付低于伙食成本价的费用、大致缴纳300至400元，即慈善幸福院为老年人提供的物质照顾等成本支出远远超过他们所缴纳的费用，这为老年人养老提供了一定程度的物质保障。老年人还经常获得J区慈善总会组织的慰问活动，社会爱心人士捐赠大米、食用油及棉被等各类慰问品以及现金。在2020年新冠肺炎疫情特殊时期，慈善幸福院还获得志愿者的特殊物资捐赠。

　　本节还描述老年人获得慈善幸福院精神慰藉服务。慈善幸福院不仅从物质层面为农村老年人提供"生活有保障"的养老支持，还从精神层面满足老年人的心理支持和精神慰藉需求。老年人精神慰藉主要来自于老年人的互助、慈善幸福院提供管理及服务，以及社会志愿者服务等。

老年人经常围在一起下象棋、谈家常、共话邻里情，自由自主居住慈善幸福院，在一定程度上减轻了老年人的精神压力。慈善幸福院弘扬尊老爱幼、男女平等家庭美德文化，也使得老年人精神生活受益。慈善幸福院实施规范的管理及服务制度，以 XC 村为例，对护理员就实施制度化管理。除了提供规范日常服务外，慈善幸福院还为老年人提供免费文化娱乐等服务。J 区志愿服务队经常组织丰富多彩的文艺演出活动，演奏慈善公益、红色经典歌曲等，为老年人提供精神慰藉服务，更激励更多爱心单位、爱心人士等开展服务，政府相关部门就经常为慈善幸福院老年人提供精神慰藉服务，开展弘扬敬老爱老的传统美德，以及弘扬爱国、进步、民主、科学的"五四精神"等主题的志愿活动。

本节描述了老年人获得慈善幸福院安全保障服务。入住慈善幸福院能够确保老年人安全，尤其是"空巢""孤寡"等老年人群体如果存在记忆力衰弱、身体机能衰退等问题，在独居时极容易发生摔倒、滑倒等紧急事件，生命安全难以保障。入住村庄慈善幸福院，不仅居住条件好、安全有保障，老年人还可获得管理服务人员的相应照料。J 区慈善幸福院大多安装有系列智慧消防智能设备，能够保障行政村慈善幸福院老年人的生命财产安全。慈善幸福院实施规范管理制度，如 XC 村就实施消防安全、活动室管理、老年人守则等制度，确保老年人安全。

本节描述了老年人获得慈善幸福院医疗服务。医养结合服务是老年人养老服务的重要内容，也是国家发展养老服务的重要目标。行政村慈善幸福院发展面临最大的问题即无法为老年人提供充裕的医疗服务资源，无法有效满足老年人医疗养老服务。J 区慈善幸福院整合相关医疗资源，尽量满足老年人医疗需求，实施严格的卫生管理及保健制度等，注重对老年人健康管理及服务。对老年人普及养生知识，传承养生之道、防病于未然，如 XC 村慈善幸福院为老年人宣传四季养生知识。慈善幸福院尽量整合周边医疗资源，XC 村慈善幸福院与 BD 镇卫生院签订家庭医生服务团队，每月定期组织该卫生院医生到慈善幸福院为老年人开展健康体检服务。慈善幸福院老年人还经常获得医疗志愿服务，以 LLHJ 村为例，该村慈善幸福院就获得义诊、免费送医送药等志愿服务。

第七章 结论

第一节 行政村机构养老模式

一 行政村机构养老模式
(一) 行政村机构养老模式内容

本研究通过对个案 J 区慈善幸福院静态主体构成及动态职责各主体履行情况分析，发现行政村机构养老主体主要为：区民政局、扶贫办等政府公共部门、区慈善总会、残联等准政府组织、村集体经济组织社区、老年人及子女四个主体。行政村机构养老发展相应的政策制度保障、资金及人力资源投入、老年人入住等职责履行情况具体为，设施建设发展目标制度细化、落实、监督、管理以及为农村经济困难特殊老年人提供兜底养老保障等，主要由民政局、扶贫办等政府部门负责；发展相关资金、人力等资源投入，主要由政府部门以及慈善总会、残联等准政府组织负责整合、汇集社会资金并投入；设施建设、发展资金、人力等资源供给，以及老年人及子女接受养老新观念、新思想，接受机构养老服务等的动员工作，主要由村集体经济组织社区负责；老年人伙食费用缴纳，以及为老年人提供经济支持、探视和陪伴等精神慰藉等，主要由子女提供，老年人自我养老能力提升主要由老年人自身负责。个案形成了一个由政府、准政府组织、社区和市场四个主体构成的行政村机构养老"四元主义"发展模式。其中，政府主体主要指民政局、扶贫办等政府部门，准政府组织主要指慈善总会、残联等社会组织，社区主要指村集体经济组织，市场主要指老年人及子女。

（二）行政村机构养老模式体现

本研究个案模式为"四元主义"行政村机构养老模式，体现为：民政局、扶贫办等政府部门；慈善总会、残联等准政府组织；村集体经济组织社区；老年人及子女市场方分别为其中重要"一元"。具体为：

1. 政府发展行政村机构养老体现

J区政府在发展养老服务业中，积极推进慈善幸福院试点工作，履行政府对行政村机构养老发展工作的制度制定、考核、监督和管理等职能，发挥政府供给养老公共服务的功能。政府重视行政村机构养老，J区区委、区政府决策将慈善幸福院作为"为民办实事"项目，列入政府年度"为民办实事"议程；设立慈善幸福院建设领导工作小组，推进慈善幸福院设施建设与运营工作。区委区政府先后多次召开专门工作会议，研究慈善幸福院建设资金、管理以及建设等重点、难点问题。J区历任主要领导都亲自参与相关调研工作，推进慈善幸福院建设发展。依据现有政策，N市政府、市区级民政局、扶贫办和农业农村局等政府相关部门统筹政策资金，采取"以奖代补""设施建设和设备添置资金"等制度措施，将相关补助整合投入慈善幸福院建设发展。政府督查慈善幸福院设施建设，J区对慈善幸福院建设发展实施严格的目标管理责任制，监督建设工程质量，完善设施建设协调机制，健全建设质量监管制度，实施质量监管的主要内容包括成本、施工进度、工程质量和资金等。J区建立了多主体参与的多层级监督质量机制，民政局、扶贫办等政府公共部门、慈善总会、残联等准政府组织、村集体经济组织、老年人及子女等主体共同组成慈善幸福院建设发展质量监督网络，开展多重发展质量监督工作。

2. 社区发展行政村机构养老体现

村委会决策村庄慈善幸福院建设，对村庄老年人数量及机构养老需求等信息展开调查，全面掌握村庄老年人机构养老需求状况。村委会与J区慈善总会、民政局等多方进行多次讨论，共同论证行政村建设发展慈善幸福院的必要性。村委会与持有集体土地承包权、经营权的村民协商出让土地，获得他们的同意，并签订相应的土地承包权、经营权回收协议，成功供给慈善幸福院建设用地。村委会依据村集体经济组织现实情况，按照法定程序，从村集体经济中适量支出经费投入慈善幸福院建设发展，促进收支平衡及可持续发展。村庄慈善幸福院还实施规范财务管理制度。村委会供给慈善幸福院人力，如一些村庄通过"招投标"方式"代建"慈善幸福院设施，村委会按照合同约定支付资金，以及负责组织少量村民出工、出力参与设施建设。大部分村庄慈善幸福院实施"自建"设施模式，主要由村委会负责自建，村干部积极动员村民免费出力，发挥农村"非正式"互助精神。村党支部书记兼任慈善幸福院院长，村民担任专职人员负责购买食材、烹饪和卫生保洁等事务性工作。村民发挥志愿帮扶精神及作用，参与建设村庄慈善幸福院设施。老年人之间开展互帮互助，志愿村民入院为老年人提供服务，村庄志愿者数量及队伍不断壮大。村干部动员老年人接受慈善幸福院养老服务，主要沿着农村"差序格局"社会关系中与"己"由近而远的关系路线，不断动员家庭中有老年人的近亲血缘亲戚、好友等支持老年人接受慈善幸福院服务。村干部在村庄中加强子女赡养父母的养老责任、村集体经济组织助老职责等村规民约内容宣传，并在宣传中融入我国新时期农村养老新思想、新观念以及老年人权益法等内容，更新老年人及子女养老观念。J区慈善总会成立20多个慈善专项基金和200多个慈善微基金，募集善款7000多万元，组织开展50多个慈善志愿服务公益项目。J区慈善总会在发展慈善幸福院中，主要选择村集体经济薄弱，公共服务资源较少的村庄；选择具有能够整合社会、政府和社区等养老资源，促进村庄老年人及子女改变养老旧观念，能够动员老年人接受慈善幸福院服务，动员村民出资、出力参与慈善幸福院建设和发展，责任心和能力都较强的干部；与村委会共同分析村庄机构养老实际需求；将慈善幸福院设施建设选址于同一行政村的多个自然村落之间、方便老年人及子女出入，以及选择设置于与村庄小学校舍、医疗室等场所相接近的区域。

3. 准政府组织发展行政村机构养老体现

J区慈善总会大力发展区域志愿服务资源队伍，构建会员制志愿组织网络。据统计，志愿者队伍开展志愿服务数量达 7 万多人次，帮助该区 300 多个村庄困难群众 2 万多人次，志愿服务时间达 30 余万小时。尤其是在疫情期间，志愿者开展大量的爱心善意和责任担当凝聚社会力量活动。J 区慈善总会对志愿者开展技术技能及志愿精神培训，组织志愿者队伍与 J 区 12 所慈善幸福院开展"结对"帮扶，志愿者按照各自专长提供医疗、护理和理发等服务；对志愿者及队伍实施表彰等激励管理制度，在每年重要节日，推动区委、区政府表彰优秀志愿者个人及单位。在疫情特殊时期，J 区慈善总会领导亲自带领志愿者为慈善幸福院提供服务。

J 区慈善总会募集以及供给慈善幸福院建设发展资金，实施"精英路线"募款方式，利用爱心人士、企业家等对亲属朋友等的"特殊信任"，动员在地企业家及本地籍在外企业家捐资捐赠，汇集物资和资金资源。J 区慈善总会利用社会对慈善总会的"制度信任"，获得捐资捐赠。与此同时，实施"众筹路线"募集资金；在疫情特殊时期，J 区慈善总会继续开展募集口罩和消毒液等物资及捐款。J 区慈善总会还利用慈善法律和慈善文化的影响力募集资金，通过深入宣传、贯彻慈善法，挖掘和发扬区域慈善文化传统，并将募集的相应资金投入慈善幸福院建设发展。

4. 市场发展行政村机构养老体现

J 区老年人及子女参与行政村慈善幸福院建设发展。子女通过不同的方式参与，具体有：一是子女加入慈善幸福院应急事件处理小组；二是子女为父母缴纳慈善幸福院养老服务费用；三是子女为老年父母提供探视陪伴。老年人自身也是养老的重要主体。老年人个体从事种养殖劳作、实现自食其力，老年人之间实施劳动互帮、生活互助。老年人慈善幸福院服务获得感总体较高，但不同老年人因获得服务方式不同，获得感也不尽相同；老年人对慈善幸福院养老服务满意度也较高。老年人受益情况为，改善了自身精神面貌，获得了一定程度养老物质保障等；对养老服务提供主体认知较为准确；面临多元化、多层次养老服务需求，按照需求重要性排列分为"经济支持""医疗照护健康""心理支持""生活照料家政服务""精神慰藉""紧急救援"等。

农村老年人养老经济支持内容主要包括，60 岁及以上老年人城乡社会养老保障金、高龄老年人高龄补贴。除此之外，主要依靠自身积蓄以及子女的经济支持养老。慈善幸福院为老年人提供的物质照顾等成本支出远远超过老年人及子女缴纳的费用，这为老年人养老提供一定程度的物质保障。老年人还经常获得J区慈善总会组织的慰问服务，尤其是获得社会爱心人士捐赠大米、食用油及棉被等各类慰问品以及现金。慈善幸福院不仅从物质层面为老年人提供"生活有保障"的养老支持，还从精神层面满足老年人心理支持和精神慰藉。老年人精神慰藉主要来自于老年人之间的互助、慈善幸福院提供的管理及服务，以及社会志愿者提供的服务等。老年人还获得安全保障服务，行政村慈善幸福院不仅居住条件好、安全有保障，管理服务人员还为老年人提供相应安全照料。慈善幸福院大多安装有系列智慧消防智能设备，以及实施规范管理制度，确保老年人生命财产安全。慈善幸福院整合相关医疗资源，尽量满足老年人医疗需求，实施严格的卫生管理及保健制度等，注重对老年人开展健康管理及服务，对老年人普及养生知识。老年人还经常获得医疗志愿者提供的义诊、免费送医送药等志愿服务。

（三）行政村机构养老"四元主义"协作

政府、准政府、社区和市场4个主体依据自身资源优势和相应养老职责，通过分工及合作、对行政村机构养老发展投入物资、资金和人力等资源，推进行政村机构养老可持续发展，促进老年人获得养老物质支持、精神慰藉、安全保障和医疗服务等，提升老年人的获得感幸福感安全感，形成了具有中国特色的行政村机构养老发展模式，各主体之间相互协作分工如下：

行政村机构养老硬件设施建设所需的土地、场所等资源，主要由村集体经济组织社区负责供给。我国村集体经济组织具有土地、林地等资源优势，能够为行政村机构养老发展提供保障。但是如果单一依靠村集体经济组织，村集体经济发展缓慢、增收具有不稳定性和不确定性，难以发展行政村机构养老。政府在资金制度供给方面具有优势，但是如果单一依靠政府"碎片化"政策，难以充裕满足行政村机构养老建设资金需求。准政府组织能够汇集社会资源以及具有服务专业优势，但如果单纯依靠准政府组织，则容易因为准政府组织在特定时期具有特定的服务工作重点，而导致其难以承担公共养老服务职责；如果仅依靠老年人及子女市场方缴费，容易对老年人及子女造成经济压力。

慈善幸福院在资金投入方面，需要政府、准政府组织、社区和市场4个主体共同出资、合理投入，虽然当前各主体之间还未形成具体出资比例，但基本实现多元化注资，确保资金充裕投入；慈善幸福院发展所需人力资源数量大、且专业性要求高，社区仅提供少量管理人员，难以满足机构养老发展的人力资源需求。准政府组织整合具有相关专长的志愿者，与村委会合力供给人力资源，能够弥补村委会管理人员专业性较弱的缺陷，有效满足机构养老人力资源需求；慈善幸福院养老消费者与获得者的老年人及子女方，主动改变传统家庭养老观念，过程漫长且难以确保成功。村委会干部加以动员，利用养老"法治"及道德等"话语"动员，确保老年人养老获得感。总之，行政村机构养老相应职责与功能，需要多主体依托自身优势进行互补与合作，共同推进机构养老可持续发展。

二 行政村机构养老模式影响因素

（一）与西方福利"四元主义"差异性

与西方福利"四元主义"主体内容差异性

本研究的发现与学者伊瓦斯对西方福利政策研究的发现相类似，即两者都发现国家、社区和市场是福利重要主体。其中，前者认为，"国家、市场、社区和民间社会"是社会福利发展主体，尽管不同西方国家福利供给总量大致相同，但各主体所承担的福利供给份额有所差别。本研究也发现，"国家、社区和市场"是农村养老服务供给主体。但两者也存在差异，具体如下：

前者所指"国家"是以营利为目的，旨在实现资产阶级利益的资本主义国家；本研究中"国家"是指以为人民谋福利为宗旨、以实现共同富裕为奋斗目标的社会主义国家，两者具有本质差别。前者所指的"市场"，虽然养老服务产业发展较为完善，基本能够平衡供需矛盾、实现养老资源优化配置,但无法确保社会公平、公正;本研究中"市场",虽然市场供给方还未充分发展,但国家实施激励、培育及扶持制度,推动农村老年人养老发展,同时也具有老年人及子女即机构养老市场的消费方。长期以来,我国政府对养老市场设置较为严格的准入机制,近年,虽然准入门槛有所降低,城市民办养老机构也出现一定数量上的增长,但养老产业发展周期长、投入大、盈利空间小,民办养老机构经营发展大多陷入"低水平均衡陷阱"①,导致市场参与行政村机构养老动力不足,也在一定程度上影响行政村机构养老市场化。

前者所指"社区",指老年人居住的地域共同体;后者的"社区",是指农村集体经济组织、是世界范围内独一无二的集体所有制承载主体,能够依托土地、资金等为组织成员提供福利;前者所指的"民间社会"社会组织发展较早、能够实现自我管理、自我发展,具有较强独立性,能够统筹和整合社会资源。本研究中,虽然真正意义"民间社会"缺乏参与,但准政府组织具有政府举办背景,在动员人力、资金等资源方面具有制度优势,介于准政府组织与社会组织之间,类似于准政府组织,而非真正意义上的"社会"。依靠"准政府组织"权威性及公信力,能够统筹政府、社会资源,具有公共服务专业优势,能够培育与孵化行政村机构养老发展。如2017年中国红十字会在全国7个省份开展的养老服务试点工作,就具有一定的实践与理论意义。②

前者是在"政府失灵""市场失灵"背景下探索社会、社区等共同发展福利的模式。在政府失灵、市场失灵的背景下,西方国家积极探索政府、市场、社区及社会等共同供给福利的制度,从而实现福利公平、公正再分配,如"市场失灵"理论指出,市场经济存在自发性和盲目性,养老服务在市场经济活动中出现的问题,不能完全依靠"市场"自身来解决,需要依靠国家宏观调控来施加影响,从而弥补市场的不足,达到

---

① 林宝:《养老服务供给侧改革:重点任务与改革思路》,《北京工业大学学报》(社会科学版)2017年第6期。

② 何燕兰:《非营利组织参与养老服务模式研究——以中国红十字会养老服务试点实践为例》,《社会福利》(理论版)2018年第8期。

资源优化配置，这为国家适度干预养老服务市场提供了理论依据和指导意义。后者是在政府、市场发展行政村机构养老资源不足，社区发展机构养老专业性不强的背景下，探索多元主体共同参与、互补资源、职责分工合作承担的行政村机构养老模式。

（二）与中国城市机构养老模式差异性

本研究个案创新的行政村机构养老模式与城市机构养老的相关模式相比，具有差异性，具体为：

首先，在机构养老主体模式方面具有差异性，城市机构养老主体模式主要包括政府兜底的公办养老福利中心、中高端的公建民营、私立的老年公寓、养老院等多种类型主体发展模式。我国行政村机构养老主体还在实践探索中，处于起步阶段，还未建立相应主体模式。目前，主要为政府主导发展，村集体组织社区承接运营的主体模式，即政府、社区等多元主体共同发展行政村机构养老的主体模式。

最后，在机构养老服务内容方面具有差异性。城市老年人与农村老年人对养老需求内容具有差异性，城市老年人对机构养老服务需求主要为业余爱好培育、社区参与等，农村老年人养老服务需求主要为经济支持、精神慰藉、安全救援和医疗服务等，这也决定了城市机构养老供给的内容与农村供给的内容具有差异性。城市机构养老致力于供给"高端有选择、中端有市场、底端有保障"的服务，从而为各类型老年人提供多元化、多层次养老服务。农村机构养老主要为老年人提供养老服务，事实上，行政村机构养老提供的服务内容较为单一，大多为经济支持、娱乐活动等。

第二节 行政村机构养老模式价值与特点

一 行政村机构养老模式价值

（一）行政村机构养老模式创新价值

本研究个案实践探索形成的行政村机构养老模式，在当前我国农村养老服务业发展中具有创新性，其创新具体为：

一是将行政村机构养老设施设置于村庄内部，促进老年人在行政村地域范围内接受日间照料、夜托等服务，缓解以往农村老年人到乡镇养老机构接受养老的困境问题；二是农村"五保户"等经济困难特殊老年人，以及低龄、健康等各类老年人群体，都可到行政村养老机构接受服务，极大拓展乡镇敬老院服务对象群体单一、覆盖面小的局限性；三是行政村机构养老福利供给主体不仅包括政府公共部门、准政府组织、村集体经济组织社区、老年人及子女，壮大了行政村机构养老发展主体，促进行政村机构养老相关动态职责履行及功能发挥。

（二）行政村机构养老模式借鉴价值

个案模式目前虽仅在个别省内"区"场域试点，但是是我国行政村机构养老发展的一个"缩影"。格兰诺维特认为，任何一项经济行为都嵌入于一定的社会关系之中[①]，国家主导发展的行政村机构养老亦无法脱离具体社会环境而独立存在，需通过场域内宗族文化起作用。因此，个案模式对我国行政村机构养老发展借鉴价值如下：

一是行政村按需优先推广个案模式。我国行政村数量众多，当前经济发展阶段资源的有限性，决定了行政村发展机构养老需要逐步推广。即对于推广的行政村选取，需要权衡公共资源投入的均衡性及公平性。正如访谈中慈善总会负责人 LTS 谈道，"公共资源分配要均衡，有的村庄老人很多，老人也有养老需要，但村集体经济好，不需要村庄外的发展投入；有的村庄挂很多项目牌子，还有市领导挂钩，也有资源，不需要我们投入；那些老人有养老需求、集体经济差、获得支持少的村庄，才适合发展慈善幸福院。"[②]

二是依照行政村区域文化实施不同的机构养老发展路径。如对于具有浓厚宗族文化传统的我国华南地区，可发挥文化"生产力"作用，在"行政村"设立养老基金，基金可挂靠于政府民政部门，并由乡镇党委政府领导分管、列入为民办实事项目，通过村庄"新乡贤"[③] 或村干部等

[①] 马克·格兰诺维特：《社会与经济：信任、权力与制度》，王水雄、罗家德译，中信出版社 2019 年版，第 44 页。
[②] 访谈资料来自 2020 年 9 月 8 日对 ND 市蕉城区慈善总会负责人 LTS 的电话访谈。
[③] 何朝银：《"新乡贤"组织与"双轨政治"重构——基于闽西 B 村的个案研究》，《东南学术》2020 年第 4 期。

"中介"联结区域社会资源进入养老基金"蓄水池",缓解机构养老经营风险。在此过程中,需要注意防止对社会及个人产生摊派捐赠的压力。对于不具有宗族文化传统的华北地区,政府应加大发挥主导行政村机构养老发展作用,如在推进乡村振兴战略实施过程中,进一步壮大发展村庄集体经济,将相关资源优先投入于机构养老发展。唯有如此,个案模式才能超越地方性局限,逐步实现全国层面推广。

三是社会力量发展行政村机构养老是个案的特性,依托专业优势提供专业性服务,依托权威性及公信力整合资源,但其参与发展在于培育与孵化。因此,发展中应同步探索其退出后相关主体补位及职责有序衔接的问题。正如访谈中慈善总会负责人LTS谈道,"我们是助力,如果没有政府的支持我们不敢做,这个幸福院是民政部、是乡镇的、是村的,是他们的,我们只是去帮助他们,去启发他们,去辅助他们,我们帮忙不添乱。我们现在做了差不多了,应该由他们来接手、来发展。"[①]

二 "四元主义"行政村机构养老模式困境

(一) 政府发展行政村机构养老困境

政府在主导行政村机构养老服务发展中,注重养老设施的村庄覆盖率,在发展行政村机构养老中,主要由民政局、扶贫办等政府公共部门依据农村养老服务相关制度投入,投入资金在行政村机构养老设施建设中占比比较大;在行政村机构养老发展阶段,民政局、扶贫办等政府部门主要采取"以奖代补"方式提供资金,但该资金占总资金投入占比比较少,远远无法满足行政村养老机构持续发展的资金需求。即政府在发展行政村机构养老中,重视设施建设经费投入、忽视运营发展经费投入。政府投入行政村机构养老的发展资金虽然能够帮助顺利建设养老机构设施,但无法满足行政村机构养老可持续的资金注入,必须依靠镇村级、市级、省级乃至中央政府相应的专项财政投入,必须依靠多元化的资金来源渠道,才能实现可持续发展。

行政村机构养老兜底保障对象主要为"五保户"及"三无"老年人。

---

① 访谈资料来自2020年9月8日对N市J区慈善总会负责人LTS的电话访谈。

行政村机构养老何以发展

伴随着我国农村人口老龄化加剧,"空巢"、"孤寡"、高龄等经济困难特殊老年人群体将越来越多。但当前社会保障制度方面,界定农村老年人"低保"水平和"五保"的标准,并没有体现出与区域经济社会发展水平相一致的情况,仍属于典型的生存型社会政策。实际上,依据地方贫困线确定"低保"对象,容易导致处于贫困线边缘的群体被排斥在外。同时,当前医疗救助对象确定主要以是否为"低保"对象为依据,这也导致其他非"低保"贫困老年人被排斥在医疗救助之外。社会政策发展规律表明,随着经济社会进步发展,生存型社会政策应当转向发展型社会政策。可见,当前政府对农村老年人养老兜底保障,忽视了位于贫困线边缘的高龄、"空巢"、"留守"、"低保"、失能等老年人群体。

政府对行政村机构养老的监管标准尚未实现系统化,未出台行政村机构发展质量监管标准体系。目前监督主要做法为,实施由村委会、民政部门等共同参与,包括自评以及考核的方式,还未形成省级层面系统化、标准化的服务质量监控指标体系。行政村机构养老发展还存在分类发展标准缺乏的问题,导致行政村机构养老发展缓慢,服务管理水平不高,服务内容单一、接受服务老年人数量有限,老年人获得感不强等问题。

政府部门协同参与行政村机构养老建设与发展难度大,行政村养老机构发展是项系统工程,涉及用地以及资金等问题。如养老机构用地供给、发展质量等都需要民政局、住建局、卫健委等政府相关部门协同参与,具体在行政村机构养老设施建设阶段,需要民政局、住建局等部门协同支持用地供给,但村委会作为村民自治组织难以协调政府相关部门共同参与,民政部门也不具备相应权力,因此,行政村机构养老设施建设发展政府部门协同难度大。

行政村机构养老信息化程度不高,行政村机构养老发展,对村庄老年人养老需求、家庭情况,个人情况等相关信息缺乏统一整合的平台,对相关养老志愿者等志愿资源也未实现全面整合,从而导致相关资源无法有效满足老年人养老需求。事实上,全国各地在发展行政村机构养老中都存在管理信息化程度较低,信息化手段薄弱等相关问题。如很多地方尚未建立市级养老档案及资源共享信息系统;在审核养老机构上报的材料时，主要依靠手工审核，一些养老机构在申领补贴时存在无身份证明、非本市户籍老年人、已去世老年人继续申领、已离院继续申请、未实际居住以及重复申领补贴等违规情况。行政村机构养老老年人入住信息无法实现互联、不能从源头上监管养老机构违规申领补贴现象，民政部门在对养老机构消防安全、明厨亮灶食品安全、便民服务等方面也无法实现在线监督，导致安全监管工作无法落实到位。

（二）准政府组织发展行政村机构养老困境

准政府组织在我国具有一定的权威性和专业性，如慈善总会在筹集资金以及整合人力资源等方面，能够获得相关优惠激励制度，可以顺利募集资金、物资等资源。当然，这也需要准政府组织自身不断提升公信力，尤其是实施多元化方式募集资金，如采用大众化筹款方式，大众化筹款方式具有募集面较广，网络平台信息交流便捷性，公众关注度高、信息透明公开等特点。这也要求准政府组织对募集资金实施制度化管理，包括资金来源，使用去向等信息加强公开披露。事实证明，公众信任度对准政府组织募款能力影响大，如2020年新冠肺炎疫情时期，湖北红十字会以及韩红设立的基金会的募款现实情况，便是明证。

准政府组织履行公共服务职责，涉及助学、养老等诸多民生领域，在各个特定时期，以哪项公共服务为工作重点，需要依据区域相关民生问题的严峻性与迫切性等情况。如随着人口老龄化加剧，行政村机构养老问题成为农村社会重大民生问题，慈善总会便将行政村机构养老发展作为重心工作。但准政府组织所汇集的社会资源具有有限性，这也决定了在相关时期需要有所侧重发展相关民生问题。慈善总会参与行政村机构养老，主要作用在于发挥孵化培育、示范引导作用，因此，未来待其退出后，还需要继续探索其他多元主体的有序衔接以及职责履行问题。

我国准政府组织大多为非编单位，工作人员缺乏编制，主要为刚毕业学生以及退休干部等。待遇较低以及缺乏编制等原因，导致相关工作人员一旦考入编制单位工作岗位后便提出辞职。准政府组织工作量大，工作人员流失率高等问题，影响服务业务发展及质量提升。

志愿者队伍是慈善总会等准政府组织的重要人力资源。志愿者基于对志愿队伍的归属感和认可而加入，但是也需要准政府组织提供相应的激励制度，从而提升队伍稳定性。当前，我国准政府组织对志愿者缺乏有力的激励制度，如志愿者在对老年人提供服务过程中，希望自身在未来养老需要服务的时候，可以将当前开展的养老志愿服务时长储存，供未来得到相应时长服务，即需要建设"时间银行制度"。该制度在国外一些发达国家已经发展较为健全完善，但我国大部分地区还在积极探索实践中。在我国志愿制度建设中，省以及国家级层面的信息统计平台无法兼容，且未设立有针对不同弱体的专项服务志愿服务信息统计平台。同时，志愿队伍在开展活动中，需要相应的服装以及交通费用等支出，因准政府组织缺乏相应费用，导致相关经费较多地由志愿者自费出资，经费不足在一定程度上制约志愿者提供服务的积极性和主动性。

（三）村委会发展行政村机构养老困境

村委会为基层自治组织，主要负责村庄公共事务管理及发展等，在发展行政村机构养老中，负责承接运营养老机构。但专业性不足，导致村委会运营发展机构养老存在服务内容单一、专业性不强，服务内容较多停留于经济支持、文化娱乐等，对兴趣爱好开发培养、医养结合、社区参与等养老服务内容供给较少等问题。同时，村委会对农村老年人养老服务供给缺乏分层思路，总体上，对老年人仅提供物质支持。事实上，农村老年人经济状况以及需求等方面存在差异性。老年人、养老需求与子女经济状况存在一定联系性，子女如果较为富裕、或者社会地位较高，老年人养老服务需求层次就较高。子女经济状况如果较差，老年人经济状况也相应较差，那么该类老年人养老服务需求主要以物质支持为主。对"空巢"老年人养老服务，则需要以提供心理支持、紧急救援等为主。

村委会发展行政村机构养老，提供的服务较为同质化，缺乏差异化。老年人对医养结合养老服务具有共性需求，正因如此，部分村委会和乡村卫生院签约，组织医生为养老机构老年人提供体检、慢性疾病治疗等常规服务，但仍无法为老年人提供专业化诊断治疗。村委会工作事务繁杂，相关干部缺乏足够的时间及精力运营发展养老机构，这影响行政村机构养老服务发展质量。

村委会发展行政村机构养老人力资源缺乏，除供给少量管理工作人员外，供给专业化护理人员难度大。农村养老机构护理人员发展几乎一片空白，既因为当前社会对养老护工行业认知不准确，养老护工职业认同感低，影响护理人才对自身职业发展的认同与信心，也因为国家在取消养老护理员职业资格考试的同时，又未及时建立起与养老护理员相关的职业资格考试制度，影响养老护理人才对护工职业前景的预判与信心。此外，养老护工薪资待遇普遍较低，缺乏编制，与医院在编护士出现"同工不同酬"，工作劳动强度大，导致很多护工宁可在养老机构中从事保洁工作也不愿从事护工。养老护工缺口大，至关重要的是就职于农村区域养老机构，对于护理人员而言，缺乏地域吸引力。

村委会发展行政村机构养老，需要相应的注资渠道，村集体经济组织投入资金是一个主要渠道。但村集体经济状况与村庄资源、地理位置、村干部、人口，以及与区域经济发展水平乃至国家相关制度政策等都具有一定相关性，这使得村集体经济组织在发展行政村机构养老中，面临经费投入不足问题。村委会运营发展行政村机构养老，还存在接受养老服务老年人的覆盖面窄的问题。一些村庄对接受日间照料老年人实施收费，一些村庄对此类服务未实施收费，总体上，日间照料收费制度的实施严重影响老年人接受服务的意向。此外，慈善幸福院缺乏独立财务账号，使得村委会相关资金难以投入慈善幸福院运营发展。

（四）家庭发展行政村机构养老困境

子女对老年父母具有赡养义务。在老年人接受行政村机构养老中，子女在一定程度上更新了"孝"的内涵，也纠正了将老年人送入养老院为"不孝"的错误观念，更纠正了农村社会对机构养老的偏见。老年人在机构养老期间只要平安无事，子女一般不会过问他们生活情况。但一旦老年人在养老机构生病、发生摔倒等事件，子女在接手治疗老年人方面，并不积极配合，不愿主动承担责任，容易与慈善幸福院或者村委会就这类事件发生纠纷，提出经济及精神赔偿等诉求。深层次原因在于，子女认为，如果因慈善幸福院的过错，导致老年人患病或死亡，如果不提出赔偿要求，则是对老年父母的不孝。农村社会"孝"文化较重视老年人"身后"各类仪式,有的时候,子女为了获得"孝"的"美名",甚至不惜投入大量金钱操办各类仪式。相较而言,老年人"生前"养老事宜,子女则较少投入足够经济资源。农村社会重视"身后"、轻视"生前"的"孝"文化,一定程度上影响行政村机构养老发展。农村老年人对养老尤其是机构养老的观念较为淡薄,较少将自身积累主动投入到养老中,更少要求子女投入经济资源为自身养老。农村老年人重视对子女的奉献,如在儿子结婚的时候,负责筹集结婚聘礼以及盖新房等费用,但很少主动索求子女为自身养老。同时,子女对父母赡养意识较弱,代际倾斜严重,老年人大多认为,只要活着能够走动、都能够实现养老。实际上,农村老年人不仅需要为子女从事照看孙辈等家务劳动,还需要从事农业劳作。当前地方政府给予农村老年人养老金大致为每月200元左右,但老年人在生活中不仅需要支出生活费用,还需要支付高昂的医疗费用等。因此,农村老年人养老需求整体受抑制,养老消费有待开发。城市机构养老中也出现类似现象,即老年人及子女对养老投入费用较少,尽管有的老年人自身退休金较高,子女也较为富裕,却舍不得花钱支付养老费用,"重幼轻老"的观念,使得老年人及子女宁可将经济投入于孙辈教育,也不愿意投入于老年人养老。

第三节 行政村机构养老模式路径优化

一 政府发展行政村机构养老路径优化

习近平总书记在十三届全国人民代表第一次会议上的讲话中提出,"我们要以更大的力度、更实的措施保障和改善民生,加强和创新社会治理,坚决打赢脱贫攻坚战,促进社会公平正义,在幼有所育、学有所教、老有所得、病有所医、老有所养、住有所居、弱有所扶上不断取得新进展,让实现全体人民共同富裕在广大人民现实生活中更加充分地展示出来。"[①] 实现老年人老有所得、病有所医、老有所养、住有所居、弱有所

[①] 习近平:《在十三届全国人民代表大会第一次会议上的讲话》,人民出版社2018年版,第9页。

扶，需要政府加强对农村养老服务业发展制度顶层设计，进一步夯实政府兜底线、保基本，发挥市场监管职能作用，不断完善以居家为基础、社区为依托、机构为补充、医养结合的农村养老服务体系，满足农村老年人多层次、多样化养老服务需求，具体为：

（一）加大农村养老服务专项经费投入

我国行政村机构养老资金来源渠道主要有村集体经济组织、地方财政补助、社会捐赠、老年人及子女等，未形成制度化资金来源渠道。政府缺乏对农村老年人养老服务投入专项经费。因此，需要建设行政村机构养老资金来源制度，即形成"政府保底、村级支持、子女承担、社会捐赠、市场参与"的制度，为行政村机构养老发展提供长效制度保障。需要各级政府对养老服务业发展加大资金支持力度，如设立村级机构养老服务专项资金，并列入省级、中央级等各级政府年度预算，形成财政、民政和乡镇等多部门、多层次资金投入机制；进一步确立省级、中央级政府等各级政府之间的财权、事权责任，强化中央政府养老服务财政责任，强化中央政府对全国各地养老服务业发展的资金扶持力度，形成制度性中央财政投入，扭转省级政府养老服务财权、事权不对等状态，提升中央政府对养老服务业发展的调控力度。

（二）加强履行农村年人养老兜底职责

我国传统养老方式的主体，以血缘关系的子女或宗亲为主，政府较少承担老年人养老。即使在计划经济时期，我国政府也仅承担农村"五保"老年人的养老，农村其他老年人群体则处于养老保障制度之外。改革开放后，国家一再强调公民年老有从国家获得照顾的义务，并通过《中华人民共和国老年人权益保障法》《城乡居民养老保险制度》等法律法规细化国家养老责任，国家再通过民政、社保、卫生等政府部门承担老年人养老责任，实质上是国家与公民订立的一种养老契约，因此，需要各级政府树立契约型养老责任执政理念，承担主要养老责任，加大对城乡养老资源投入力度。在提升农村老年人养老责任方面，应有如下举措：

一是提高农村基础养老金水平和老年人救助标准。全国各区域基础养老金水平存在差异性，一般而言，经济水平较高的东部地区，基础养老金水平较高。但是，东部地区农村基础养老金尽管较高，如果老年人没有其他收入来源，也难以实现自我养老。因此，提高农村基础养老金水平是发展所趋。应提升农村老年人"低保"和"五保"补助标准，"低保"和"五保"救助对象一般是社会中的绝对贫困群体，为免其陷入贫困，提高相应补助水平尤为必要。

二是完善行政村机构养老服务体系。养老工作需要坚持底线思维，聚焦短板，要托"底"、保"底"。为更好履行政府养老兜底保障职责，需拓展农村养老兜底保障对象覆盖面，织密织牢基本养老兜底保障网，加强对农村"空巢""孤寡"老年人的关爱，全面开展对"空巢""孤寡"等老年人群体的定期探访、巡访，及时更新此类老年人信息台账，掌握他们养老需求并提供相应服务。加大实施特困供养服务设施（敬老院）改造提升工程，确保每个县至少有一所特困供养服务设施，推动有条件的乡镇敬老院逐步转型升级为区域性养老服务中心，提升失能半失能、高龄以及其他特困老年人集中供养率，推动建立面向城乡特殊困难家庭老年人的居家社区探访制度。

三是扩展农村机构养老兜底覆盖面，由特惠型转向普惠型。公办养老机构应该以保障特困供养老年人，以及其他经济困难"孤寡"、失能、高龄老年人集中供养为主，提升养老服务对象兜底覆盖面。如乡镇敬老院可扩展集中供养人群，适当惠及失能半失能、"空巢"等老年人群体。改善乡镇敬老院医养结合服务质量、服务管理水平，甚至改制不以此为主要职能的公办养老院，将其逐步转制成企业或改为公建民营模式。此外，全面建立公办养老机构入住评估和轮候制度，确保公办养老机构入住资格分配过程公开、透明。

（三）加强监管行政村机构养老质量

制定、监督和落实养老服务发展质量指标是政府的主要职责，因此要有如下举措：

政府需要加快建设行政村机构养老质量发展地方标准体系，制定养老机构省级评定标准，包括养老机构服务供给流程、服务质量以及评价体系等。如落实《养老机构服务质量基本规范》《养老机构等级划分与评定》等国家标准,实行服务项目清单管理,健全养老机构消防、食品、医疗卫生等安全管理制度,开展养老机构服务质量建设专项行动。健全行政村机构养老设施运营监管制度,加大监督机构养老设施运营检查力度,制定监督检查方案,形成长效监管机制。探索评估监管机制,强化行政村机构养老服务范围、服务质量等日常监督和年审,促进养老服务有序健康、可持续发展。

建立行政村机构养老质量评估奖惩制度,促使服务质量不合格的机构养老承接方退出养老市场,加大对行政村机构养老服务质量良好承接方的激励和支持力度,促进养老服务市场良性发展。建立行政村机构养老督查考评机制,包括流程、方法和模式等。建立行政村机构养老服务内容和质量等的督查考评、定期评估、违规退出等机制,加强事前、事中和事后全过程监管,推动养老服务业规范化发展。强化效能考评,将养老服务业绩纳入省对市绩效考评指标,乃至纳入国家公共绩效考核,确保政府履行养老服务业发展职责能够落实到位。

(四)加快养老服务立法

我国现有法律体系中,仅有《中华人民共和国老年人权益保障法》对养老服务作了规定,且大部分属于原则性规范,对养老服务的大部分内容缺乏规定,如对国家财政支持比例、社区居家养老服务建设和配套设施完善、养老服务业人员资格准入等均未作明确规定。该法律在具体实施上,大多停留在政策规划层面,养老服务及相关活动规制多仅以政策性文件规定,效力位阶偏低,这些都直接制约了养老服务的发展。因此,及时有效解决养老服务发展的突出问题,必须加快养老服务地方专门立法,提高养老服务规范的法律位阶,既可提高养老服务法律定位,又可为养老服务矛盾和问题的解决提供法律依据,推进养老服务走上健康发展轨道。

实际上,在我国养老服务领域,养老服务现有规范性文件已多达400个,中央和各地方立法机关、政府部门都从不同角度对养老服务进行专门规范。境内外多项成熟的立法样本为我国养老服务专门立法提供制度借鉴范例。许多发达国家和地区,大多建立了较为完善的养老服务法律体系,如与我国相邻且具有相似养老传统理念的日本,就建立了由家庭、近邻和社区组成的老年人福利制度体系,并颁布实施与之相关的法律法规,包括老年福利法、老年保健法、社会福利及介护福利法及福利人才确保法等,都可供我国借鉴。我国台湾地区,从1998年起推动长照相关计划,并持续探索建立长照保险制度,其相关立法经验亦有充分的参考意义。此外,国内一些省市也已先后制定地方养老服务条例或机构养老管理办法,这些立法探索都将为我国省级养老服务专门立法提供有益借鉴。还需要加强以医养结合为核心的配套制度建设,大力整合既有政策体系、集中优化发展环境,将"医养结合"内容明确纳入地方立法,从立法层面促进医养结合工作健康发展,对加快推进医养结合工作作出明确规定。

二 社区发展行政村机构养老优化路径

(一)提升运营发展服务质量

社区需要提升行政村机构养老专业性,加大机构养老服务供给的精准性,提升老年人获得感。这一方面需要加强对老年人实际需求调查,听取老年人对机构养老发展及自身服务需求的意见与建议,重点加强对"独居"、"空巢"、特困、残疾等特殊经济困难老年人的调查,掌握老年人多层次多样化养老需求。另一方面,需要将老年人实际需求进行分类并提供相应差异性服务,满足老年人日间照料就餐、文化娱乐等基本服务基础上,增设医疗、护理、心理、教育、健身和休闲娱乐等服务,推动更多老年人获取服务。适当提高入住老年人缴费标准,探索对不同收费标准老年人提供不同的服务内容。在满足本行政村老年人养老需求基础上,增收行政村外其他老年人入住,打破行政村机构养老服务的村籍限制,具体如可对外村籍老年人适当收取更高标准费用,同时在养老服务中增加促进不同村籍老年人融合的文化建设内容。

社区需要建立健全规章制度,提升机构养老服务质量。健全行政村机构养老管理制度。如具体可以实施院长负责制,设立正、副院长岗位,管理、服务和监督小组。正、副院长分别负责养老机构运营、具体事务管理。管理、服务、监督小组分别负责服务工作安排、服务项目开发、服务动态监控等。实施机构养老工作人员分类培训计划，组织管理人员外出考察、学习先进管理经验和方法。加强对服务人员开展服务理念、照护技巧、服务基本规范等专业知识培训，并鼓励服务人员持有护理、社工等相关职业资格证书。加强对行政村机构养老人员的专业教育，依托区域内高等和中等职业院校，增设医学、康复、护理和社工等养老服务相关专业，并在招生计划上给予倾斜支持，确保为区域输送充裕的养老服务专业毕业生。

加大对养老行业从业人才的激励奖励，如给予老年服务和管理类专业毕业、从事老年服务和管理类工作、持有人社部门颁发的养老护理等相关职业资格证书、签约入职满5年的从业人员一定数量的奖励补助。提升行政村机构养老智慧信息化水平，加快农村老年人基础信息数字平台建设，并与上级政府主管部门、县级以上医疗机构及"12349"养老服务供给组织等数字平台对接联网，形成跨界合作、资源共享服务模式，发挥"互联网+"服务优势。

（二）建设养老护理人才队伍

促进行政村机构养老护工人才队伍发展，提升全社会对养老护工职业的尊重与认同，需要积极宣传养老护工职业及护工先进典型事迹，促进全社会对养老护工行业的准确认知，提升养老护工人才的职业荣誉感与归属感。需要加快设立新的与养老护理员职业资格相关考试制度，为护工人才提供新的职业发展前景。需要补齐养老服务护工队伍待遇短板，将老年医学、康复和护理人才作为急需紧缺人才纳入地方人才引进和培训规划，适当设立护工编制。需要设立养老护工职业特殊岗位津贴及节日，给予养老护工职业应有的尊重与待遇。需要加大养老护工人才的培育力度，如开展"养老从业人员万人培训计划"，制定实施"养老从业人员培训计划"，为养老从业人员建立分级、分类培训体系，提升服务专业性。

促进养老机构医生队伍建设发展，提升老年人获得医疗服务，需要探索建立医院医生到行政村养老机构开展医疗服务的长效机制，如将综合性医院、专科医院医生到养老机构服务时间视为到社区卫生（医疗）服务中心、乡镇卫生院的服务时间，并作为晋升、职称评聘的条件之一，以及提升志愿服务医生的薪资待遇。需要开通绿色通道，畅通转诊通道，为签约老年人开通转诊绿色通道，使重症、急症的老年人能够得到及时救治。

（三）创新行政村机构养老运营方式

创新行政村机构养老运营方式，逐步引入市场机制，如社区可承担养老机构基础设施建设，以合同形式委托民间资本经营管理，但需要选择具有爱心、奉献品质人士经营，经营机构需要着力开发老年人劳动力资源，实施独立的经营账户。社区可向民办养老机构购买养老服务、日间照料等，如全国一些经济较为发达的地区，可实施政府购买养老服务项目，具体做法为民政局负责研究制定政府购买养老服务项目方案、部署每年购买服务项目的社区覆盖数量，组织开展项目招投标及资金的拨付下达，指导镇、街开展购买服务工作；镇、街负责落实开展购买服务的社区养老服务办公场所及办公设备的采购，监督指导项目工作开展。社区为专业养老机构入驻提供场所、办公设备、水电和网络等支持，协助养老组织开展活动，监督指导养老服务工作开展。民政局定期组织第三方专业评估机构对项目进行中期、末期评估，及时通报养老服务项目实施质量。

（四）加大医养结合养老服务内容供给

积极支持社会力量参与医养结合服务，鼓励养老机构与周边医疗机构签约、医疗机构到养老机构设立医疗点等多种方式开展协议合作；推动人社部门将符合医保定点条件的养老服务机构全部纳入医保定点范围，推动其他相关部门及时出台《养老机构老年人意外伤害集体险购买办法》等规范性文件，有效化解养老服务运营发展中存在的财务负担与法律风险；推动卫健部门制定二级以上医院与老年病医院、老年护理院、康复疗养机构开展转诊合作的制度衔接方案，要求二级以上综合医院（含中医医院）主动与行政村养老机构开展对口支援、合作共建，通过建设医疗养老联合体，促进专业医疗机构提供的专业护理服务农村老年人。

三 准政府组织发展行政村机构养老优化路径

准政府组织需要加强自身独立性，如加强建设资金来源、运营管理以及使用去向等方面的信息披露制度，提升自身募集资金、整合其他社会资源等能力，提升公信力。准政府组织在履行公共养老服务职责当中，需要加强与政府部门的合作，如在整合政府相关公共部门参与行政村机构养老服务中，需要尽量按照政府部门养老服务职责，发挥养老公共服务作用，协同发改、财政、卫计、住建、文化、体育、团委、妇联和工商联等政府职能部门、企事业单位，按照他们各自职能参与，如协同财政部门负责落实资金，文化体育部门负责落实基础设施及活动进驻，卫计部门负责提供医疗保健服务，团委、妇联负责组织志愿者等。

需要探索"时间银行"志愿者管理激励制度，让参与养老服务的志愿者将参与服务的时间存进相应的信息平台，待未来需要时从信息平台中提取"被服务时间"，增强当前社会志愿者参与养老服务的荣誉感和积极性。需要健全志愿者服务队伍网络，将区、县、乡镇级志愿者与村级志愿者相链接，吸纳老年人协会、村集体经济组织成员、党员干部和退休教师等，以及具有医疗、护理和家政等专业技能的人员加入队伍。注重培育弘扬志愿者奉献、友爱、互助、进步等志愿精神。准政府组织在开展服务中，还需要通过契约的形式加以开展，如若仅依靠信赖、熟悉等关系开展行政村机构养老合作试点工作，合作关系容易具有不稳定性，一旦双方之间的人事关系发生变动，影响合作关系。因此，准政府组织需要采用制度化契约形式，包括签订约束性的合同方式，形成长期稳定合作关系，促进行政村机构养老发展。

四 家庭发展行政村机构养老优化路径

需要加强农村社会养老道德文化建设。农村社会"孝道"传统文化虽然具有能够维护老年人养老权益的一面，但是，也存在一些需要更新的观念，如子女对父母尽孝，较少在老年人"生前"，较多在老年人"身后"。因此，子女应注重对父母"生前"尽孝，尽量满足父母经济支持、心理支持和精神慰藉等养老需求；应将对自身老年父母的"孝"扩展至对全社会老年人的"孝"，形成"大孝"格局；应将传统"孝"的道德基础渐次转化为现代社会中的法律责任，提升自身赡养父母的法治责任意识。

需要加强子女赡养父母"法治意识"。新时期，子女赡养老年父母，一方面需要改变传统养老观念，不应完全由家庭承担失能、半失能老年人的养老护理工作，因家庭成员护理不专业，老年人因此而获得服务质量并不高，子女的负担压力也较大，因此，子女如果条件允许应将此类老年父母送至养老机构，由专业养老机构提供服务，减轻压力。将家庭资源适当均衡投入于父母养老、子女教育中，改变"重老轻幼"的观念与格局，开阔老年父母的视野，培育激发老年父母的兴趣爱好，激活老年父母的养老需求，并对老年父母的养老消费提供相应支持。老年人也需要改变相应的养老观念，尽量开发自身劳力资源、提升养老独立性、加强社会融合，实现自我养老。

五 市场发展行政村机构养老优化路径

促进市场主体发展行政村机构养老，不仅需要创设公平竞争的市场环境，还需要建立面向民间资本的特殊扶持机制，如在土地、税收和信贷等方面提供相应的优惠政策，具体为：

（一）按照公益性质划拨用地

养老服务是公共服务的重要组成部分，养老服务业发展既需要遵循市场规律，也需要确保公平、公正的福利保障理念。政府在公平对待服务消费者老年人的同时，也需要公正对待养老服务供给市场方。为推进市场主体积极发展养老服务业，对养老服务设施用地需要依照机构发展养老服务的不同定位，实施分类定价供给土地制度，如登记为非盈利性组织、承诺将运营收入持续投入于养老机构运营发展的养老机构，为其划拨的土地需要按照公益属性；登记为营利性的养老机构，为其划拨的用地则实施商业用途定价及竞拍等程序。需要为养老服务业发展市场主体提供良好的激励优惠制度环境，如制定养老服务运营机构经营权贷款制度，以及建设为养老服务机构提供购买服务、税费优惠和补贴等支持激励制度，确保养老机构具有充裕的资金，促进养老服务业可持续发展。

（二）缓解机构养老经营风险

为缓解行政村机构养老经营风险，促进养老服务业可持续发展。需要完善与养老机构内老年人摔滑倒意外事件处理责任承担原则等相关法律制度，适当确立优化老年人、养老服务机构等相关主体需要承担的责任比例。实施老年人入住养老服务机构缴费多方担保制度，减少子女等家属拖欠、拒交养老服务费用现象发生的概率，建立覆盖养老服务行业法人、从业人员和服务对象的行业信用体系，或将相关担保责任人违约行为信息记录纳入国家征信系统。

将社会保险、基金会等纳入养老服务机构经营中，适当缓解基于公益性目的举办的养老机构经营风险，实施由社会保险、基金会等主体适当承担养老服务社会责任。针对老年人家庭结构和功能，以及老年人及子女家庭的社会阶层归属，采取无偿、低偿和有偿的服务收费办法，开拓行政村机构养老运营资金的市场来源渠道，完善多元化资金投入渠道机制。积极利用闲置资源兴办养老机构，尽快出台闲置资源兴办养老机构的实施细则及配套措施，如按照民政部等11部委《关于支持整合改造闲置社会资源发展养老服务的通知》等文件精神，推动相关部门加快出台可操作性的实施细则，鼓励整合改造企业厂房、商业设施、存量商品房等发展养老服务业。

在完善行政村机构养老模式，优化各主体发展行政村机构养老路径基础上，还需要加强探索各个主体之间协同发展行政村养老机构的职责定位与分工合作。唯有如此，才能推进行政村机构养老发展，满足农村老年人养老需求，振兴农村公共服务。本研究个案模式中，国家、社区和市场等多元主体参与发展乡村共同体养老公益事业，以及多元主体实施"自治""德治"和"法治"等综合性治理方式[1]，对随迁进城老年人回流村庄，乡村共同体意识培育，新时代调动各个主体参与乡村振兴、重构乡村多元共治方式及秩序等，都具有独特的理论价值与实践意义。

---

[1] 朱冬亮、高杨：《福建创新社会治理的实践与启示》，《东南学术》2015年第2期。

附录　访问提纲

一　政府部门工作人员访问提纲

（一）政府部门参与慈善幸福院建设情况

1. 您部门是否参与慈善幸福院建设，如何通过资金及制度等方式参与慈善幸福院建设？

2. 您部门参与慈善幸福院建设成效如何，存在哪些困难，对此，您有什么意见或者建议？

（二）政府部门参与慈善幸福院发展情况

1. 您部门是否参与慈善幸福院发展，如何通过资金和制度支持等方式参与慈善幸福院发展？

2. 您部门参与慈善幸福院发展取得哪些成效，面临哪些困难？对此，您有什么意见或者建议？

（三）政府部门发展慈善幸福院与其他主体协作情况

1. 您部门参与慈善幸福院建设，与村委会、准政府组织协作情况如何？取得哪些成效，存在哪些问题？对此，您有什么意见或建议？

2. 您部门参与慈善幸福院发展，与村委会、准政府组织协作情况如何？取得哪些成效，存在哪些问题？对此，您有什么意见或建议？

（四）慈善幸福院资金总体投入情况

1. 您部门在慈善幸福院建设方面，资金投入情况如何？取得哪些成效，存在哪些困难？对此，您有什么意见或者建议？

2. 您部门对慈善幸福院未来发展有什么预期或者计划？

（五）政府部门工作人员情况

性别、年龄、文化程度、职业等。

二 准政府部门工作人员访问提纲

（一）准政府部门参与慈善幸福院建设情况

1. 您部门参与慈善幸福院建设，如何通过资金和人力等资源方式参与建设？

2. 您部门参与慈善幸福院建设取得哪些成效？面临哪些问题？对此，您有什么意见或者建议？

（二）准政府部门发展慈善幸福院情况

1. 您部门参与慈善幸福院发展，如何通过资金及人力资源等投入方式参与发展？

2. 您部门参与慈善幸福院发展取得哪些成效，面临哪些问题？对此，您有什么意见或者建议？

3. 疫情特殊期间，您部门参与慈善幸福院建设及发展方式等有哪些不同，存在什么困难，对此您有什么意见及建议？

（三）准政府组织发展慈善幸福院与其他主体协作情况

1. 您部门参与慈善幸福院建设，与村委会、政府协作情况如何？取得哪些成效，存在哪些问题？您对多主体协作有什么意见或者建议？

2. 您部门参与慈善幸福院发展，与村委会、政府协作情况如何？取得哪些成效，存在哪些问题？您对多主体协作有什么意见或者建议？

（四）准政府组织对慈善幸福院未来发展规划情况

1. 您部门建设发展慈善幸福院中，采用什么样的方式与村委会合作，是口头约定还是合同协议？

2. 您部门对慈善幸福院未来发展有什么规划或者预期？

（五）准政府组织工作人员及志愿者情况

性别、年龄、文化程度、职业等。

三 村委会两委干部访问提纲

（一）行政村老年人对慈善幸福院养老需求情况

1. 您村老年人数量情况如何、有什么特点，是否对慈善幸福院养老存在需求？

2. 您如何开展村老年人慈善幸福院养老需求调查？

（二）行政村慈善幸福院建设情况

1. 您村建设慈善幸福院，村民支持吗？他们参与建设的情况如何？主要由哪些村民参与出力？

2. 您村慈善幸福院建设经费投入情况如何，资金主要来自哪里，村集体、政府、慈善总会、老年人等出资情况如何？如何获得他们的资金支持？

3. 您村慈善幸福院设施建设用地如何供给，采取哪些措施实现供地？

4. 您村慈善幸福院设施建设质量监督如何实现，采取什么措施，存在哪些困难，您此，您有什么意见或者建议？

（三）行政村慈善幸福院发展情况

1. 您村慈善幸福院运营发展成本等情况如何？是否能够实现收支平衡？

2. 您村慈善幸福院运营发展，获得政府、村集体、老年人及子女、慈善总会等资金支持情况如何？资金注入是否存在困难，存在哪些困难，对此，您有什么意见或者建议？

3. 您村慈善幸福院运营发展服务人力资源供给情况如何，是否能够满足老年人养老服务需求，人力资源供给存在哪些困难？对此，您有什么意见或者建议？

4. 您村慈善幸福院发展的质量监督如何实施？取得哪些成效，存在哪些问题，对此，您有什么意见或者建议？

（四）村集体经济组织资产运营发展情况

1. 您村集体经济组织资产现状怎样？目前您村如何运营发展村集体资产？

2. 您村在发展村集体经济组织资产中取得哪些成效，存在哪些困难，对此，您有什么意见或者建议？

3. 您村对村集体经济组织资产未来发展，有什么预期或者规划？

4. 您村如何决策将村集体经济组织资产部分投入慈善幸福院建设发展？村民的态度或者意见如何？

（五）您村老年人入住慈善幸福院养老情况

1. 您村老年人及子女对入住慈善幸福院有什么看法？他们愿意主动入住慈善幸福院吗？

2. 如果老年人及子女对慈善幸福院养老认知不准确，您如何动员老年人接受服务？动员工作取得哪些成效，存在哪些困难，对此，您有什么意见或者建议？

3. 您村慈善幸福院能满足老年人入住需求吗？

（六）行政村慈善幸福院管理及服务情况

1. 您村如何管理慈善幸福院？成效如何，存在哪些困难？对此，您有什么意见或建议？

2. 您村如何提供慈善幸福院服务？成效如何，存在哪些困难？对此，您有什么意见或者建议？

（七）村委会与其他参与主体协同情况

1. 您村在发展慈善幸福院中，与政府部门分工合作情况如何，取得哪些成效，存在哪些问题，对此，您有什么意见或建议？

2. 您村在发展慈善幸福院中，与慈善总会分工合作情况如何，取得哪些成效，存在哪些问题，对此，您有什么意见或建议？

3. 您村在发展慈善幸福院中，与老年人及子女分工合作情况如何，取得哪些成效，存在哪些问题，对此，您有什么意见或建议？

（八）村干部个人及村庄情况

性别、年龄、文化程度、职业、工作经历等情况；村庄人口、土地及经济发展等情况。

四 老年人及子女访问提纲

（一）有关您家老年人慈善幸福院养老需求情况

1. 您家老年人养老需求情况如何，是否对村庄慈善幸福院养老存有需求，原因是什么？

2. 如果您家老年人在慈善幸福院养老，希望获得什么样的服务？

3. 如果您家老年人在慈善幸福院养老，需要缴纳费用，您希望如何收费呢？

（二）有关您家老年人慈善幸福院养老需求满足情况

1. 您家老年人在慈善幸福院养老，获得服务情况如何，您是否满意？

2. 您家老年人在慈善幸福院养老，获得物质支持、精神慰藉、安全保障和医疗服务等情况如何，对此，您有什么意见或者建议？

3. 您家老年人在慈善幸福院养老，对慈善幸福院管理满意吗？您有什么意见或者建议？

4. 您家老年人在慈善幸福院养老，缴纳费用情况如何？对此，您有什么意见或者建议？

（三）有关您及家人参与慈善幸福院建设发展情况

1. 您及您家人是否参与行政村慈善幸福院建设，采用什么方式参与？对此，您有什么意见或者建议？

2. 您及您家人是否参与行政村慈善幸福院发展，采用什么方式参与？对此，您有什么意见或者建议？

3. 您及您家人对慈善幸福院未来发展，有什么参与的计划或者建议？

4. 您及您家人在参与慈善幸福院建设发展中，与村委会、政府以及准政府组织的协作情况如何、取得哪些效果、存在哪些问题？对此，您有什么意见或建议？

（四）老年人及子女情况

性别、年龄、文化程度、职业、工作经历、健康和养老等情况。

参考文献

一 中文专著

［美］埃莉诺·奥斯特罗姆：《公共事务的治理之道：集体行动的演进逻辑》，余逊达、陈旭东译，上海译文出版社2000年版。

翟学伟：《人情、面子与权力的再生产》，北京大学出版社2005年版。

费孝通：《乡土中国 生育制度》，北京大学出版社1998年版。

费孝通：《乡土中国》，华东师范大学出版社2018年版。

［美］弗朗西斯·福山：《信任：社会道德与繁荣的创造》，李宛容译，台湾立绪文化事业有限公司1998年版。

金耀基：《金耀基自选集》，上海教育出版社2002年版。

梁漱溟：《中国文化要义》，上海人民出版社2005年版。

［美］马克·格兰诺维特：《社会与经济：信任、权力与制度》，王水雄、罗家德译，中信出版社2019年版。

彭华民等：《西方社会福利理论前沿——论国家、社会、体制与政策》，中国社会出版社2009年版。

［法］皮埃尔·布迪厄：《实践理性：关于行为理论》，谭立德译，生活·读书·新知三联书店2007年版。

萨拉蒙：《全球公民社会：非营利部门视野》，贾西津、魏玉译，社会科学文献出版社 2005 年版。

苏力：《送法下乡：中国基层司法制度研究》，中国政治大学出版社 2000 年版。

孙立平、郭于华：《"软硬兼施：正式权力非正式运作的过程分析——华北 B 镇收粮的个案研究》，《现代化与社会转型》，北京大学出版社 2005 年版。

［德］马克斯·韦伯：《儒教与道教》，洪天富译，江苏人民出版社 1995 年版。

［德］马克斯·韦伯：《经济与社会》，林荣远译，商务印书馆 1997 年版。

［德］马克斯·韦伯：《社会学的基本概念》，顾忠华译，广西师范大学出版社 2005 年版。

习近平：《在第十三届全国人民代表大会第一次会议上的讲话》，人民出版社 2018 年版。

杨立雄：《老年福利制度研究》，人民出版社 2013 年版。

应星：《大河移民上访的故事：从"讨个说法"到"摆平理顺"》，生活·读书·新知三联书店 2001 年版。

二　中文期刊

班娟：《社区老年群体互助养老中增权模式探究》，《社会科学战线》2014 年第 8 期。

蔡昉、王美艳：《"未富先老"对经济增长可持续性的挑战》，《宏观经济研究》2006 年第 6 期。

常进雄：《土地能否换回失地农民的保障》，《中国农村经济》2004 年第 5 期。

陈成文、孙秀兰：《社区老年服务：英、美、日三国的实践模式及其启示》，《社会主义研究》2010 年第 1 期。

陈静、江海霞：《"互助"与"自助"：老年社会工作视角下"互助养老"模式探析》，《北京青年政治学院学报》2013 年第 4 期。

程佳、孔祥斌、李靖、张雪靓：《农地社会保障功能替代程度与农地流转关系研究——基于京冀平原区 330 个农户调查》，《资源科学》2014 年第 1 期。

董红亚：《养老机构公建民营：发展、问题及规制》，《中州学刊》2016 年第 5 期。

杜鹏、王武林：《论人口老龄化程度城乡差异的转变》，《人口研究》2010 年第 2 期。

费孝通：《家庭结构变动中的老年赡养问题——再论中国家庭结构的变动》，《北京大学学报》（哲学社会科学版）1983 年第 3 期。

高灵芝：《农村社区养老服务设施定位和运营问题及对策》，《东岳论丛》2015 年第 12 期。

关锐捷、黎阳、郑有贵：《新时期发展壮大农村集体经济组织的实践与探索》，《毛泽东邓小平理论研究》2011 年第 5 期。

何朝银：《革命中的差序格局——以土改时期的义序为例》，《东南学术》2019 年第 1 期。

何朝银：《"新乡贤"组织与"双轨政治"重构——基于闽西 B 村的个案研究》，《东南学术》2020 年第 4 期。

何燕兰：《非营利组织参与养老服务模式研究——以中国红十字会养老服务试点实践为例》，《社会福利》（理论版）2018 年第 8 期。

贺海波：《城镇化背景下农村老年人养老需求的层次差异——以湖北、江苏的实证调查为例》，《湖北工程学院学报》2016 年第 2 期。

贺书霞：《土地保障与农民社会保障：冲突与协调》，《中州学刊》2013 年第 2 期。

黄宗智：《集权的简约治理——中国以准官员和纠纷解决为主的半正式基层行政》，《开放时代》2008 年第 2 期。

姜向群：《韩国养老保险制度的发展、特定、问题及与中国的比较分析》，《东北亚论坛》2003 年第 5 期。

金华宝：《社区互助养老：解决我国城乡养老问题的理性选择》，《东岳论丛》2014 年第 11 期。

金雁、王建莲：《完善南京社区居家养老服务的路径研究》，《中共南京市委党校学报》2016 年第 5 期。

景天魁：《"底线公平"的社会保障体系》，《中国社会保障》2008 年第 1 期。

克雷斯·德·纽伯格：《福利五边形和风险的社会化管理》，韩永江译，《社会保险研究》2003 年第 12 期。

李俏、陈健：《农村自我养老的研究进路与类型诠释：一个文献综述》，《华中农业大学学报》（社会科学版）2017 年第 1 期。

林宝：《养老服务供给侧改革：重点任务与改革思路》，《北京工业大学学报》（社会科学版）2017 年第 6 期。

刘养卉、龚大鑫：《甘肃省农村养老保障典型模式调查研究》，《开发研究》2011 年第 5 期。

马明洁：《权力经营与经营式动员——一个逼民致富的案例》，《清华社会学评论》2000 年第 1 期。

马小勇、薛新娅：《中国农村社会保障制度改革：一种"土地换保障"的方案》，《宁夏社会科学》2004 年第 3 期。

穆光宗：《中国传统养老方式的变革和展望》，《中国人民大学学报》2000 年第 5 期。

彭金玉、柴永达：《城镇化进程中老年失地农民养老服务问题研究——以诸暨市为例》，《中国民政》2015 年第 16 期。

亓昕：《农民养老方式与可行能力研究》，《人口研究》2010 年第 1 期。

钱宁：《中国社区居家养老的政策分析》，《学海》2015 年第 1 期。

秦晖：《中国农村土地制度与农民权利保障》，《探索与争鸣》2002 年第 7 期。

秦永超：《老人福祉视域下养老福利多元建构》，《山东社会科学》2015 年第 12 期。

申端锋：《农村研究的区域转向：从社区到区域》，《社会科学辑刊》2006 年第 1 期。

石人炳、宋涛:《应对农村老年照料危机——从"家庭支持"到"支持家庭"》,《湖北大学学报》(哲学社会科学版) 2013 年第 4 期。

宋洋:《农村社会福利的多元主体协同供给研究》,《中国特色社会主义研究》2014 年第 2 期。

田奇恒、孟传慧:《农村留守老人养老福利问题研究综述》,《安徽农业科学》2013 年第 33 期。

田奇恒、孟传慧:《现代农村家庭结构变迁与农村养老困境分析》,《安徽农业科学》2016 年第 31 期。

王德泽:《探索农村养老服务的新途径——关于榆林市开展邻里互助养老服务工作的调查报告》,《决策咨询》2014 年第 5 期。

王东进:《怎样完善社会保障体系》,《领导决策信息》2001 年第 13 期。

王克强:《土地对农民基本生活保障效用的实证研究——以江苏省为例》,《四川大学学报》(哲学社会科学版) 2005 年第 3 期。

王璐、刘博:《农村"邻里互助"养老模式的思考与建议——以陕西省榆林市清涧县为例》,《当代教育理论与实践》2012 年第 7 期。

王铭铭:《从"当地知识"到"世界思想"》,《西北民族研究》2008 年第 4 期。

王世斌、申群喜、余风:《农村养老中的代际关系分析——基于广东省 25 个村的调查》,《社会主义研究》2009 年第 3 期。

王晓毅:《资源独享的村庄集体经济》,《北京行政学院学报》1999 年第 3 期。

王玉龙:《德国的互助式养老》,《社区》2012 年第 34 期。

温铁军:《农民社会保障与土地制度改革》,《学习月刊》2006 年第 19 期。

邬沧萍,孙鹃娟:《未富先老——我国人口的新课题》,《群言》2002 年第 9 期。

吴晨:《基于广东农村集体经济组织变迁的制度逻辑分析》,《南方农村》2010 年第 2 期。

徐勇：《村干部的双重角色：代理人与当家人》，《二十一世纪》1997年第 8 期。

徐勇：《"接点政治"：农村群体性事件的县域分析——一个分析框架及以若干个案为例》，《华中师范大学学报》（人文社会科学版）2009 年第 6 期。

许晓晖、孙瑛彤、佟鑫：《农村居家养老服务：老人走出门、服务送上门》，《中国社会工作》2013 年第 31 期。

鄢圣文：《新常态下的养老服务产业发展对策》，《经济研究参考》2015 年第 64 期。

闫岩、李放、唐焱：《土地承包经营权置换城镇社会保障模式的比较研究》，《经济体制改革》2010 年第 6 期。

杨清哲：《解决农村养老问题的文化视角——以孝文化破解农村养老困境》，《科学社会主义》2013 年第 1 期。

杨善华、贺常梅、刘曙光：《责任伦理与城市居民的家庭养老——以"北京市老年人需求调查"为例》，《北京大学学报》（哲学社会科学版）2004 年第 1 期。

姚远：《血亲价值论：对中国家庭养老机制的理论探讨》，《中国人口科学》2000 年第 6 期。

俞江：《继承领域内冲突格局的形成——近代中国的分家习惯与继承法移植》，《中国社会科学》2005 年第 5 期。

袁书华：《供需视角下农村幸福院可持续发展对策探究——以山东省 LY 县幸福院调研为例》，《山东师范大学学报》（人文社会科学版）2019 年第 1 期。

赵志强、王凤芝：《文化社会学视角下的农村互助养老模式》，《农业经济》2013 年第 10 期。

赵志强：《农村互助养老模式的发展困境与策略》，《河北大学学报》（哲学社会科学版）2015 年第 1 期。

赵志强、杨青：《制度嵌入性视角下的农村互助养老模式》，《农村经济》2013 年第 1 期。

郑雄飞:《完善土地流转制度研究:国内"土地换保障"的研究述评》,《中国土地科学》2010 年第 2 期。

中共崇州市委党校课题组:《四川崇州市农村"互助养老"模式实践与探索》,《中共成都市委党校学报》2014 年第 1 期。

钟建华:《论传统文化与当代农村养老》,《山西财经大学学报》2011 年第 3 期。

周娟、张玲玲:《幸福院是中国农村养老模式好的选择吗?——基于陕西省榆林市 R 区实地调查的分析》,《中国农村观察》2016 年第 5 期。

朱冬亮、高杨:《福建创新社会治理的实践与启示》,《东南学术》2015 年第 2 期。

左停、巨源远、徐小言:《福利多元主义与我国农民的养老福利转换——重思"土地是农民最大的社会保障"》,《人文杂志》2015 年第 8 期。

三 英文专著

Johnson, N., *Mixed Economies of Welfare: A Comparative Perspective*, London: Prentice Hall Europe, 1999.

Migdal Joel S., *State in Society: Studying How States and Societies Transform and Constitute One An-other*, Cambridge: Cambridge University Press, 2001.

Milligan Christine, Conradson David., *Landscapes of Voluntarism: New Spaces of Health*, Welfare and Governance Policy Press, 2006.

Rose, R., *Common Gods but different Roles: The State's Contribution to the Welfare*, New York: Oxyork Uuniversity Press, 1986.

四 英文期刊

Berkman, L. F., Syme, S. L., Social Networks, Host Resistance and Mortality: a Nine-year Follow-up Study of Alameda County Residents, *Am JEpidemiol*, No. 109, 1979.

Bourdieu P., Le Capital Social: Notes Provisoires, *Actes Rech. Soc*,

No. 31, 1980.

Brenton, M., The Cohousing Approach to "Lifetime Neighborhoods", *Housing LiN, Factsheet*, No. 12, 2008.

Browning, Martin, Annamaria Lusardi., Household saving: Micro Theories and Micro Fscts, *Journal of Economic Literature*, No. 4, 1996.

Evers, A., Shifts in the Welfare Mix: Introducing a New Approach for the Study of Transformations in Welfare and Social Policy, *Vienna Euro-pean Centre for Social Welfare Training and Research*, No. 6, 1988.

Hansmann H., Economic Theories of Nonprofit Organizations, *The nonprofit Sector: Research Handbook*, No. 2, 1987.

J. Wslmsly, S. Rolph., The Development of Community Care for People with Learning Difficulties 1913 to 1946, *Critical Social Policy*, No. 1, 2001.

Johnson N., The Privatization of Welfare, *Social Policy and Administration*, No. 1, 1989.

Jungyeon Hong, Kangsook Lee., The aging work force in Korea, *International Archives of Occupational and Environmental Health*, No. 3, 2012.

Kirwin P M., Intergenerational Continuity and Reciprocity through the Use of Community-based Services, Theory and Practic, *Home Health Care Services Quarterly*, No. 2, 1991.

LE Grand, J., Knights., Knaves or Pawns? Human Behavior and social Policy, *Jounal of social policy*, No. 2, 1997.

Lehning A J, Scharlach A E, Davitt J K., Variations on the Village Model: An Emerging Typology of a Consumer-Driven Community-Based Initiative for Older Adults, *Journal of Applied Gerontology the Official Journal of the Southern Gerontological Society*, No. 5, 2015.

Levitenreid C, Hoyt A., Community-based Home Support Agencies: Comparing the Quality of Care of Cooperative and non-profit Arganizations, *Can Jaging*, No. 2, 2009.

Linda K. George, Gerda G. Fillenbaum., OARS Methodology: A

Decade of Experience in Geriatric Assessment. *Journal of the American Geriatrics Society*, No. 33, 1985.

Massimo Filippini Jorg Wild, Michael Kuenzle., Scale and Cost Effiliency in the Swiss Electricity Pistribution industry: Evidence from a Frintier cost Approch, CEPE working papers series 01 – 08, *ETH Zurich: CEPE center for Energy policy and Economics*, No. 5, 2002.

Minoruyamada, HidenoriArai, Koutatsunagai, Development of a new fail risk assessment index for older adults, *International Toural of Gerotology*, No. 6, 2012.

Oi, C. Jean, The Role of the Local State in China's Transitional Economy, *The China Quarterly*. No. 144, 1995.

Robert Walker., UK Activation Politics under New Labor, *Internation Social Sevurity Revier*, No. 1, 2003.

Roert HolzmanAn, International Perspective on Pension System and Reform, *World Bank Publications*, No. 2, 2005.

Ronald K., Mitchell., Stakeholder Agency and Social Welfare: Pluralism and Decision Making in the Multi-Objective Corporation, *Academy of Management Review*, No. 41, 2005.

Schmid H., Non-profit and for-profit or Ganizations in Home Care Services: a Comparative Analysis, *Home Health Care Services Quarterly*, No. 1, 1993.

Serres. A, F. Pelgrin., The Decline in Private Saving Rates in the 1990s in OECD Countries: How Much Can Be Explained by Non – wealth Determinants? *OECD Economics Departmeng Workingk Papers*, No. 1, 2002.

Shi-Jiunn Shi, The Bounded Welfare Pluralism: Public-Private Partnerships under Social Management in China, *Pubiic Management review*, No. 2, 2017.

Young D R., Alternative Models of Government – nonprofit Sector Relations: Theoretical and International Perspectives, *Nonprofit and Voluntary Sector Quarterly*, No. 1, 2000.

英文译中文人名索引

Doyal　多伊　31
Evers，A　伊瓦斯　16，35，62，185
Gought　高夫　31
Jean C. Oi　戴慕珍　106
Le Grand　勒格兰特　16
Rose，R　罗斯　15，35
Tohnson，N　约翰逊　15，16，35

中译英文人名索引

Shih-Jiunnsh　施世骏　31